प्रमोद रंजन

प्रमोद रंजन का जन्म 22 फरवरी, 1980 को हुआ। उन्होंने जवाहरलाल नेहरू विश्वविद्यालय, नई दिल्ली से 'अद्विज हिन्दी कथाकारों के उपन्यासों में जाति-मुक्ति का सवाल' विषय पर पी-एच.डी. की उपाधि प्राप्त की है। वे हिन्दी समाज-साहित्य को देखने-समझने के परम्परागत नज़रिए को चुनौती देनेवाले लोगों में से एक हैं। उन्होंने अपनी वैचारिक यात्रा पत्रकारिता से शुरू की। इस दौरान वे 'दिव्य हिमाचल', 'दैनिक भास्कर', 'अमर उजाला' व 'प्रभात खबर' जैसे अख़बारों से सम्बद्ध रहे तथा विभिन्न पत्र-पत्रिकाओं का सम्पादन भी किया। इनमें 'जनविकल्प' (पटना), 'भारतेंदु शिखर', 'ग्राम परिवेश' (शिमला) और 'फारवर्ड प्रेस (दिल्ली) शामिल हैं। उनके सम्पादन में प्रकाशित किताबों—'बहुजन साहित्य की प्रस्तावना' और 'बहुजन साहित्येतिहास'—ने जहाँ एक ओर बहुजन साहित्य की अवधारणा को सैद्धान्तिक आधार प्रदान किया, वहीं 'महिषासुर : एक जननायक' ने वैकल्पिक सांस्कृतिक दृष्टि को एक व्यापक विमर्श का विषय बनाया। उन्होंने पेरियार ई.वी. रामासामी की तीन पुस्तकों—'जाति व्यवस्था और पितृसत्ता', 'सच्ची रामायण' तथा 'धर्म और विश्वदृष्टि' का भी सम्पादन किया है।

सम्प्रति : असम विश्वविद्यालय के रवींद्रनाथ टैगोर स्कूल ऑफ लैंग्वेज एंड कल्चरल स्टडीज में प्राध्यापक।

सम्पर्क : pramod@janvikalp.org

बहुजन साहित्य की सैद्धान्तिकी

सम्पादक

प्रमोद रंजन

राधाकृष्ण पेपरबैक्स

राधाकृष्ण पेपरबैक्स में
पहला संस्करण : 2024

राधाकृष्ण पेपरबैक्स : उत्कृष्ट साहित्य के जनसुलभ संस्करण

राधाकृष्ण प्रकाशन प्रा. लि.
जी-17, जगतपुरी, दिल्ली-110 051
द्वारा प्रकाशित

शाखाएँ : अशोक राजपथ, साइंस कॉलेज के सामने, पटना-800 006
पहली मंजिल, दरबारी बिल्डिंग, महात्मा गांधी मार्ग, प्रयागराज-211 001
1, अनमोल सोराबजी सन्तुक लेन, धोबी तलाव, मरीन लाइंस, मुम्बई-400 002
वेबसाइट : www.radhakrishnaprakashan.com
ई-मेल : info@radhakrishnaprakashan.com

विकास कंप्यूटर एंड प्रिंटर्स
ट्रॉनिका सिटी-201 102
द्वारा मुद्रित

मूल्य : ₹250

BAHUJAN SAHITYA KI SAIDDHANTIKI
Edited by Pramod Ranjan

ISBN : 978-81-19989-97-3

क्रम

खंड-तीन : आलोचना

सम्पादकीय

बहुजन साहित्य की सैद्धान्तिकी पर केन्द्रित यह पुस्तक पाठकों के हाथों में सौंपते हुए अत्यन्त प्रसन्नता हो रही है। यह एक कर्ज की तरह था जो पिछले एक दशक से मुझ पर था। वर्ष 2011 में 'फारवर्ड प्रेस' पत्रिका से जुड़ा था और उसके बाद से 2019 तक हम लोगों ने उस पत्रिका में बहुजन साहित्य की अवधारणा पर निरन्तर सामग्री प्रकाशित की थी।

2016 में मैंने और आयवन कोस्का ने 'बहुजन साहित्य की प्रस्तावना' शीर्षक से एक पुस्तक सम्पादित की थी, जिसमें इस अवधारणा को लेकर हिन्दी लेखकों के बीच हुए शुरुआती वाद-विवाद को संकलित किया गया था।

दरअसल, हमने उक्त पत्रिका में इस विषय पर विभिन्न लेखकों के मत प्रकाशित किये थे, जिनमें से कुछ इस अवधारणा के समर्थन में थे तो कुछ विरोध में। इनमें से कुछ को उस किताब में संकलित किया गया था।

इस किताब का अंग्रेजी अनुवाद भी 'द केस फॉर बहुजन लिटरेचर' शीर्षक से उसी साल प्रकाशित हो गया था। अंग्रेजी में आ जाने के कारण अन्तरराष्ट्रीय अकादमियों तक इसकी पहुँच हुई और विभिन्न जर्नलों में इससे सम्बन्धित लेख प्रकाशित हुए। हिन्दी में भी इस अवधारणा को लेकर उस समय पर्याप्त चर्चा हुई।

लेकिन इसकी सैद्धान्तिकी क्या है, इसका सौन्दर्यशास्त्र किस प्रकार का होगा, इसे लेकर लोगों के अनेक सवाल थे, जिनका उत्तर वे पाना चाहते थे। 'बहुजन साहित्य की प्रस्तावना' की भूमिका में मैंने वादा किया था कि इसकी सैद्धान्तिकी पर एक अलग किताब शीघ्र प्रकाशित करूँगा। बाद में मैं उस पत्रिका से अलग हो गया और वह काम खटाई में पड़ गया।

उस समय ओबीसी साहित्य की आवश्यकता पर भी बात हुई थी। ओबीसी यानी किसान, शिल्पकार और पशुपालक समुदायों का समुच्चय।

अगर यह साहित्य आता है तो बहुजन अवधारणा को इससे मजबूती ही मिलेगी। बशर्ते इसे जाति आधारित संकीर्णताओं से सावधानी से अलगाते हुए; इनकी श्रम संस्कृति की अनूठी विशिष्टताओं को रेखांकित करते हुए लाया जाए। लेकिन बहुजन साहित्य और ओबीसी साहित्य एक ही नहीं है, जैसा कि कुछ लोग समझते हैं।

बहुजन साहित्य उस बड़ी छतरी की तरह है, जिसके अन्तर्गत सभी वंचित तबकों का साहित्य आता है। इसकी अवधारणा एकदम सीधी है, अभिजनों के विपरीत बहुजनों का साहित्य। जैसा कि बुद्ध ने ढाई हजार वर्ष पहले कहा था—बहुजन हिताय, बहुजन सुखाय। अभिजन वैचारिकी अपने उद्देश्यों की पूर्ति के लिए वंचित समूहों के आपसी झगड़ों को उभारती है तथा उन्हें अलग-अलग प्रकोष्ठों का वासी बना देना चाहती है। जबकि बहुजन अवधारणा उनके इस छद्म को भंग करती है तथा साझा संघर्ष की एक मुकम्मल कार्ययोजना रखती है तथा अलग-अलग समूहों द्वारा अपनी विशिष्ट समस्याओं को भी रेखांकित करने की आवश्यकता को नहीं भूलती। दूसरे शब्दों में कहें तो यह मेगा नैरेटिव और माइक्रो डिस्कोर्स को एक-दूसरे के विरुद्ध खड़ा नहीं करती, बल्कि उन्हें एक-दूसरे के पास लाती है और एक-दूसरे का पूरक बनाती है।

यह जीवन और सृष्टि के सभी पहलुओं को संज्ञान में लेने वाली विचारधारा है। जिस प्रकार मार्क्सवाद सिर्फ सर्वहारा की बात नहीं करता बल्कि कला से लेकर परिवार को एक खास दृष्टिकोण से देखता है वैसे ही बहुजन अवधारणा सिर्फ जाति पर विचार करने तक सीमित नहीं है। जैसे मार्क्सवाद के पीछे मार्क्स का दर्शन है, वैसे ही बहुजन अवधारणा के पास बुद्ध का दर्शन है। मार्क्सवाद भारत की विशिष्ट जरूरतों को सम्बोधित करने में असफल रहता है, जबकि बुद्ध का दर्शन भारतीय मन्तव्यों को बहुत बारीकी से व्यक्त करने में सक्षम है।

लेकिन बहुजन साहित्य की अवधारणा जनवादी, प्रगतिशील और दलित साहित्य जैसी अवधारणाओं के विरुद्ध कतई नहीं खड़ी है बल्कि यह इन वैचारिकियों का विस्तार है। यह जनवादी साहित्य को भारतीय मन्तव्यों से जोड़ती है और दलित साहित्य को एक सुचिन्तित विश्व दृष्टि और दार्शनिक आधार देती है, जिससे वह सभी वंचित समुदायों से जुड़ सके।

साथ ही, यह विज्ञान और तकनीक के अकूत विस्तार की समीक्षा करने को भी अपने कार्यभार का आवश्यक अंग समझती है। कृत्रिम-बुद्धिमत्ता और मशीन-लर्निंग ने मिलकर ऐसी उथल-पुथल मचाई है कि सृजनात्मक लेखन पर

मनुष्य की एकच्छत्र दावेदारी खंडित होने जा रही है। शीघ्र ही हम अनेक मूलगामी सवालों से पहली बार टकराने जा रहे हैं। मसलन, सृजन क्या है? मशीन की सृजन-क्षमता हमें महामानव बनाएगी या मनुष्यता के गौरव को खंडित करेगी? चेतना, विचार, सृजनशीलता, कल्पनाशीलता, विवेक आदि वे कौन-कौन सी चीजें हैं जो मनुष्य को मनुष्य बनाती हैं और इनमें से कौन सी चीज मशीन के लिए आने वाले समय में भी असम्भव रहेगी? क्या मनुष्य मशीनों का मालिक बना रहेगा, या एक समय आएगा, जब हम मशीनों को परिवार के सदस्य के रूप में देखेंगे? मशीनों की कृत्रिम-बुद्धिमत्ता के अलावा, जेनेटिक इंजीनियरिंग जिस तेजी से बढ़ रही है, उससे मनुष्य होने की जो प्राकृतिक विशेषताएँ अब तक रही हैं, उनकी परिभाषा भी बदल रही है। मनुष्य की यह धारणा कि पूरी सृष्टि की एकमात्र उपयोगिता मनुष्यों के काम आना है, प्रश्नांकित होने लगी है। पश्चिम में इन परिवर्तनों पर उत्तर-मानववाद (Posthumanism) और मानवेतरवाद (Transhumanism), एंथ्रोपोसीन (Anthropocene) जैसी विचार सरणियों के तहत अध्ययन करने का चलन शुरू हुआ है। लेकिन ये अवधारणाएँ कई कमजोरियों का शिकार हैं तथा पश्चिम में भी इन्हें आलोचना का शिकार होना पड़ रहा है।

दसअसल, विज्ञान और तकनीक का विकास चिन्ताजनक नहीं है बल्कि जिस प्रकार मशीनें औद्योगिक काल में मनुष्य के शारीरिक श्रम के सहयोगी के रूप में सामने आई थीं, उसी तरह इस युग में वे हमारी जैविक और बौद्धिक विकास में सहयोगी बनकर सामने आ सकती हैं। लेकिन चिन्ताजनक यह है कि इनके विकास की दिशा उँगलियों पर गिने जा सकने वाले पूँजीपति तय कर रहे हैं। और, इस सब पर नजर रखने के लिए कोई वैचारिक उपकरण हमारे पास नहीं है। बहुजन अवधारणा चूँकि किसी भी चीज का बहुसंख्यक लोगों पर पड़ने वाले प्रभाव को ध्यान में रखती है इसलिए विज्ञान और तकनीक के विकास पर उसकी नजर स्वाभाविक तौर पर रहेगी। बहुजन अवधारणा के सभी दार्शनिकों—लोकायतिक और बुद्ध से लेकर फुले-आम्बेडकर, बोधानन्द और पेरियार तक—सभी का विशेष बल वैज्ञानिकता को, अपने समय की नई से नई चीजों, अद्यतन तकनीक को विश्लेषित करने पर रहा है।

बहुजन साहित्य की अवधारणा मूल रूप से एक आलोचना-दृष्टि है, जो लेखक को जीवन और जगत; तथा आलोचक को साहित्य को देखने का व्यापक नजरिया देती है। हिन्दी ही नहीं, सभी भारतीय भाषाओं में; बल्कि विश्व की सभी

भाषाओं में बहुजन साहित्य विपुल मात्रा में मौजूद है। कहीं यह मुख्यधारा का साहित्य नहीं भी है तो लोक साहित्य में या अन्य प्रकार के हाशियाकृत लेखन में उसकी मौजूदगी है। जिन्हें चिह्नित करने की आवश्यकता है।

यहाँ यह ध्यान दिलाना चाहूँगा कि सैद्धान्तिकी और सौन्दर्यशास्त्र का निर्माण एक सतत प्रक्रिया है, जो एक किताब से पूरी नहीं हो सकती। इस किताब को उस दिशा में महज एक कदम के रूप में देखा जाना चाहिए।

इस पुस्तक में प्रकाशित लेख व साक्षात्कार बहुजन साहित्य के विभिन्न पहलुओं से आपका परिचय करवाएँगे। किताब को तीन खंडों में बाँटा गया है। पहला खंड बहुजन साहित्य की अवधारणा पर केन्द्रित है, इसमें आप इसके दर्शन और सैद्धान्तिकी के विविध पहलुओं को देख सकेंगे। दूसरा खंड इस अवधारणा के इतिहास से परिचित करवाता है। इस खंड में आप पाएँगे कि बहुजन साहित्य की अवधारणा अत्यन्त प्राचीन है तथा आधुनिक काल में 1930 के दशक से लेकर 80 के दशक तक इस दिशा में काम भी होता रहा, लेकिन हमारी साहित्यिक-आलोचना ने इसका संज्ञान नहीं लिया। बाद में यह काम कई कारणों से बाधित हो गया।

तीसरे खंड में बहुजन आलोचना की बानगी प्रस्तुत की गई है। इस खंड में गुलाम रब्बानी ने बताया है कि पसमांदा और बहुजन अवधारणा एक-दूसरे का पर्याय हैं। वीरेन्द्र यादव ने हिन्दी कहानियों में बहुजन चरित्रों की पड़ताल की है तथा मैंने एक लेख में यह देखने की कोशिश की है कि हिन्दी कविता के एक बड़े हिस्से में बहुजन चरित्रों के प्रति सदाशयता आखिर क्यों नहीं रही है। जाहिर है, ये लेख सिर्फ बानगी के लिए हैं। इस खंड का उद्देश्य यह दिखाना है कि किस प्रकार हिन्दी आलोचना बहुजन दृष्टिकोण के बिना एकांगी रहने के लिए अभिशप्त रहेगी।

अगर इस पुस्तक से बहुजन साहित्य के सम्बन्ध में आपकी जिज्ञासाओं का किंचित शमन होता है तो अपने प्रयास को सफल समझूँगा।

पुस्तक के प्रकाशन के लिए राधाकृष्ण प्रकाशन प्राइवेट लिमिटेड के अशोक महेश्वरी, आमोद महेश्वरी और वहाँ मौजूद साहित्यानुरागी सम्पादक मित्रों सत्यानन्द निरुपम और धर्मेन्द्र सुशान्त का आभारी हूँ।

सितम्बर, 2023

—प्रमोद रंजन

खंड-एक

अवधारणा

बहुजन का साहित्य ही साहित्य की मुख्यधारा है

—खगेन्द्र ठाकुर

दरअसल, बहुजन शब्द महात्मा बुद्ध की देन है जिसका प्रयोग उन्होंने सर्वप्रथम बहुजन हिताय, बहुजन सुखाय के सन्दर्भ में किया था। इस सम्बन्ध में मेरी स्पष्ट समझ है कि महात्मा बुद्ध की दृष्टि से और भाषा की समझ की दृष्टि से भी बहुजन शब्द जातिसूचक नहीं है। बहुजन हिताय, बहुजन सुखाय में एक वर्गीय, वर्ग सम्बन्धी दृष्टिकोण है और मुझे ये देखकर बेहद खुशी हुई कि महात्मा बुद्ध दुनिया के पहले व्यक्ति हैं, जिन्होंने वर्गीय दृष्टि से समाज को देखा। उस समय वर्ग या वर्गीय शब्द नहीं था, इसलिए उन्होंने बहुजन शब्द का प्रयोग किया। विचारणीय है कि वे कौन लोग थे, जिन्होंने बहुजन का साथ छोड़ दिया या वे कौन लोग थे जो बहुजन को सताते थे। आज भी बहुजन का वही अर्थ लिया जाना चाहिए, इसलिए बहुजन के हित में या पक्ष में लिखा गया साहित्य हमेशा स्वागतयोग्य है। मैं यह समझता हूँ कि इस दृष्टि से बहुजन का साहित्य ही साहित्य की मुख्यधारा है।

जहाँ तक दलित की बात है तो शब्द के भाषिक अर्थ की दृष्टि से दलित भी जातिसूचक शब्द नहीं है और आज के समाज में विशाल बहुमत की जिन्दगी दमन, शोषण और उत्पीड़न का शिकार है। साहित्य में स्वीकृत मनुष्यता कहती है कि ऐसी जिन्दगी के दर्द को बेपर्द करना चाहिए और उसे मुक्ति के रास्ते पर लाना चाहिए लेकिन हम ये जानते हैं कि आज दलित शब्द का इस्तेमाल अछूत के समानार्थक के रूप में किया जा रहा है। जबकि समाज के किसी भी तबके को अछूत समझना और मानना अमानुषिक है। ऐसे तबके के पक्ष में तब से लिखा जा रहा है जब से हिन्दी साहित्य का उद्भव हुआ।

मध्यकाल के भक्तिकाल में भी रैदास और कबीर जैसे संत पूरे समाज में प्रतिष्ठित और सम्मानित हुए। आधुनिक युग में प्रेमचन्द ने उनके दर्द को वाणी दी, बल्कि उनके लिए संघर्ष भी किया। मराठी में उभरे दलित आन्दोलन के एक नायक एवं प्रसिद्ध कवि नारायण सुर्वे ने कई साल पहले एक भेंटवार्ता में कहा था कि हिन्दी में दलित लेखन की आवाज एक आन्दोलन के रूप में नहीं उठी, क्योंकि प्रगतिशील आन्दोलन हिन्दी में वही काम कर रहा था जो मराठी में दलित आन्दोलन ने किया।

ध्यान देने योग्य बात यह है कि प्रेमचन्द, निराला, अमृतलाल नागर, नागार्जुन आदि ने दलितों के पक्ष में तब लिखा जब जन्म से दलित लेखक बहुत कम थे या नहीं के बराबर थे। इन उपर्युक्त लेखकों ने दलितों के पक्ष में ऐतिहासिक कार्य किया। यह कहना कि दलितों के बारे में सिर्फ दलित ही लिखें, लेखकीय संवेदना और अनुभव क्षेत्र को सीमित कर देना है। इसके पीछे एक सिद्धान्त है कि भोगा हुआ यथार्थ ही लिखा जाना चाहिए। महाकवि वाल्मीकि ने पक्षी की पीड़ा को अभिव्यक्ति दी और वही हमारा पहला आदि काव्य माना जाता है। वाल्मीकि ने आदिकाव्य में जिस यथार्थ को बिम्बित किया है, वह उनका भोगा हुआ यथार्थ नहीं है, क्योंकि वे पक्षी नहीं थे और बन भी नहीं सकते थे। साहित्य मूलत: दूसरों के दर्द को महसूस करके इस संवेदनशीलता के साथ व्यक्त करने की कला है कि पाठक भी उसे अपना दर्द समझने लगें। प्रेमचन्द ने किसानों की पीड़ा को भी चित्रित किया है। वे किसान नहीं थे। उन्होंने किसानों की पीड़ा को चित्रित करने के लिए जमींदारों द्वारा किया जाने वाला शोषण एवं दमन का चित्रण भी किया, जिसके बिना किसानों की पीड़ा व्यक्त हो नहीं सकती थी। प्रेमचन्द जमींदार भी नहीं थे।

दलित लेखकों ने अपने भोगे हुए यथार्थ के आधार पर आत्मकथा लिखी हैं, जो बाप-दादाओं की कहानी से लेकर अपने बचपन से लेकर युवा अवस्था तक की कथा है। यह आत्मकथा उनकी सीमा है। इसके बाद वे क्या लिखेंगे या लिखते हैं हिन्दी पाठकों को इसका इन्तजार है। इस प्रसंग में मुझे याद आ रहा है कि मैंने अभय मौर्य से कहा कि अब दलित लेखकों को दलित चेतना को उस स्तर पर ले जाना चाहिए जहाँ से वे दलितत्व से मुक्ति का रास्ता दिखाने में समर्थ हो सकें। अभय मौर्य मेरी इस बात से प्रसन्न हुए और उन्होंने कहा कि अब वह इसी दिशा में प्रयत्न करेंगे।

साहित्य में मान्यता प्राप्त करने के लिए पिछड़ा वर्गवाद अथवा अस्पृश्यता को मानदंड की तरह प्रस्तुत करना कतई श्रेयस्कर नहीं है। इस मानदंड के आधार पर उन्हीं का सर्जनात्मक एवं कलात्मक विकास अवरुद्ध हो जाएगा। जन्मना पिछड़े और दलित लेखक के सामने यह रचनात्मक चुनौती है कि वे अपनी मेधा से उच्चस्तर का संवेदनशील साहित्य रचने में समर्थ हों। ऐसा सम्भव है, क्योंकि ऐसा करके रैदास व कबीर दिखा चुके हैं। आखिर क्या बात थी कि राणा संग्राम सिंह की पुत्रवधू ने रैदास को अपना गुरु बनाया। साहित्य में प्रतिष्ठा और ख्याति पाने के लिए कोई शार्टकट नहीं है। मैं तो यह देख रहा हूँ कि दलित और पिछड़े ही नहीं बल्कि गैर-दलित और गैर-पिछड़े नये लेखक भी साहित्य में क्रिकेट में शतक मारने वाले खिलाड़ी की तरह मैदान में उतरने के साथ ही सितारे की तरह चमकना चाहते हैं। क्रिकेट की चमक क्षणभंगुर होती है। साहित्य में साधना से प्राप्त चमक ऐतिहासिक रूप से टिकाऊ होती है।

रचनात्मक दृष्टि से सवर्ण शब्द अनावश्यक है। वैसे आज इसका इस्तेमाल गलत अर्थ में भी लोग कर रहे हैं। अफवाह की तरह फैली हुई गलत मान्यता के प्रभाव में बड़े-बड़े लेखक यह नहीं देख पाते कि भारतीय समाज में जिनको पिछड़ा ओबीसी कहा जाता है वे भी सवर्ण हैं, क्योंकि भारतीय समाज में चार वर्ण हैं—ब्राह्मण, क्षत्रिय, वैश्य और शूद्र। इन चारों वर्णों में आपसी रिश्ता सीढ़ी की तरह ऊपर-नीचे है और यह भेद न्यायपूर्ण नहीं है। सबसे नीचे स्थान है शूद्रों का, इसलिए उनके साथ सबसे अधिक अन्याय होता रहा है। इस व्यवस्था से अलग अछूत थे इसीलिए उन्हें अवर्ण कहा गया। आज पिछड़ों की राजनीति करने वालों को ध्यान देना चाहिए कि लोहिया समाज में भेदभाव को व्यक्त करने के लिए द्विज शब्द का इस्तेमाल करते थे। ब्राह्मण, क्षत्रिय व वैश्य ये तीन द्विज हुए और इन तीनों के अत्याचार का शिकार हुआ चौथा वर्ण शूद्र। इसी तरह ब्राह्मण जाति और ब्राह्मणवाद को समझ लेना चाहिए, क्योंकि दोनों में फर्क है। ब्राह्मण जातिवाद तो उसी तरह है, जैसे कि अन्य जातियों में है। जैसे, भूमिहार, कोइरी, चौधरी आदि। लेकिन ब्राह्मणवाद सामाजिक-वैचारिक व्यवस्था है, जिसका निर्माण करने वाले चार तत्त्व हैं—वर्ण व्यवस्था, पुनर्जन्म, कर्मफल और यज्ञ। मजे की बात यह है कि अधिकांश पिछड़े और अछूत भी इस ब्राह्मणवाद को मानते हैं। इसके विरुद्ध नहीं लड़ते, जबकि जीवन की

मुक्ति के लिए इस ब्राह्मणवादी व्यवस्था को समाप्त करने के लिए लड़ना अनिवार्य है। यह व्यवस्था पुरोहितवाद को बढ़ावा देती है। इसे पुनर्जन्म और कर्मफल ने खासतौर से तमाम दलितों-पिछड़ों, गरीबों की चेतना को बाँधकर उन्हें दिमागी तौर पर गुलाम बना दिया है। कोई दलित या पिछड़ा नेता आज इस पुरोहितवाद के खिलाफ नहीं बोलता। जबकि इससे मानसिक मुक्ति के बिना जीवन की मुक्ति सम्भव नहीं है।

(प्रस्तुति : इम्तियाज अहमद आजाद)

साहित्य में बहुजन अवधारणा : वर्तमान और भविष्य

—प्रमोद रंजन

अगर हम इस प्रश्न पर विचार करें कि भारतीय साहित्य में कौन-सी अवधारणाएँ पुरानी पड़ रही हैं और कौन-सी नई अवधारणाएँ आकार ले रही हैं तो हम 'बहुजन' अवधारणा को अंकुरित होते महसूस करते हैं। इस आलेख में हम इसके विभिन्न पहलुओं पर बात करते हुए समझने की कोशिश करेंगे कि यह क्यों हो रहा है, इसका इतिहास क्या है, कौन-सी शक्तियाँ इसके विरोध में हैं। साथ ही हम इसकी सैद्धान्तिकी पर भी चर्चा करेंगे।

बहुजन साहित्य की सुगबुगाहट

पिछले कुछ समय से भारत के विभिन्न हिस्सों में साहित्य पर केन्द्रित ऐसे कार्यक्रम होने लगे हैं, जिनमें किसी-न-किसी रूप में 'बहुजन साहित्य' शब्द-बन्ध का प्रयोग किया जा रहा है। सन् 2017 में जयपुर में 'बहुजन साहित्य महोत्सव' मनाया गया, जिसमें 'समकालीन साहित्य में बहुजन चेतना' पर विस्तार से चर्चा हुई। सन् 2018 में जवाहरलाल नेहरू यूनिवर्सिटी में 'बहुजन साहित्य संघ' की स्थापना की गई और 'बहुजन साहित्य की अवधारणा और सौन्दर्यबोध' समेत बहुजन साहित्य से सम्बन्धित अन्य कार्यक्रम हुए। हाल ही में बने 'जन लेखक संघ' के तत्त्वावधान में 5 जून, 2022 को बनारस हिन्दू यूनिवर्सिटी में 'बहुजन साहित्य : दशा और दिशा' विषय पर गोष्ठी हुई, जिसमें कई हिन्दी-भाषी राज्यों के लेखकों ने भाग लिया। ऐसे दर्जनों कार्यक्रम हो रहे हैं, जिनमें बड़ी संख्या में लोग भागीदारी कर रहे हैं।

इन कार्यक्रमों को गूगल अथवा फेसबुक के सर्च इंजन में आसानी से तलाशा जा सकता है। हिन्दी के अतिरिक्त मराठी, गुजराती और तमिल में भी बहुजन साहित्य पर केन्द्रित आयोजनों के होने की सूचनाएँ मिल रही हैं। तेलंगाना में बहुजन साहित्य अकादमी सक्रिय है, जिसका एक बड़ा आयोजन पिछले दिनों दिल्ली में हुआ था।[1] केरल में भी बहुजन साहित्य अकादमी स्थापित हुई है।[2]

इन आयोजनों के अलावा एक और परिवर्तन दिख रहा है। मसलन, डॉ. आम्बेडकर के नाम से जुड़ा इलाहाबाद का एक संगठन 'वर्तमान परिदृश्य में हिन्दू कोड बिल : जाति और पितृसत्ता' विषय पर सेमिनार आयोजित कर रहा है। इसके आमंत्रण-पत्र में बताया गया है कि यह 'बहुजन महिला साहित्यकारों' का महासम्मेलन है। कार्यक्रम में आमंत्रित वक्ताओं में जिन महिलाओं के नाम हैं, उन्हें 'वरिष्ठ बहुजन साहित्यकार' कहकर सम्बोधित किया गया है। ये वे महिला साहित्यकार हैं, जो अनुसूचित जाति के परिवारों में पैदा हुई हैं तथा जिनका परिचय 'दलित साहित्यकार' के रूप में हुआ करता था।

समाज, संस्कृति, साहित्य को देखने का यह नया नजरिया क्यों विकसित हो रहा है? ये आयोजन दलित,आदिवासी, मध्यवर्ती समुदायों; जिन्हें भारतीय संविधान में ओबीसी कहा गया है; तथा हमारे विमर्श के दायरे से अलक्षित रहे अन्य सामाजिक समूहों (पसमांदा, घुमन्तू आदि) की संस्कृति और साहित्यिक अभिव्यक्तियों में व्यक्त मूल्यों के साझेपन को अपने-अपने तरीके से चिह्नित कर रहे हैं। साथ ही, इनमें सामाजिक स्तर पर द्विजवाद से संघर्ष के मुद्दों के साझेपन की तलाश की जा रही है। ये आयोजन अपनी साझा राजनीति की तलाश भी बहुत बेचैनी से करते दिखाई देते हैं। इन आयोजनों के सन्दर्भ में महत्त्वपूर्ण यह भी है कि इनके पीछे कोई सुव्यवस्थित संगठन नहीं है, बल्कि यह स्वयमेव हो रहा है।

हालाँकि अभी तक इसके तहत मुख्य रूप से भारतीय समाज के विभिन्न वंचित-शोषित सामाजिक तबकों और प्रगतिशील लोगों की एकता और मुद्दों के साझेपन की बातें ही की जा रही हैं। जबकि साहित्य और आलोचना के क्षेत्र में इसके मायने अधिक जटिल, सूक्ष्म और दूरगामी हैं और होने चाहिए।

पुरानी और नई समस्याएँ

60 के दशक के नई कहानी और नई कविता आन्दोलन के बाद हिन्दी साहित्य की मुख्यधारा को दिशा देने वाली कोई स्पष्ट, सुचिन्तित वैचारिकी नहीं रही है। इस बीच आधी सदी के अधिक का समय बीत चुका है। 1980 के इर्द-गिर्द दलित और स्त्री साहित्य की अवधारणा व्यापक चर्चा के दायरे में आई। इस घटना को भी 40 साल से अधिक समय हो चुका है। इस बीच इतने बदलाव हुए हैं कि इस अवधि को एक नये भूवैज्ञानिक युग—एंथ्रोपोसीन—के नाम से जाना जाने लगा है।[3] लेकिन हिन्दी साहित्य की वैचारिकी इन परिवर्तनों को आत्मसात करने में पिछड़ गई है।

हिन्दी साहित्य की जनवादी-प्रगतिशील और दलित-स्त्री धारा ने भारतीय साहित्य की रीति-नीति को बदलने में क्रान्तिकारी भूमिका निभाई। लेकिन आज ये अवधारणाएँ असफल होती दिख रही हैं।

प्रगतिशील साहित्य आन्दोलन भारतीय समाज की जाति-आधारित संरचना पर उस प्रकार चोट करने में असफल रहा, जिस प्रकार उसके बाद आए दलित साहित्य ने की। भारतीय जाति-व्यवस्था में पिस रहे लोगों की आकांक्षाओं को नहीं समझ पाना और उसे तेवर के साथ अभिव्यक्त न कर पाना, प्रगतिशील साहित्य की मुख्य कमजोरी रही।

दलित साहित्य की अवधारणा के तहत जो लेखन हुआ उसका केन्द्रबिन्दु अस्पृश्यता के दंश की अभिव्यक्ति और उसका मुखर विरोध रहा। ये दोनों बहुत आवश्यक कार्यभार थे, जिनमें दलित साहित्य दृढ़ संकल्प होकर न सिर्फ लगा रहा, बल्कि इसे सफलतापूर्वक पूरा भी किया। लेकिन अनेक कारणों से यह धारा उत्तरोत्तर संकीर्ण होती गई।

दलित साहित्य की मूल चिन्ता अस्पृश्यता थी, इसलिए उसने इसी पर सघनता से चोट की। निरन्तर संकुचन के कारण यह अवधारणा जाति-व्यवस्था से उपजे अन्य कष्टकारी स्वरूपों को अपने दायरे में लेने में विफल रही, जिससे देश के अन्य वंचित तबके–मसलन आदिवासी, घुमन्तू जातियाँ, अन्य धर्मों के पसमांदा व हिन्दुओं के अन्य अति पिछड़े वर्ग प्रभावित हैं।

इसके अतिरिक्त, इन अवधारणाओं ने विज्ञान और तकनीक के अप्रतिम फैलाव पर आलोचनात्मक नजर रखने वाली दृष्टि भी विकसित नहीं की। उनका चश्मा तकनीक के इस अप्रतिम फैलाव से पहले का है और बहुत तेजी से बदल रही दुनिया को देखने में सक्षम नहीं है।

संक्षेप में कहें तो वाम और दलित शक्तियाँ भारतीय और वैश्विक यथार्थ की अपनी पुरानी, एकांगी समझ के कारण कमजोर हुईं। इस शक्तियों के प्रभाव में सृजित साहित्य और आलोचना में नया वैचारिक आलोड़न पैदा करने की क्षमता अब नहीं है।

आज हम एक समय में रहना शुरू कर चुके हैं जब मशीनें चित्र बनाने, नया संगीत बनाने से लेकर कविता, कहानी, उपन्यास तक लिखने में सक्षम हो गई हैं। जाहिर है, न हमारे साहित्य का स्वरूप पहले जैसा रहेगा, न ही समाज यथावत् रहेगा। मशीनें एक नई कहानी पलक झपकते लिख सकती हैं। कविताएँ लिख सकती हैं। उपन्यास लिख सकती हैं। स्पष्ट है कवियों-कथाकारों द्वारा सृजित किये जाने वाले मौजूदा स्वरूप और कंटेंट वाले रचनात्मक साहित्य की उपयोगिता कम होती जाएगी। सम्भवत: गद्य साहित्य की स्वतंत्र सत्ता समाप्त हो जाएगी और वह दृश्य-श्रव्य माध्यमों की पृष्ठभूमि में स्थानान्तरित हो जाएगा। शायद 'सृजनात्मक वैचारिक गद्य' का मोल बढ़ेगा और दृश्य-श्रव्य माध्यमों में अनछुई रह जाने वाली संवेदनाओं को छूने वाली, गहन जीवन-सत्य को उद्‌घाटित करने वाली कविताओं की उपयोगिता बढ़ेगी। वास्तव में परिवर्तन की एक ऐसी अतिद्रुत और भीषण आँधी शुरू हो गई है, जिसे मानव जाति अपने मौजूदा अन्तर्विरोधों के रहते रोक नहीं पाएगी और इस आँधी के बीच किसी भी दिशा का ठीक अनुमान लगाना असम्भव है।

इस दौर में एक ओर मनुष्य और मशीन के बीच टकराहट की आशंका है तो दूसरी ओर मनुष्य और मशीन के सहअस्तित्व की सम्भावनाएँ भी हैं। औद्योगिक क्रान्ति के समय मशीनें मनुष्य के शारीरिक श्रम में सहयोगी के रूप में सामने आई थीं, अब वे हमारी बौद्धिक और रचनाशील सहकर्मी की भूमिका में आने को आतुर हैं। यह एक ऐसा समय है जब एक ओर ऐसा लग रहा है कि मनुष्य विज्ञान और तकनीक सम्बन्धी अपनी उपलब्धियों के उत्तुंग शिखर पर पहुँचने ही वाला है और अब दुनिया की अधिकांश समस्याओं का

निदान सम्भव होगा तो दूसरी ओर इन उपलब्धियों पर उँगलियों पर गिने जाने वाले कॉरपोरेशनों का ऐसा कब्जा होता जा रहा है कि लगता है, मनुष्य का इस नई गुलामी से निकलना अब असम्भव होगा। तकनीक पर राज करने वाले ये कॉरपोरेशन दुनिया की अधिकांश आबादी के मस्तिष्क पर कब्जा करने की क्षमता रखते हैं और ऐसा लग रहा है कि वे विश्व के किसी भी राष्ट्र-राज्य से अधिक शक्तिशाली हो चुके हैं।

इस बीच हम देख रहे हैं कि मानवीय विचार और दर्शन का दायरा मनुष्योन्मुखी संकीर्णता का त्याग कर समस्त जीव-जन्तुओं, वनस्पतियों और समस्त सृष्टि तक फैल रहा है। पश्चिम में इन पर एंथ्रोपोसीन और उत्तर-मानववाद, मानवेतरवाद जैसी विचार-सरणियों के तहत जोर-शोर से विमर्श हो रहा है।

इन चीजों का विश्लेषण; प्रतिरोध और जो उचित है, उसका समर्थन करने का उपकरण दलित, स्त्री और जनवादी अवधारणाओं के पास नहीं है। उनके उपकरण यह चिह्नित करने के लिए नहीं बने हैं कि विज्ञान और तकनीक किस सीमा पर पहुँचकर निरपेक्ष नहीं रह जाते। प्रगतिशील आन्दोलन अब भी अपना पुराना परचम लहराते हुए पूँजीवाद का पुराने पड़ चुके तरीकों से विरोध करने में जुटा है, जबकि दलित अवधारणा विज्ञान और तकनीक का इस प्रकार जयघोष करने में लगी है, मानो ब्राह्मणवादियों ने विज्ञान और तकनीक के विकास और उसकी उपलब्धता को रोक रखा हो और यह रोक हटते ही अधिकांश समस्याओं का हल हो जाएगा।

जबकि हमारा युवा पाठक आज अधिकांश मायनों में अपने लेखकों से बहुत आगे है। नित तेज होते बैंडबिथ पर वह सूचनाओं और ज्ञान की वैश्विक दुनिया की झलकियाँ देख रहा है। मशीनी अनुवाद की सफलता से भाषा के बन्धन भी तेजी से टूट रहे हैं।

लोकायतिक दार्शनिक, बुद्ध, कबीर, फुले से लेकर पेरियार तक अपने समय के विज्ञान और तकनीक पर पैनी नजर रखते हैं। इनसे प्रेरणा लेने वाली बहुजन अवधारणा स्वाभाविक तौर पर इन चीजों को नये सिरे से देखेगी।

बहुजन साहित्य का इतिहास

साहित्य में बहुजन अवधारणा को प्रबल बनाने की कोशिशों का इतिहास लम्बा है। इसके नामकरण में बुद्ध की उक्ति 'बहुजन हिताय, बहुजन सुखाय'

की दार्शनिक प्रेरणा है। हिन्दी में भिक्खु बोधानन्द (1874-1952), स्वामी अछूतानन्द (1879-1933), चन्द्रिका प्रसाद 'जिज्ञासु' (1885-1974) आदि ने इस अवधारणा को लेकर विपुल लेखन किया। इन लोगों ने इस अवधारणा के प्रसार के लिए प्रकाशन गृह चलाए तथा अनेकानेक पुस्तकें प्रकाशित कीं, सैकड़ों सभाएँ और गोष्ठियाँ कीं। उत्तर भारत में त्रिवेणी संघ (1930 के आसपास निर्मित), अर्जक संघ (1968 में स्थापित) जैसे अनेक मजबूत सामाजिक-राजनीतिक संगठन भी इस विचारधारा को केन्द्र में रखकर ही सक्रिय रहे। महाराष्ट्र में जोतिराव फुले (1827-1890) ने भी जो आन्दोलन खड़ा किया, वह दलित या पिछड़ा आन्दोलन नहीं था, बल्कि बहुजन आन्दोलन ही था। उन्होंने 'शूद्रों और अतिशूद्रों' की एकता की बात की और इनके साझेपन का सांस्कृतिक आधार तैयार करने के लिए विपुल लेखन किया। दक्षिण भारत में रामास्वामी पेरियार (1879-1973) आन्दोलन की धुरी भी बहुजन अवधारणा ही थी। बहुजन अवधारणा पर काम करने वाले इन लेखकों और समाज सुधारकों का मुख्य कार्यभार सामाजिक संकीर्णताओं और वर्चस्ववाद से मानव-जीवन को मुक्त करना और सामाजिक समता को विकसित करने वाली वैज्ञानिकता और आध्यत्मिकता का विकास करना था।

बहुजन साहित्य का मौजूदा दौर

पहला 'बहुजन साहित्य सम्मेलन' महाराष्ट्र के गढ़चिरौली में 5 और 6 दिसम्बर, 2009 को आयोजित किया गया था, जिसमें कई मराठी लेखक एकत्रित हुए थे।[4] जबकि हिन्दी में बहुजन साहित्य की अवधारणा पर विमर्श का आरम्भ वर्ष 2011 के इर्द-गिर्द हुआ। उस समय हमने 'फारवर्ड प्रेस' नामक मासिक पत्रिका में इसके सैद्धान्तिक पक्ष को विकसित करने वाले लेख प्रकाशित करना आरम्भ किया।[5] 'फारवर्ड प्रेस' की टीम ने इस दिशा में सचेत रूप से प्रयास किया। हमने हर वर्ष अप्रैल में, जो कि फुले-आम्बेडकर के जन्मदिन का माह है; पत्रिका की 'बहुजन साहित्य वार्षिकी' प्रकाशित की। ऐसी पाँच वार्षिकियाँ प्रकाशित हुईं, जिनमें इस अवधारणा के सन्दर्भ में हिन्दी के अनेक लेखकों के विचार सामने लाए गए।[6] कुछ किन्तु-परन्तु के साथ लगभग सभी

लेखक इस अवधारणा की आवश्यकता से सहमत थे। उन अंकों में अधिकांश लेखकों ने इसकी मूल्य-संहिता और सौन्दर्यशास्त्र को लोगों के सामने रखने की आवश्यकता पर बल दिया। अब हम देख रहे हैं कि ये चीजें अब समय के साथ-साथ पल्लवित हो रही हैं।

बहुजन अवधारणा के विरोध में कौन है?

बहरहाल, कौन-सी शक्तियाँ इस अवधारणा के पक्ष में हैं या हो सकती हैं, यह तो स्पष्ट ही है। लेकिन अगर हम यह गौर करें कि कौन-सी शक्तियाँ इस अवधारणा से सबसे अधिक विचलित हैं तो इसकी ताकत का बेहतर अनुमान हो सकता है।

सांस्कृतिक और साहित्यिक स्तर पर बहुजन अवधारणा की सैद्धान्तिकी के निर्माण पर राष्ट्रीय स्वयंसेवक संघ से सम्बद्ध पत्र 'पाञ्चजन्य' और 'आर्गेनाइजर' ने सबसे पहले सुनियोजित रूप से हमला किया, जो निरन्तर जारी है। उनका यह विरोध चलताऊ किस्म का नहीं है बल्कि वे इसके विरोध में अपनी विचारधारा के आधार पर एक सैद्धान्तिकी गढ़ने की कोशिश करते हैं। मसलन, बहुजन अवधारणा का उल्लेख करते हुए 'पाञ्चजन्य' कहता है कि ये लोग 'भारतीय संविधान व राज-व्यवस्था द्वारा नागरिक-अधिकारों के संरक्षण हेतु सृजित कोटियों (यथा अनुसूचित जाति, अनुसूचित जनजाति, अन्य पिछड़ा वर्ग) को अपरिवर्तनीय एवं परस्पर संघर्षरत नस्ली समूहों में रूढ़' करने की कोशिश कर रहे हैं।[7] यह गौर करने लायक है कि राष्ट्रीय स्वयंसेवक संघ अनुसूचित जाति, अनुसूचित जनजाति और अन्य पिछड़ा वर्ग के अलग-अलग सामाजिक-सांस्कृतिक अस्तित्व के रूढ़ बने रहने से न सिर्फ सहमत है, बल्कि इसे अपने कथित 'सांस्कृतिक राष्ट्रवाद' और 'हिन्दुत्व' के लिए हितकर मानता है। इसके विपरीत इन तबकों के सांस्कृतिक और साहित्यिक साझेपन को रेखांकित किये जाने को कथित हिन्दुत्व, जो कि वास्तव में द्विजवाद का मुखौटा है; के लिए विकट खतरे के रूप में देखता। बहुजन अवधारणा को राष्ट्रवाद के विरोध में बताने वाली ऐसी अनेक सामग्री 'पाञ्चजन्य' और 'आर्गेनाइजर' में प्रकाशित हुई हैं।

वस्तुत: बहुजन अवधारणा इन सामाजिक श्रेणियों को रूढ़ नहीं बनाती, बल्कि इन्हें श्रेणीक्रमों से मुक्त करती है और इस प्रकार जाति मुक्ति की ओर बढ़ती है।

यह मानवीय गरिमा और मानव-स्वातंत्र्य को प्राथमिकता देने वाले सामाजिक रूप से समतामूलक सशक्त राष्ट्र के निर्माण की प्रक्रिया का हिस्सा है। यह अवधारणा कहती है कि 'सामाजिक रूप से विशेषाधिकार प्राप्त परिवारों में पैदा हुए लोग, जिन्हें हम आम बोलचाल में सवर्ण कहते हैं, उनमें भी ऐसे लोग हैं, जिनके पारिवारिक संस्कार और बौद्धिक प्रतिबद्धताएँ निरन्तर धींगामुश्ती कर रही होती हैं। उन्हें साहित्य ने, समाज ने, विज्ञान ने, इतिहास ने जो जानकारियाँ और सबक दिये हैं, वे उन्हें बेचैन किये हैं कि कहीं वे उलटी दिशा में तो नहीं खड़े हैं।'[8] बहुजन अवधारणा सामाजिक समानता के पक्षधर इन लोगों को भी स्वयं में समाहित करती है।

इस प्रकार, यह जड़ अस्मितावाद की अवधारणा नहीं है बल्कि यह दुनिया जिन समस्याओं से आज जूझ रही है, उसे समझने और उनसे निजात पाने की बहुजन हिताय बौद्धिक परियोजना के रूप में विकसित हो रही है। अभी शुरुआत है, लेकिन अनेक बाधाओं के बावजूद यह इसी दिशा में पल्लवित होगी।

बहुजन साहित्य की सैद्धान्तिकी

यह अवधारणा मानती है कि आर्थिक समानता की दिशा की मूल बाधा में हमारी सामाजिक व्यवस्था है। यही कारण है कि यह अवधारणा सामाजिक और सांस्कृतिक मुद्दों को शीर्ष पर रखती है और विज्ञान और तकनीक की प्रगति की दिशा का अपनी वैचारिकी के आधार पर आलोचनात्मक मूल्यांकन पर बल देती है।

साहित्य, विशेषकर आलोचना में इस अवधारणा को सामने रखते ही भारतीय जाति-व्यवस्था के ऐसे अनेक पहलू सामने आने लगते हैं, जिनकी ओर दलित और मार्क्सवादी धाराओं के सहारे हम नहीं देख पा रहे थे। मसलन, उपरोक्त अवधारणाओं में शिल्पकार, पशुपालक और किसान जातियों की पीड़ा और इनके अलग हितों को या तो ओझल कर दिया जाता है, या फिर इन सबको एक ही डंडे से हाँकते हुए सामाजिक रूप से शोषक या पूँजीवाद का पिछलग्गू करार दिया जाता है। इन अवधारणाओं में अति-पिछड़े हिन्दू समुदायों, पसमांदा मुसलमानों, घुमन्तू जातियों, अन्य धर्मांतरित समुदायों पर अलग से नजर डालने की जरूरत तक नहीं समझी जाती। आदिवासियों और स्त्रियों की अभिव्यक्तियों को एकदम अलग-थलग कर दिया जाता है।

जबकि बहुजन अवधारणा को सामने रखने पर हम इन समुदायों की पीड़ा, शोषण और साहित्यिक-अभिव्यक्तियों की समानताओं को आसानी से देख पाते हैं। जैसे-जैसे यह अवधारणा पल्लवित हो रही है, इन समुदायों की संस्कृति और उनके वैचारिक आधारों की एकता भी दिखने लगी है। इसके अतिरिक्त बहुजन अवधारणा ब्राह्मणवाद के स्थान पर अभिजनवाद को रखती है, जो सामाजिक रूप से 'द्विजवाद' के करीब है। इस प्रकार यह अपनी विरोधी शक्तियों और उनकी नित बदलती रणनीतियों को भी अधिक सघनता से चिह्नित करने और उनका विरोध करने में सक्षम हो जाती है। लेकिन, जैसा कि मैंने पहले संकेत किया, बहुजन साहित्य की अवधारणा अस्मितावादी नहीं है। यह 'बहुसंख्यकों के कल्याण' पर आधारित है, लेकिन यह 'बहुसंख्यकवाद' नहीं है। इस फर्क को गहराई से रेखांकित किये जाने की जरूरत है। यह 'बहु-मत' को नहीं, बहुसंख्यकों के वास्तविक हित को ध्यान में रखती है।

इस अवधारणा में लेखक की सामाजिक पृष्ठभूमि का अध्ययन तो जारी रहता है, लेकिन जैसा कि प्रेमकुमार मणि कहते हैं, इसमें 'लेखक का दृष्टिकोण क्या है, यह अधिक महत्त्वपूर्ण हो जाएगा।'[७] यह 'जाति' पर नहीं, 'जन' पर केन्द्रित विचारधारा है। यह 'जाति से जमात' की ओर की यात्रा नहीं है, बल्कि जातिगत भेदभाव से मुक्ति की, एक सुन्दर सामाजिक जीवन और श्रमण परम्परा में मौजूद अध्यात्म के विकास की परिकल्पना है, जिसके मूल में वैज्ञानिकता का वास है।

इस अवधारणा के आरम्भिक दार्शनिकों (कौत्स, बुद्ध, मक्खली गोशाल, अजित केशकंबली आदि) के दर्शन का मूल बिन्दु मिथ्या विचारधाराओं को चुनौती देना तथा बहुजनों का कल्याण करने वाली विचारधारा का निर्माण करना रहा है। इन दार्शनिकों ने सिर्फ तात्कालिक समस्याओं पर ही नजर नहीं रखी, बल्कि पूरी प्रकृति को स्वयं में समेटने वाली आध्यात्मिकता का प्रस्ताव किया। इसलिए इस अवधारणा के तहत लेखन करने वालों के लिए विज्ञान और तकनीक के विकास पर आलोचनात्मक नजर बनाए रखना भी आवश्यक हो जाता है; क्योंकि इसका एक मुख्य कार्यभार बहुजनों के दूरगामी हित और उनकी खुशी है, न कि कथित 'विकास', जिसके नाम पर विशाल कॉरपोरेशन दुनिया भर में लोकतांत्रिक देशों को बँधुआ बनाते जा रहे हैं।

'बहुजन साहित्य की अवधारणा' जिस चेतना को प्रसारित करती है, वह चेतना मनुष्य और प्रकृति के ऐतिहासिक सह-अस्तित्व को स्वीकार करने वाले तथा मानवीय श्रम को गरिमा देने वाले लेखन को श्रेयस्कर मानती है।

बहुजन साहित्य का अर्थ है—'अभिजन के विपरीत बहुजन का साहित्य और उनकी वैचारिकी।' प्रगतिशील-मार्क्सवादी विचारधारा में जो 'जन' है, 'बहुजन' उसकी अगली कड़ी भी है। मार्क्सवाद के 'जन' का अर्थ भारत के सामाजिक-यथार्थ के सन्दर्भ में न सिर्फ अस्पष्ट और अनिश्चित बना रहता है बल्कि वह हमारे सांस्कृतिक मन्तव्यों को प्रकट नहीं करता। जब हम 'जन' में 'बहु' प्रत्यय जोड़ते हैं तो इससे बना शब्द हिन्दुस्तानी परिप्रेक्ष्य में वैचारिक और दार्शनिक रूप से भी जीवन्त हो उठता है। यह हमें भारत की श्रमणवादी धारा के दार्शनिकों, कौत्स, बुद्ध, मक्खली गोशाल, अजित केशकम्बली आदि की वैज्ञानिक चेतना से जोड़ देता है और उनके दर्शन को समकालीन आवश्यकता के अनुरूप विकसित करने के लिए प्रेरित करता है।

थोड़ा आलंकारिक भाषा का प्रयोग करते हुए कहें तो 'प्रगतिशील साहित्य में वंचित तबकों के दुखों का चित्रण तो हुआ, लेकिन वह उन दाहक दुखों के कारण के रूप में ब्राह्मणवाद को चिह्नित करने में सक्षम नहीं था। दलित साहित्य को दुख देने वाला भी दिखा, उसने उन दुखों के कारणों को गहराई से रेखांकित किया। बहुजन साहित्य की अवधारणा से दुख भी दिखता है, दुख देने वाला भी दिखता है, और दुख से मुक्ति का उपाय भी दिखता है।'[10]

'बहुजन' में बहुलता का भाव है। यह दलित साहित्य का तो विस्तार है ही, नये भाषा संकेतों का सहारा लेकर कहें तो यह जन + (जन प्लस) भी है। जन + के अर्थ में यह पिछले दो दशक से पश्चिम में चर्चित हो रही उत्तर-मानववाद, मानवेतरवाद एंथ्रोपोसीन जैसी धारणााओं को तार्किक दिशा देने में भी सक्षम है।

इस अवधारणा को केन्द्र में रखकर अधिकाधिक आलोचना-कर्म करने की जरूरत है ताकि इसके मूल्य और अधिक निखरकर सामने आएँ।

सन्दर्भ

1. 'Bahujan Sahitya Academy Meet Held', *The Hans India*, 18 Dec. 2018, https://www.thehansindia.com/posts/index/Telangana/2018-12-18/Bahujan-Sahitya-Academy-meet-held/460556.

2. Bahujan Sahitya Academy. https://bahujan-sahitya-academy.business.site. Accessed 4 Sept. 2022.
3. एंथ्रोपोसीन (Anthropocene) एक प्रस्तावित भूवैज्ञानिक युग का नाम है जिसमें मानव के कार्यकलापों के कारण धरती की भौमिकी (geoscience) पर तथा उसके जलवायु, पर्यावरण और रसायन पर निर्णायक प्रभाव पड़े हैं। वैज्ञानिकों का मानना है कि मानव के प्रभाव ने 11,700 साल पुराने भूवैज्ञानिक युग, जिसे होलोसीन के नाम से जाना जाता है, को अचानक खत्म कर दिया। अब हम एक नये भूवैज्ञानिक युग में हैं, जिसे एंथ्रोपोसीन नाम दिया गया है। यह युग पूर्व के युगों की तरह प्राकृतिक-धीमी गति से हुए परिवर्तन का परिणाम नहीं है। बल्कि यह मानव निर्मित है। इसकी शुरुआत 1950 से पृथ्वी ग्रह को प्रभावित करने वाली मानवीय गतिविधियों (विभिन्न वैज्ञानिक खोजों और तकनीक के प्रभाव के कारण) में नाटकीय वृद्धि से हुई है। अब साहित्य और कलाओं में भी एंथ्रोपोसीन के प्रभावों की तलाश की जा रही है।
4. देवरे श्रवण, *बहुजन साहित्य : संघर्षमय अतीत और भविष्य, फारवर्ड प्रेस,* 25 Aug. 2017, https://www.forwardpress.in/2017/08/bahujan-sahity-sanghrshmay-atit-aur-bhavishy/.
5. इन पंक्तियों का लेखक उस दौरान *फारवर्ड प्रेस* का प्रबन्ध-सम्पादक था।
6. उन विशेषांकों में बहुजन साहित्य की अवधारणा पर विचार व्यक्त करने वाले मुख्य लेखक थे : तुलसी राम, ओमप्रकाश वाल्मीकि, राजेन्द्र यादव, तेज सिंह, शरण कुमार लिम्बाले, खगेन्द्र ठाकुर, रमणिका गुप्ता, महीप सिंह, प्रेमकुमार मणि, वीरभारत तलवार, कँवल भारती, राजेंद्र प्रसाद सिंह, मोहनदास नैमिशराय, चौथीराम यादव, श्योराज सिंह बेचैन, अब्दुल बिस्मिल्लाह, उदय प्रकाश, वीरेन्द्र यादव, मैत्रेयी पुष्पा, पंकज बिष्ट, मंगलेश डबराल, जयप्रकाश कर्दम, सुरेन्द्र स्निग्ध, विजय बहादुर सिंह, कमलेश वर्मा, रामधारी सिंह दिवाकर, सुरेश पंडित, सुभाषचन्द्र कुशवाहा, अश्विनी कुमार पंकज आदि।
7. 'छद्म ईसाई व नव वामपंथियों के गठजोड़ का अड्डा' *पाञ्जजन्य,* 2 Nov. 2015, https://panchjanya.com/2015/11/02/211384/archive/rd494db05/.
8. प्रमोद रंजन, 'बहुजन हिताय, बहुजन सुखाय' *बहुजन साहित्य की प्रस्तावना, द मार्जिनलाइज्ड,* 2016, पृ. 7–8
9. प्रेमकुमार मणि, *साहित्य में बहुजन अवधारणा,* zenodo, 2022, 10.5281/zenodo.6790323.
10. वही

जो सबका होता है, वह किसी का नहीं होता

—प्रेमकुमार मणि

प्रमोद रंजन ने जब दूरभाष पर बतलाया कि बहुजन परम्परा पर आपके विचार अथवा टिप्पणी की दरकार है, तब मैं हल्का-सा परेशान हुआ। मेरी समझ में नहीं आया कि बहुजन परम्परा क्या होगी। भारत में श्रमण और ब्राह्मण परम्परा तो है और फिर छोटी-बड़ी हजारों परम्पराएँ हो सकती हैं, लेकिन बहुजन परम्परा! मेरी समझ में उलझन की गाँठें पड़ गईं। मैंने अपनी उलझन से प्रमोद को अवगत भी कराया। तब प्रमोद का 'आदेश' था, आप जो भी चाहें लिखें, लेकिन लिखें। अब मेरी परेशानी और बढ़ गई। मटियाना चाहा। लेकिन मोबाइल और एसएमएस के जमाने में ऐसे तकादों से बचना मुश्किल होता है।

हिन्दी में डॉ. रामविलास शर्मा ने परम्परा पर विमर्श की शुरुआत की और इसे अन्ततः एक वाद में परिणत कर दिया। उनके इस परम्परा-विमर्श की भरपूर आलोचना भी हुई है और आज शायद ही किसी को यह बतलाने की जरूरत है कि उसका आशय क्या था। रामविलास जी अक्खड़ पुरुष थे। वह विमर्श से नतीजा नहीं निकालते थे। वकीलों की तरह लक्ष्य तय कर लेते थे और फिर अपनी मेधा से उसे सिद्ध कर देते थे। लेकिन परम्परा पर पहली दफा विमर्शनुमा हिन्दी में कुछ आया, तो वह नामवर सिंह की छोटी-सी पुस्तक 'दूसरी परम्परा की खोज'—थी, जिसे उन्होंने अपने गुरु पंडित हजारी प्रसाद द्विवेदी को समझते-समझाते हुए लिखा था। परम्परा पर एक सार्थक विमर्श की शुरुआत हिन्दी में यहीं से हुई।

पुस्तक का आरम्भ करते हुए ही डॉ. नामवर सिंह ने एक कथा का जिक्र किया है, "शान्तिनिकेतन में एक विधवा अपनी कन्या का विवाह हिन्दू विधि से करना चाहती थी। किसी ने कह दिया कि नान्दी श्राद्ध विधवा नहीं कर सकती।

गुरुदेव (रवीन्द्रनाथ ठाकुर) ने नये-नये आए काशी के ज्योतिषाचार्य पंडित हजारी प्रसाद द्विवेदी को बुलावा भेजा। पूछा, 'हिन्दुओं का हजारों वर्ष का इतिहास है, क्या उसमें पहली बार यह घटना हो रही है? पहले भी तो कभी ऐसी स्थिति आई होगी?' पंडित जी घर आए। स्मृतिग्रंथों की छानबीन की। देखा कि पूर्वपक्ष में ऐसे बहुत वचन हैं, जो विधवा के इस अधिकार को स्वीकार करते हैं। लेकिन वचनों की संगति लगाते समय निष्कर्ष रूप में यही कहा गया है कि विधवा को ऐसा अधिकार नहीं है। जाकर गुरुदेव को बताया तो हँसकर बोले, 'क्या पूर्वपक्ष के वे ऋषि कुछ कम पूज्य हैं, जिनका खंडन उत्तरपक्ष में किया गया है?' इस प्रश्न ने पंडित जी को झकझोर दिया। परम्परा क्या उत्तरपक्ष ही है? पूर्वपक्ष नहीं? जिस परम्परा को अब तक वे अखंड समझ रहे थे, देखते-देखते शिवधनुष के समान खंड-खंड हो गई। लगा कि परम्परा और भी हो सकती हैं।" ('दूसरी परम्परा की खोज', डॉ. नामवर सिंह, राजकमल प्रकाशन, दिल्ली, पृ. 11)

परम्पराएँ भी अनेक हैं, और परिपाटियाँ भी। कुछ लोग परम्परा और परिपाटी का घाल-मेल कर देते हैं, परिपाटी को ही परम्परा मान लेते हैं। जैसे हिन्दू परम्परा से उनका आशय हिन्दू परिपाटियों से होता है। उठने-बैठने, पहनने-सँवरने के ढंग या इसी तरह के और कुछ। ये परिपाटियाँ हैं, परम्परा नहीं। जब हम परम्परा पर विमर्श कर रहे हों, तब इसका खयाल रखना चाहिए।

बहुजन-श्रमण परम्परा

लेकिन यह बहुजन परम्परा क्या हो सकती है? यह क्या बला है? मैंने प्रमोद रंजन से कहा, इसे 'बहुजन-श्रमण परम्परा' कहना ज्यादा सही होगा। कितना सही होगा, यह स्वयं मैं भी नहीं जानता। एक झटके में कह गया। लेकिन अब तक कायम हूँ, कोई सार्थक जवाब मिले तो अपनी बात को वापस लेने में देर नहीं करूँगा।

हमारे देश-समाज में सदियों से दो तरह की विचार-परम्पराएँ मुख्य रूप से चल रही हैं। एक है श्रमण परम्परा और दूसरी ब्राह्मण परम्परा। हमारे शब्दकोश श्रमण का अर्थ बतलाते हैं 'परिश्रमी, मेहनती' व संन्यासी और ब्राह्मण का अर्थ 'चैतन्य'। 'जन्मना जायते शूद्रः संस्कारै द्विज उच्यते'—जन्म से सभी शूद्र होते हैं, संस्कार से द्विज या ब्राह्मण बनते हैं। ज्ञान का (प्रतीक में यज्ञोपवीत) संस्कार किसी को द्विज बनाता है। द्विज के शीर्ष ब्राह्मण हैं—पूर्ण चैतन्य।

लेकिन इस पूर्ण चैतन्य समूह की भौतिक परवरिश कैसे होगी, इसके लिए धर्म और राज सत्ता की रचना की गई। शोषण और पाखंड का पूरा चक्र रचा गया क्योंकि शारीरिक श्रम के बिना जीवन चलना मुश्किल होता है। ब्राह्मण चिन्तन का मूल सूत्र है शारीरिक श्रम से दूरी। जो शारीरिक श्रम से जितना दूर है, वह उतना ही ऊँचा है। ब्राह्मण सबसे ऊपर और फिर क्रम से क्षत्रिय और वैश्य। क्षत्रिय और वैश्य को कुछ शारीरिक श्रम करने पड़ते हैं, इसलिए वे कमतर हैं। शूद्रों पर शारीरिक श्रम की इतनी जिम्मेदारी है कि उन्हें ज्ञानार्जन की बलात् मनाही है। 'न शूद्राय मतिद्यात्' —शूद्रों को मति मत दो। शूद्रों को चैतन्य मत बनने दो। कुछ लोगों को चैतन्य बने रहने के लिए बहुतों का जड़ या मूर्ख बने रहना जरूरी है। यही है मुख्य रूप से ब्राह्मण चिन्तन। इस चिन्तन की परम्परा अनेक रूपों में आज भी जारी है।

इस परम्परा से अनेक संन्यासियों और मनीषियों ने एतराज जताया था। पौराणिक आख्यानों की बात छोड़ दें तो ऐतिहासिक आख्यानों में इसका सबसे व्यवस्थित विरोध तथागत बुद्ध ने प्रदर्शित किया। अपने प्रशिक्षित भिक्षुओं को सभी दिशाओं में जाने का अनुरोध करते हुए उन्होंने सम्बोधित किया—'चरथ भिक्खवे, चारिकं, बहुजन हिताय बहुजन सुखाय, लोकानुकम्पाय, अत्थाय हिताय, देव मनुस्सानं।' (जाओ भिक्षुओ, चारों दिशाओं में जाओ, बहुतों के हित के लिए, बहुतों के सुख के लिए, लोगों पर अनुकम्पा करने के लिए, उनके कल्याण के लिए, देवताओं और मनुष्यों के कल्याण के लिए)।

बुद्ध अल्पसंख्यक (माइनॉरिटी) चिन्तन को बहुजन (मेजॉरिटी) चिन्तन में बदल देते हैं। यह उनकी जनतांत्रिक पहल थी। बहुतों के लिए, केवल कुछ के लिए नहीं। इस परम्परा को श्रमण परम्परा कहा गया। ब्राह्मण चिन्तन ने जिस तरह शूद्रों की अवहेलना की थी, उनके शोषण का एक कुचक्र रचा था, वैसा श्रमण परम्परा ने नहीं किया। चैतन्य (ब्राह्मण) लोगों की कोई अवहेलना यहाँ नहीं थी। बुद्ध ने जिन देवताओं के कल्याण की बात की है, वे सम्भवत: ये चैतन्य ब्राह्मण ही हैं। श्रमण चिन्तन समत्व की बात करता है। व्यापक विमुक्ति की बात करता है, सीमित विमुक्ति की नहीं।

सर्वजन बनाम बहुजन

सार-संक्षेप में यही इन दोनों परम्पराओं का भेद है। हमारे देश में ब्राह्मण परम्परा इतनी मजबूत हो गई कि श्रमण परम्परा को विमर्श के दायरे से ही बाहर कर दिया गया। इसका नतीजा यह हुआ कि देश लम्बे अरसे तक गुलाम रहा। कई अर्थों में हम आज भी गुलाम हैं। हमारा सामाजिक-सांस्कृतिक पिछड़ापन आज भी बना हुआ है। इसके रहते हम अपेक्षित आर्थिक-राजनीतिक ताकत हासिल नहीं कर सकते। बहुजन श्रमण सांस्कृतिक परम्परा को वोट की राजनीति के लिए कभी-कभार सर्वजन परम्परा में तब्दील करने की कोशिश होती है। इसे पहली दफा विनोबा ने किया था और फिर मायावती ने और अब नरेन्द्र मोदी यही राग अलाप रहे हैं। दरअसल, सर्वजन चिन्तन, प्रच्छन्न रूप से ब्राह्मण चिन्तन को बनाए रखने की एक होशियार कोशिश है। इस पर विमर्श के लिए बहुत समय चाहिए। इस छोटे आलेख में यह सम्भव नहीं होगा।

हाँ, इस आलेख के आखिर में मैं पाठकों को 'महाभारत' का एक अंश बतलाना चाहूँगा। 'महाभारत' के आखिर में द्रौपदी के सभी बेटे मारे जाते हैं और वह विलाप कर रही है। कृष्ण उसे चुप कराते हुए कहते हैं—'युद्ध में यह होता है, कृष्णा'। कृष्णा (द्रौपदी) कहती है—'कृष्ण! क्या इस छोटी बात को मैं नहीं समझती। अच्छी तरह समझती हूँ। मेरा दुख केवल यह नहीं है कि मेरे बेटे मारे गए हैं। मेरा दुख यह है कि अपने बेटों की मृत्यु पर केवल मैं विलाप कर रही हूँ। घटोत्कच मारा गया था तब भीम फूट-फूट कर रो रहा था। अभिमन्यु की मृत्यु पर अर्जुन। लेकिन मेरे बेटे पर रोने के लिए, पाँच पिताओं के रहते, केवल मैं हूँ। क्या जो सबका होता है, वह किसी का नहीं होता?'

कृष्ण ने हामी में सिर हिलाते हुए कहा—'कृष्णा, यही सच है।' जो सबका होता है, वह किसी का नहीं होता। बुद्ध सम्भवत: इस गुत्थी में उलझे होंगे। इसीलिए उन्होंने बहुजन हिताय, बहुजन सुखाय का उद्घोष किया। हमारे राजनेताओं और सामाजिक दार्शनिकों को इस पर विमर्श करना चाहिए।

दलित विमर्श से बहुजन दर्शन की ओर

—शीलबोधी

साहित्य साध्य नहीं है, साधन है; इसी क्रम में यह ध्यान देने की बात है कि लक्ष्य के मद्‌देनजर वह विचार महत्त्वपूर्ण है, जो साहित्य व कला के विभिन्न तरीकों को अपनाकर लोगों तक पहुँचाता है तथा मनुष्य के मानस में ठहरकर आचरण में परिवर्तन लाता है। मनुष्य के अन्दर शनै:-शनै: होते सैकड़ों सालों के बदलावों में व्यापक परिवर्तन की पदयात्रा मौजूद होती है। कहानी, कविता, नाटक, चित्र, मूर्ति, गीत-संगीत सामाजिक परिवर्तन की पदयात्रा के जरूरी अव्यय हैं। सामाजिक परिवर्तन का मतलब है; मानव की मानस की धारणाओं/अवधारणाओं का बदल जाना। धारणाएँ/अवधारणाएँ नियोजित व व्यवस्थित प्रवृत्तियाँ हैं। प्रत्येक धारणा/अवधारणा का व्यापक परिप्रेक्ष्य होता है। मूल निवासी, दलित, आम्बेडकरवादी धारणा/अवधारणा का भी अपना परिप्रेक्ष्य है, जो नियोजित रूप से समाज में निरूपित है। इसलिए अवधारणा पर विमर्श में सजगता बरती जानी चाहिए।

बहुत लम्बे समय से दलित शब्द के अस्मिताबोधक प्रयोग पर सवाल उठ रहे हैं। ये सवाल अन्दर और बाहर दोनों ओर से हैं। दिलचस्प यह है कि आवाजें समर्थन और विरोध दोनों तरह की हैं। दलित शब्द को आबादी के एक हिस्से की पहचान के रूप में प्रस्तुत किया जा रहा है। साहित्य जैसी बौद्धिक कवायद में 'दलित' नामकरण पर सहज सवाल बने हैं। 'गर्व से कहो हम दलित हैं' का आग्रह गाढ़ा होता जा रहा है। यह सब लगभग वैसा ही है जैसे 'गर्व से कहो हम हिन्दू हैं' कहा जाता रहा है। यह प्रतिक्रियात्मक अस्मिताबोध है या भविष्य में रूढ़ होने वाली भारतीय आबादी के एक हिस्से की पहचान।

अभी कुछ नहीं कहा जा सकता क्योंकि 'दलित' अकेला शब्द नहीं है जो अस्मिता के परिप्रेक्ष्य में प्रतिनिधित्व का दावा ठोंकते रहे हैं। 'मूलनिवासी' जैसा शब्द भी है जो अस्मिता के लिए प्रतिनिधित्व का दावा करता है। इन सबके बीच डॉ. आम्बेडकर का, भारतीय और भारतीय के अलावा कुछ नहीं।[1] उन लोगों के बीच महत्त्वपूर्ण नहीं हो पाया है, जो डॉ. आम्बेडकर के नाम पर अपना आन्दोलन चला रहे हैं।

दलित विमर्श एक दायरा है, कुछ चिन्तन और चिन्तक इसमें शामिल हैं और कुछ नहीं हैं। दलित शब्द के दायरे में दलित विमर्श का उभार है। दलित साहित्य के पास अपना विमर्श तो है लेकिन दर्शन नहीं है। इसने आम लोगों की जिन्दगी में जाति के कारण आए भूचाल को अपने-आप में समाहित किया है। यह जाति से उत्पीड़ित साधारण मनुष्य को अन्याय के प्रतिकार की ऊर्जा से भरने के लिए लिखा जा रहा है। (अब कुछ महिला लेखिकाएँ जाति व लिंग के संयुक्त असर को रेखांकित करते हुए लिख रही हैं) लेकिन आम दलितों में ऐसा पाठक वर्ग नहीं है जो कहानी या कविता पढ़ता हो। जो थोड़ा-सा पढ़ाकू वर्ग उभरा भी, उसकी रुचि साहित्य से अलग वैचारिक और गम्भीर लेखन में है।

दलित साहित्य नाम से एक चौकी अकादमिक जगत में बनी है जो वहीं की शैली में अपना जवाब रखती है या संवाद करती है। इसका आम जनता से न्यूनतम सरोकार है। कविता और कहानियाँ का अकादमिक जरूरत के अनुसार सुधरता शिल्प अब अपने मंच से उतरकर दूसरों के मंच पर जा चढ़ा है और वहाँ अपनी उपस्थिति से ध्यान खींचने में सफल हुआ है। लेकिन इस तरकीब और तरीके से सामाजिक परिवर्तन के जमीनी सरोकारों से उसकी दूरी बनती जा रही है। मार्क्सवादी आन्दोलन से जुड़ी जनसरोकारों की पत्रिकाओं में छपने वाले अधिकांश दलित साहित्यकार आम्बेडकर के आन्दोलन की जमीनी पत्रिकाओं में बमुश्किल दिखाई देते हैं। जैसे पहली पीढ़ी के लोगों का लेखन जमीन से जुड़ा था (जो अब नहीं है) जिनके लिए लिखा जाता था, उन तक पहुँचता था वैसे दूसरी और तीसरी पीढ़ी का लेखक केवल अकादमिक परिवेश में फल-फूल रहा है। मुझे लगता है कि पेशा और पैशन एक होने के कारण भी दूसरी व तीसरी पीढ़ी के लिए साहित्य कहीं-न-कहीं इस्तेमाल की चीज बनकर रह गया है।

दलित साहित्य में दूसरी व तीसरी पीढ़ी ने शिल्प में तो गुणात्मक विकास किया, लेकिन उसके विषय का विकास विमर्श में परिक्रमा ही कर रहा है।[2] जाति को देखने और समझने में रत्तीभर गुणात्मक विकास नहीं हुआ। हालाँकि कुछेक साहित्यकारों ने इस ओर कवायद की है लेकिन ये कवायद व्यक्तिगत स्तर की है, जिसे बड़े आराम से खारिज किया जाता रहा है। दलित साहित्यकारों में शिल्पगत विकास हुआ है, पुराने काम को और बेहतर तरीके से करने के रूप में है लेकिन उसमें कुछ भी वैचारिक नयापन नहीं आ रहा है। यह कस्बा-बाजार की चीजें तैयार करता है जबकि इसे वैश्विक बाजार की चीजें तैयार करना है। दलित शब्द कस्बा-बाजार की जरूरत है इसलिए जातिगत शोषण इसका एक सीमित आधार है।

इस विमर्श ने एक लम्बी अवधि का उपयोग किया है, जो फायदेमन्द रहा है। लेकिन हमारे बीच यह अहसास भी जन्म ले रहा है कि दलित विमर्श की अवधि अनावश्यक रूप से लम्बी हो गई और कोढ़ में खाज का मजा देने लगी है। परिचर्चा की सामग्री में जड़ता आ गई है। गतिशील मान्यताएँ रूढ़ होने लगी हैं जिसने अध्ययन की अभिप्रेरणा को अवरुद्ध किया हुआ है। जिससे वैक्यूम बन गया है। हिन्दी बेल्ट में 1980 के बाद से दलित विमर्श चल रहा है। अब विमर्श से आगे यात्रा को बढ़ाए जाने की जरूरत है। आने वाले समय में चिन्तक साहित्य में दर्शन की बात शुरू करे और मूल भारतीय बुद्धिवाद के अध्ययन के लिए पुस्तकालयों की सीढ़ियाँ चढ़े-उतरे।

अब इस 'दलित' शब्द को एक पीढ़ी—एक अवधि की उपलब्धि मानकर आगे की यात्रा पर निकलना है। इससे आगे की यात्रा स्वाभाविक तौर पर दर्शन की यात्रा होनी चाहिए और यह होगी। डॉ. आम्बेडकर, फुले, रैदास-कबीर, सरहपा-जालन्धर, बुद्ध, कपिल और चार्वाक विमर्श नहीं है बल्कि दर्शन है जो मनुष्य के जीवन और सोच के ढर्रे को बदलता है। बृहत् दलित समाज हाँक कर चलने वाला जीव है इसलिए सफर के लिए रास्ता उसका अपना नहीं है, उसे तो सिर्फ चलना है। सफर का रास्ता उसका है जो उसे हाँक रहा है। इस वस्तुस्थिति में हमें सुविधा और सुधार नहीं चाहिए बल्कि पशुतुल्य स्थिति से बाहर आना है। उसे विवेकशील मनुष्य बनना है। जिसे अपने सफर का रास्ता खुद चुनना है। इसके लिए उसे दार्शनिक स्कूल पद्धति चाहिए जिसमें उनका प्रशिक्षण हो सके। बहुजन दर्शन की दिशा में इसका विकास स्वाभाविक ही कहा जाएगा।

विमर्श में दलित का शाब्दिक अर्थ दलन है हालाँकि कुछ लोग दल से दलित का अर्थ निकाल लेते हैं, ऐसा काम वे ही करेंगे जिनमें दर्शन की समझ नहीं है। इस दलन का कारण सामाजिक व्यवस्था है जो ब्राह्मण ग्रंथकारों ने बनाई है, इस तरह ब्राह्मणों के दर्शन तक पहुँच जाते हैं और उसको ध्वस्त करने में ऊर्जा लगाने लगते हैं। मकान गिराने से पहले मकान गिराकर बनाने का प्लान हाथ में होना चाहिए, नहीं तो पुराना जर्जर मकान गिराना भी मूर्खता का काम हो जाएगा।

दलित विमर्श में दलन की क्रिया के लिए जिम्मेदार तत्त्व किसे माना जाता है? दलितों पर अत्याचार किसी व्यक्ति या व्यक्तियों के समूह द्वारा किया जाता है, अत: व्यक्ति या व्यक्तियों के समूह को उत्पीड़न के लिए जिम्मेदार तत्त्व माना जाना चाहिए। जबकि दलित विमर्श में व्यक्ति को नहीं बल्कि व्यवस्था को दलन के लिए जिम्मेदार माना जाता है। यहाँ समझ बिलकुल साफ है—दलन की व्यवस्था को सामाजिक पद्धति का दोष माना जाता है। दलित विमर्श में जब ब्राह्मण को लक्ष्य-केन्द्रित किया जाता है तब वह वहाँ व्यक्ति नहीं होता है बल्कि व्यवस्था का प्रतिनिधि होता है। दलन की सामाजिक व्यवस्था के जो भी प्रतिनिधि हैं, अब चाहे वे ग्रंथ हों या ग्रंथकार या उनका पालन करने वाले, वे सभी दलित विमर्श में एक अपराधी की हैसियत से हाजिर-नाजिर होते हैं। दलित विमर्श में सभी दलीलों के लिए यह एक दायरा है। जिनके दलन का कारण जाति नहीं है वे इस दायरे से बाहर हैं। ऐसी जातियाँ जो अछूत नहीं इस दायरे से बाहर हैं। इसलिए स्वाभाविक तौर पर इसमें सार्वभौमिकता की कमी है।

मौजूदा सन्दर्भ में दलित शब्द विशेषण नहीं रहा है जो कभी था बल्कि स्वयं में एक संज्ञा है। समुदाय की पहचान के रूप में रूढ़ हो गया है। दलित विमर्शकार मानते हैं कि इसका फायदा यह हुआ है कि विभिन्न अछूत समुदायों को दलित के रूप में एक साझा मंच मिल गया है, जहाँ वे समान दुख और पीड़ा को व्यक्त करने के लिए एक साथ खड़े हो जाते हैं। लेकिन दलित शब्द संज्ञा के रूप में स्थापित होने से तकनीकी दिक्कत आ गई है। तकनीकी दिक्कत यह है कि दलित एक संज्ञा के रूप में तन की विषयवस्तु बनता है और विशेषण के रूप में मन की विषयवस्तु बनता है। तन भौतिक चीज है और मन अभौतिक चीज है। अभौतिक मन की क्रिया भौतिक तन की क्रिया को नियंत्रित और संचालन करती हैं।

इसलिए दलित साहित्य में काम तन को लक्षित होकर नहीं, मन को केन्द्र में रखकर किया जाना है। जो नहीं हो पा रहा है। सामाजिक परिवर्तन के लिए मन को लक्षित किया जाना है। हमने तन को लक्षित कर दिया।[3]

यह कहने में किसी को क्या आपत्ति हो सकती है कि आबादी का ऐसा समूह जिसका सामाजिक व्यवस्था में शोषण और दलन हो रहा है वह दलित है। जब आबादी के एक हिस्से को दलित कहा जाता है तब ऐसे सभी स्त्री और पुरुष जिनका दलन होता है, वह दलित है। क्या दलित एक संज्ञा के रूप में दलन की सामूहिक आक्रोशपूर्ण अभिव्यक्ति का समूह है। यह सवाल दलित शब्द की बृहत् परिभाषा माँगता है (हालाँकि परिभाषाएँ आई हैं लेकिन वे सभी संकीर्ण हैं)। क्या दलित विमर्श जाति व धर्म की दीवार लाँघकर बात करता है या जाति व धर्म में रहकर ही उसके दायरे में विमर्श खड़ा करता है।[4] आदिवासी व दलितों की संस्था में आदिवासी व अछूतों से अलग समूह के स्त्री या पुरुष को शामिल नहीं किया जाता है। यदि ऐसा कहा जाए कि हम जाति व धर्म का भेदभाव नहीं करते हैं तो यहाँ थ्योरी एंड प्रैक्टिस में मूलभूत अन्तर देखने के लिए मिलता है (भले ही ऐसा कुछ सुरक्षा उपाय के रूप में किया जाता है, सैद्धान्तिक नहीं है) इसे जानबूझकर की गई लापरवाही माना जाए या जानबूझकर किया जाने वाला एक दोष या यह एक अनिवार्य दोष है?

दलित खास भावार्थ वाला शब्द है इसकी उपयोगिता इसमें है कि जब तक वैचारिकी[5] का दर्शन के रूप में इतना विकास न हो जाए कि हम व्यक्ति को अन्याय के खिलाफ दर्शन के साथ जोड़ सकें तब तक सामान्य अर्थ देने वाले इस शब्द दलित को ही इंस्ट्रूमेंट के तौर पर प्रयोग कर लिया जाए ताकि विचारधारानुसार समाज बनने से पहले का जो समयान्तराल है उसका उपयोग शोषण का शिकार लोगों को एकजुट करने में हो जाए। शुरुआत में जो दलित चिन्तन या विमर्श आया उसकी रणनीति में ऐसी कुछ अन्तर्निहित बातें हैं लेकिन आजकल के दलित शब्द के प्रयोग में इंस्ट्रूमेंट की कल्पना नहीं है। पहली पीढ़ी के साहित्यकारों ने दलित शब्द को विशेषण रूप में अपनाकर सफर सीधा तय किया और उपलब्धि हासिल की लेकिन दूसरी और तीसरी पीढ़ी ने दलित शब्द को विशेषण से संज्ञा में बदलकर साधन को साध्य बना दिया जिससे सीधा सफर परिक्रमा में बदल गया और उपलब्धि के नाम पर

दूसरी व तीसरी पीढ़ी के साहित्यकारों के पात्र खाली रह गए। इसका परिणाम है कि दलित साहित्य और विमर्श में काम काफी हुआ इसके बावजूद वैक्यूम की स्थिति बन गई। दुष्परिणाम यह हुआ कि वैक्यूम की स्थिति में दर्शन की कमी के कारण दलित अवधारणा में बिखराव शुरू हो गया है।[6] साहित्य कोई स्वतंत्र संकाय नहीं है, वह केवल प्रतिनिधि है जो विचार को व्यक्ति तक ले जाता है। सृजनात्मक लेखन में पूरी तरह समर्पित दूसरी व तीसरी पीढ़ी इतिहास और दर्शन का अध्ययन नहीं कर पाई, इसलिए पहली पीढ़ी के साहित्यकारों का बौद्धिक लाभ लेती रही उसने स्वयं कोई बौद्धिक कमाई नहीं की जो वैक्यूम और बिखराव का कारण बनने लगा।

मैं इस बात में नहीं जाना चाहता कि दलित शब्द का प्रयोग पहले-पहल किसने किया, मुझे यह समझ पड़ता है, अब साहित्य और मीडिया में दलित शब्द आबादी का ही प्रतिनिधित्व नहीं करता बल्कि एक विचार का भी प्रतिनिधित्व करता है। यहाँ मैंने वैचारिकी और विमर्श को समानार्थी शब्द माना है। एक विचारक की चिन्ता को चिन्तन और एक वर्ग के चिन्तन को विमर्श समझा है जिसमें अन्य समुदायों का दखल भी शामिल होता है। मुझे यह लगता है कि लम्बे समय में, मनुष्य अपने लिए जो व्यवस्था या परिपाटी सृजित करता है उसका अपना विकास क्रम है। यथार्थ से विचार, विचार से चिन्ता, चिन्ता से चिन्तन, चिन्तन से विमर्श, विमर्श से दर्शन, दर्शन से साहित्य-कला और साहित्य-कला से संस्कृति (लोगों की सोच-समझ और व्यवहार) का विकास होता है जिससे सामाजिक, राजनीतिक व धार्मिक अनुशासन बनता है। धर्म वह केन्द्र है जो दार्शनिक व्यवस्था से शक्ति के विभिन्न स्रोतों (सामाजिक, आर्थिक व राजनीति) को अपने प्रभाव में रखता है। इस पूरे समीकरण की जानकारी होनी चाहिए। नहीं तो हम जिस सामाजिक परिवर्तन की बात कर रहे हैं उसको अमली जामा नहीं पहना पाएँगे। इसलिए प्रतिनिधि शब्द का चुनाव परिस्थिति के दबाव में नहीं किया जाना चाहिए। बहुत सोच-समझकर तय किया जाना चाहिए। आन्दोलन अपने लिए जितना मुश्किल काम हाथ में लेता है, उसकी यात्रा उतनी लम्बी हो जाती है। कभी-कभी तो आन्दोलन कई युगों से संवाद करता है। लम्बे आन्दोलन में सोपानिक पड़ाव आते हैं, जो अपना पृथक अस्तित्व रखते हैं लेकिन ये ऐसे जुड़े होते हैं जैसे इनमें कोई जोड़ न हो।

दलित पहचान के साथ एक पड़ाव अब खत्म होने को है या हो गया है। अब अगला पड़ाव शुरू होने को है या हो गया है। यह नया पड़ाव अपना नया नामकरण भी तय करेगा। बहुजन इस अगले पड़ाव की प्रवृत्ति है जिसमें नये नामकरण की दशा और दिशा है। बहुजन शब्द ऐसा है जो हमें विमर्श की स्थिति से बाहर निकालकर दर्शन के करीब पहुँचाने का माद्दा रखता है।

मराठी लेखकों के माध्यम से 'दलित' शब्द अन्य भाषा-भाषियों के साहित्य में आया है। डॉ. आम्बेडकर के चिन्तन से निकलकर इसने हमारे बीच जगह नहीं बनाई। डॉ. आम्बेडकर और उनके समय के आन्दोलनधर्मी लोगों ने दलित शब्द के प्रयोग पर अपनी गहरी नापसन्दगी दर्ज की थी।[7] हममें से कुछ लेखकों को लगता है कि दलित शब्द के साथ इतनी यात्रा कर ली है कि अब इस शब्द को छोड़ा नहीं जा सकता। यह शब्द देश-विदेश तक पहुँच गया। यदि साहित्य के नाम में परिवर्तन करते हैं तो दूसरे किसी शब्द के साथ यात्रा शून्य से शुरू करनी पड़ेगी। हमारा यह सोचना गलत है क्योंकि दलित साहित्य प्रवृत्ति से पैदा नहीं हुआ है, यह आन्दोलन से उपजा है। किसी भी आन्दोलन के लेखन का परिणाम उसकी परिपक्वता और प्रौढ़ता में प्राप्त होता है। बस से उतरकर ट्रेन में बैठना और ट्रेन से उतरकर हवाई जहाज में बैठना यात्रा को शून्य से शुरू करना नहीं है, लम्बी यात्रा के लिए ऐसे बदलाव जरूरी हैं। यदि हमारी यात्रा उन्नत तरीके से आगे नहीं बढ़ती, तब यह निश्चित है कि हम अपने लेखन में लम्बी यात्रा पर नहीं हैं। डॉ. आम्बेडकर अपनी यात्रा में उन्नत तरीकों को अपनाते रहे थे। वे 'बहिष्कृत भारत' अखबार से 'जनता अखबार' तक पहुँचे, स्वतंत्र मजदूर पार्टी से रिपब्लिकन पार्टी ऑफ इंडिया तक पहुँचे और अछूत जैसी अस्मिता से बौद्ध अस्मिता तक पहुँचे थे। दलित शब्द को हमारे बीच हुए गहन चिन्तन-मनन और अध्ययन के बाद नहीं अपनाया गया है—अछूत शब्द को दलित शब्द से प्रतिस्थापित कर दिया गया है।

लगभग 1973 में मराठी साहित्यकारों ने दलित शब्द को अपनाया था उस समय तक उनके पास मूल भारतीय दर्शन, संस्कृति और इतिहास का पर्याप्त अध्ययन नहीं था। मराठी दलित साहित्यकारों ने डॉ. आम्बेडकर को पढ़ा था, लेकिन वे डॉ. आम्बेडकर के लेखन में आए सन्दर्भों को समझने से चूक गए। उन्होंने अपनी दोनों आँखों का पूरा दबाव अमेरिका के ब्लैक लिटरेचर पर

डाल दिया और उससे प्रभावित हुए। इसका परिणाम यह हुआ ब्लैक लिटरेचर के समानान्तर उन्होंने अपने दुख, दर्द, पीड़ा और आक्रोश की अभिव्यक्ति के लिए भारत में दलित लिटरेचर सृजित किया।[8] ब्लैक लिटरेचर में डिस्कोर्स पर जोर था, परिणामस्वरूप दलित साहित्य भी दलित विमर्श पर फोकस होना शुरू हुआ। इस तरह भारतीय साहित्यिक परिदृश्य में पहले से मौजूद साहित्य-कर्म के सामने दलित साहित्यकारों ने अपनी बिलकुल साफ अलग लकीर खींचने की कोशिश की।

यहाँ ध्यान रहे कि अमेरिका में ब्लैक के पास अपना ऐसा दर्शन और इतिहास नहीं था जो लम्बी अवधि में महापुरुषों की शृंखला से बना हो अर्थात जो विभिन्न काल के चिन्तन को परस्पर जोड़ता हो। उसने बृहत् रूप से ईसाई दर्शन को अपना लिया लेकिन ईसाई दर्शन में उसकी ब्लैक प्रॉब्लम का जिक्र नहीं था इसलिए उन्होंने परोक्षत: ईसाई दर्शन में सुधार के लिए अपनी समस्याओं पर सामूहिक चिन्तन प्रस्तुत किया जिसने ब्लैक-डिस्कोर्स (अश्वेत विमर्श) पैदा किया। जब ब्लैक-डिस्कोर्स ने कहना शुरू किया कि जो काला है वह सुन्दर है। तब इस सुन्दर और क्रान्तिकारी वाक्य ने विमर्श को दार्शनिक प्रौढ़ता प्रदान की।[9] विमर्श से ही दर्शन पैदा होता है। यह विकास का अनुक्रम है। जिसके पास पहले से ही दर्शन मौजूद हो वह विमर्श से शुरुआत क्यों करेगा? दूसरे शब्दों में भारत में उन लोगों ने, जो दलित साहित्य रच रहे थे और दलित विमर्श पैदा कर रहे थे, अमेरिका के ब्लैक लिटरेचर का जिस तत्परता से अध्ययन किया, उस तत्परता से वे सभी अपने उस दर्शन, इतिहास और संस्कृति का अध्ययन नहीं कर पाए जो सिन्धु घाटी, लोकायत, श्रमण, सिद्ध और संतों के रूप में मौजूद थी। जो दर्शन अतीत में हुए विनाश की काली राख के नीचे दब गए थे। ब्लैक के पास ढका-छुपा या आधा-अधूरा, किसी भी अवस्था में दर्शन नहीं था और न ही ऐसे महापुरुषों की विरासत थी जो पीढ़ियों को प्रौढ़ता प्रदान करती है पर डॉ. आम्बेडकर के अनुचरों के पास यह बड़ी बौद्धिक सम्पदा मौजूद है। दलित साहित्यकारों ने खुद को विमर्श जैसे प्राथमिक मामलों में इतना उलझा लिया है कि इतिहास, दर्शन और संस्कृति के अध्ययन का मामला काफी समय से लम्बित चल रहा है।

दलित साहित्य में एक अच्छी बात है कि वह बुद्ध को स्वीकार करता है। बुद्ध की स्वीकृति आदिवासी और ओबीसी साहित्य में भी दिखाई देती है।

यह भावपरक वैचारिक एकता इस आशा को मजबूत करती है कि एक समय अन्तराल बाद साहित्य के समृद्ध होने के साथ समझदारी का स्तर बढ़ेगा तथा विमर्श की पारी खत्म होने पर दर्शन की पारी शुरू होगी तब दलित, आदिवासी और ओबीसी साहित्य के दायरे एक ही बुद्ध के बहुजन दर्शन के कारण धूमिल होते जाएँगे। हालाँकि, दूसरी ओर डॉ. आम्बेडकर के प्रति दलित साहित्य के र्स्वस्वीकृत सम्मान भाव का एक परिणाम यह भी है कि कुछ लोग जिसे दलित साहित्य कहते थे उसी को आम्बेडकरवादी साहित्य कहने लगे हैं और उसे ही दलित साहित्य के अगले चरण के रूप में प्रस्तावित कर रहे हैं।

आम्बेडरवादी साहित्य की सीमाएँ

क्या आम्बेडकरवादी साहित्य ऐसी कोई प्रस्तावना दे सकता है, जिसमें दलित, आदिवासी और ओबीसी जैसी साहित्यिक प्रवृत्तियों का समावेश हो? आम्बेडकरवादी-लेखक को आप दलित-लेखक कह सकते हैं बेशक वे इसका विरोध करें, लेकिन यथार्थ में दोनों उद्‌बोधन में शब्द प्रयोग को छोड़कर कोई अन्तर नहीं है। आम्बेडकरवादी-लेखक मानते हैं कि आम्बेडकर एक स्थापना है जिसमें फुले, कबीर और बुद्ध सभी आ जाते हैं। हम उनसे पूछ सकते हैं कि क्या चार्वाक और कपिल, सरहपा और जालन्धरपा, रैदास और नानक, फुले और बिरसा मुंडा भी शामिल हैं? हम यह भी पूछेंगे कि परियार, एमसी राजा, मंगूराम, अछूतानन्द, श्रीनिवासन और जोगिन्दर नाथ मंडल आदि भी शामिल हैं? जाहिर है, वे इसमें शामिल नहीं हैं। हर नाम के साथ एक स्मृति होती है। आपने नाम लिया नहीं कि हमारे मस्तिष्क पर वह स्मृति एक चित्र के रूप में उभरकर आती है। आम्बेडकरवादी साहित्य का मतलब है केवल डॉ. आम्बेडकर के विचारों का प्रतिनिधित्व, बाकी का नहीं। डॉ. आम्बेडकर खुद व्यक्तिगत स्वतंत्रता के विचार का प्रतिनिधित्व करते हैं तब आपको भी व्यक्तिगत स्वतंत्रता के विचार को ही साहित्य में प्रतिनिधि मानना चाहिए। व्यक्तिगत स्वतंत्रता अनुशासनहीन नहीं हो सकती और न ही होनी चाहिए। इसलिए व्यक्तिगत स्वतंत्रता का अनुशासन प्रकृति और मूल भारतीय बुद्धिवाद से तय होता है। साम्यवादी आन्दोलन से आए कुछ लेखक मित्र मार्क्सवादी

साहित्य की तर्ज पर आम्बेडकरवादी साहित्य कहते हैं। मार्क्स में लेनिन और एंगिल्स जैसे लोग खप जाएँगे। मार्क्स के विचार से जो अनुशासन जन्म लेता है उसमें व्यक्तिगत स्वतंत्रता का मूल्य नहीं है। मार्क्स उनकी धुरी हैं। लेकिन डॉ. आम्बेडकर उस विचार का आन्दोलन हैं जहाँ हर व्यक्ति अपनी धुरी बन जाता है। इस बात को मैक्समूलर के शब्दों में समझा जा सकता है। मैक्समूलर कहते हैं—इसमें किसी को सन्देह नहीं हो सकता है और हमें यह मानना पड़ेगा कि व्यक्तिगत स्वतंत्रता के अधिकारों का वरदान बुद्ध ने दिया।[10] बुद्धिवाद (बुद्धिज्म) के बिना डॉ. आम्बेडकर के अनुयायियों का कोई आन्दोलन नहीं चल सकता। साहित्य में अपवाद को छोड़कर बुद्धिवाद (बुद्धिज्म) के लिए स्पेस नहीं बना है। दलित साहित्य लेखन में पहली पीढ़ी अपनी स्थापनाओं पर स्थिर है, दूसरी पीढ़ी को उसे गति देनी थी लेकिन तीसरी पीढ़ी आ जाने के बाद भी स्थिरता ने जड़ता का रूप लेना शुरू कर दिया है। परिवर्तन जितने होने चाहिए थे, नहीं हुए, इसलिए है और होगा के बीच वैक्यूम बन गया।

आम्बेडकरवादी साहित्य की बात तो तब उठेगी जब हम आम्बेडकर को एक वाद स्वीकार करेंगे। डॉक्टर आम्बेडकर उस लम्बी समृद्ध व बौद्धिक परम्परा के अपने समय के प्रवक्ता हैं जिसे हम लम्बी ऐतिहासिकता लिये हुए उपस्थित एक श्रमण संस्था के रूप में पहचानते हैं। हर प्रवक्ता ने अपने समय की जरूरत और राजनीतिक प्रभाव को ध्यान में रखकर मूल भारतीय चिन्तनधारा का समसामयिक विकास किया है। इसलिए प्रवक्ता के नाम से वाद का सृजन नहीं किया जाना चाहिए। अगर ऐसा किया जाता है तो व्यक्तिनिष्ठता के आरोप से आपको कोई नहीं बचा सकता। भले ही आप कितनी भी सफाई दें। अगर हम आम्बेडकरवाद का विकास करने के लिए कटिबद्ध होते हैं, तब आप उन दूसरे कटिबद्ध लोगों को कोई उपदेश नहीं दे पाएँगे जो कबीर, रैदास, पेरियार या फुले आदि को वाद में बदलने की प्रेरणा ग्रहण कर आगे बढ़ेंगे। इस प्रकार किसी को भी उद्‌देश्य के प्रति निष्ठावान होने की अपेक्षा व्यक्ति के प्रति निष्ठावान होने से रोकना मुश्किल होगा। यह बात समाज के बौद्धिक रूपान्तरण की प्रक्रिया की अवधि को लम्बा कर देगी। ज्यादा सम्भावना यह है कि डॉ. आम्बेडकर के जीवन लक्ष्य का अन्त उनके शुभचिन्तकों द्वारा ही नियत हो जाए। इस सच्चाई से कोई इनकार नहीं कर सकता है कि अलग-अलग नामों के पीछे एक जैसी चीजें हैं।

कई लोग वाद-विवाद से बचने के लिए एक स्वर में इस वस्तुस्थिति को स्वीकार कर लेते हैं और आगे की चर्चा के लिए स्थान उपलब्ध नहीं कराते। हालाँकि उनकी इस बात में तो सच्चाई है कि नाम में क्या रखा है। नाम के नीचे की मूल बातों से विवाद नहीं है। कम्प्यूटर में बनाई जाने वाली फाइल के लिए हम अलग-अलग प्रकार के आइकॉन का प्रयोग कर लेते हैं। आइकॉन को बदल लेने से मूल फाइल लेश मात्र भी नहीं बदलती है। क्या हम इस तर्क को आन्दोलन और साहित्य के नामकरण के लिए भी स्वीकार कर सकते हैं? क्या हम फाइल के लिए आइकॉन यूँ ही चुन लेते हैं या फिर जिस फाइल में फोन नम्बर होंगे, फोन का आइकॉन देंगे? जिसमें खानपान का प्रयोग किया होगा उसमें काँटा-चम्मच का फोटो देंगे? यह तरीका सभी को सही लगेगा क्योंकि इससे मूल चीज की पहचान और उस तक पहुँच सरल होगी। यदि हम यात्रा विवरण वाली फाइल पर एक हिरण और बच्चों का रिकॉर्ड जिस फाइल में सेव किया है उस पर घंटी के आइकॉन का प्रयोग करते हैं, ऐसा करने से मूल चीजें तो नहीं बदलेंगी लेकिन पहचान और पहुँच मुश्किल होगी। वस्तुत: जिन्हें परिवर्तन की बात करनी थी, वे सुधार की बात करने लगे हैं।

आम्बेडकरवादी विमर्श को ऊर्जा डॉक्टर आम्बेडकर की पुस्तक 'एनिहिलेशन ऑफ कास्ट' से मिलती है यह पुस्तक दलित विमर्शवादियों के लिए वैसे ही हो गई है जैसे ईसाइयों के लिए 'बाइबिल' और मुसलमानों के लिए 'कुरान'। वे सभी दिशा-अनुदेश इसी पुस्तक से प्राप्त करते हैं। यह पुस्तक हिन्दू धर्म में सुधार पर अनुशंसा है। जो लाहौर के आर्य समाजी लोग कर रहे थे, को सुझाव देने के रूप में लिखी गई थी। इस पुस्तक से प्रेरित दलित विमर्श भी सुधार की बात को आगे बढ़ा रहा है। सामाजिक परिवर्तन का उनका संघर्ष अब कुन्द हो गया है। डॉ. आम्बेडकर ने तो इसी पुस्तक में इन सुझावों से अपना किनारा कर लिया था। समस्या का समाधान जो वे अपने अनुसार देते हैं, वह दर्शन को ध्वस्त करने का है। दर्शन जो ग्रंथों में संगृहीत है, उनको बारूद से उड़ा देने के बात करते हैं। यह स्थापित दर्शन जो विषम समाज की रचना करता है। उसको यदि बारूद से उड़ा दिया जाए तब सम-समाज की रचना के लिए डॉक्टर आम्बेडकर के पास विकल्प क्या है, यह सोचने की बात है। स्वतंत्रता, समानता और बन्धुत्व[11] मूल्य हैं।

मूल्यों की दुहाई देकर समाज नहीं बदला जा सकता। दैनिक जीवन के बहुत से पहलू हैं, जिनके लिए दर्शन व्यवस्था व व्याख्या देता है, इन व्यवस्था और व्याख्या का रूपान्तर ही समाज होता है। क्या डॉ. आम्बेडकर इस बात से अनजान थे। 1936 में 'एनिहिलेशन ऑफ कास्ट' में डॉ. आम्बेडकर कोई अनुशासन नहीं सुझाते हैं और 1956 में वे बुद्ध और उनका धम्म के रूप में अनुशासन देते हैं, जो बौद्धिक व दार्शनिक मूल्यों को जीवन का अंग बनाने की व्यवस्था करता है और जब जरूरत पड़ती है तो व्याख्या करता है।

'एनिहिलेशन ऑफ कास्ट' के तरीकों का इस्तेमाल केवल ऐसे सवर्णों के लिए है, जो सुधारवादी हैं।[12]

बहुजन दर्शन की उपयोगिता

मनुष्य को बदलने के लिए उसके मानस पर काम करना होता है। मनुष्य का मानस बदलने से समाज अपने-आप बदलता है। दर्शन के बिना मनुष्य का मानस नहीं बदलता है। किसी कहानी के छप जाने पर बधाई देना, अब छोड़ देना चाहिए इससे लेखक की मानसिकता व्यक्तिगत उपलब्धि में रूढ़ होती जाती है, तब स्वयं का विकास उसका केन्द्रीय मुद्दा हो जाता है। इस तरीके से काम जमीनी नहीं रह जाता बस आकाश में हवा बाँधना भर रह जाता है। मेरे अनुमान में, दलित साहित्य में काम का ऐसा स्वरूप ज्यादा दिखाई दे रहा है। जिससे सामूहिक कामों में अरुचि की प्रवृत्ति बढ़ रही है।

आपका दावा हो सकता है कि बुद्ध के बिना भी सामाजिक परिवर्तन का मजबूत और उपयोगी साहित्य आ सकता है बेशक समय लगेगा। तब मैं कहना चाहूँगा कि बुद्ध को अपनाकर आप अपना 90 फीसदी समय बचा लेंगे। शायद इस बात को डॉ. आम्बेडकर जानते थे इसलिए बुद्ध को नवीन भारत में प्रस्तुत किया है। बदलाव दर्शन से ऊर्जा ग्रहण करता है। उम्दा दर्शन जीवन के अधिकांश भाग की व्याख्या प्रस्तुत करता है। यदि बुद्ध को छोड़कर इस काम को स्वयं करना चाहेंगे तो पहले आपको जीवन के विभिन्न पहलुओं के लिए व्यवस्था करनी पड़ेगी फिर उसकी व्याख्या करनी होगी, लम्बा समय चाहिए। इसलिए डॉ. आम्बेडकर को बुद्ध से बेहतर कोई दूसरा विकल्प नहीं जँचा क्योंकि वे जो करना चाहते थे या कहना चाहते थे, वह बुद्ध कर और कह चुके थे।

साहित्य में हम बुद्ध के दखल को अनिवार्यता क्यों प्रदान करना चाहते हैं? यह जिज्ञासा अपने-आप में सवाल है। बुद्ध को अपनाने का मतलब मूल भारतीय बुद्धिवाद को महत्त्व देना है। मूल भारतीय बुद्धिवाद—सिन्धु, लोकायत और सांख्य जैसे मील के पत्थरों को स्थापित करते हुए जब बुद्ध तक पहुँचा तब यह शिखर था। बुद्ध जैसा शिखर छूकर मूल भारतीय बुद्धिवाद ढलान की ओर लुढ़क गया। क्या कोई अन्य दर्शन व्यक्ति को बुद्ध जितनी बौद्धिक स्वतंत्रता देता है? लगभग सभी दर्शनों में अनुदेशों का अनुकरण है जो मनुष्य के समाज को पशुतुल्य बना देता है। बुद्ध का दर्शन अनुदेशों से मुक्ति (स्वतंत्रता) का दर्शन है। बुद्ध सैद्धान्तिक रूप से साहित्य में नहीं आ रहे हैं, कहीं न कहीं अध्ययन का अभाव ही इसका कारण है। दलित साहित्यकारों में भी कुछेक हैं जो बिना अध्ययन के बुद्ध को धर्म कहकर खारिज कर देते हैं। बुद्ध (एक सम्प्रदाय के रूप में) धर्म नहीं है। बुद्ध 'धम्म' है जिसका मतलब है प्रकृति यानी स्वभाव। तुम मनुष्य हो, यह तुम्हारा स्वभाव है। तुम हिन्दू या मुसलमान आदि हो, यह तुम्हारा स्वभाव नहीं है। यह तुम्हारा संस्कार है, जो कृत्रिम है। बुद्ध—तुम्हारे स्वभाव का तुम्हारे संस्कारित कृत्रिम से संघर्ष है। कुछेक जो बुद्ध को ब्राह्मणवादी नजरिये से देखते हैं, उन्हें क्षत्रिय कहकर खारिज कर देते हैं। ये वे लोग हैं जो वैचारिक प्रगति के वाहन का पहिया पकड़कर बैठ गए हैं, वाहन को यथाशक्ति आगे बढ़ने नहीं देना चाहते।

दर्शन ही है जिसने हमें और हमारे समाज को असहज किया है। दर्शन ही होगा जो हमारे समाज और उसके परिवेश की असहजता को छिन्न-भिन्न कर सहज कर देगा। तूफान में भी वायु की उपस्थिति होती है, जब तूफान न हो, मौसम सामान्य हो तब भी वायु की उपस्थिति होती है। लेकिन अन्तर यह है कि तूफान में वायु की उपस्थिति असहज है जैसे ईश्वरवादी दर्शन जीवन में असहजता लाता है वैसे ही बुद्धिवादी दर्शन समाज में सहजता लाता है। तुम भंगी हो, तुम ब्राह्मण हो! यह विचार असहज है। तुम इनसान हो! यह विचार सहज है। बुद्ध का सिद्धान्त सम्यक दृष्टि से जीवन की बहुत सी असहजता सहजता में बदल जाती है। देखने का नजरिया असहज से सहज होता है, इससे मनुष्य के मानस और समाज की व्यवस्था में सकारात्मक परिवर्तन आता है। भंगी या ब्राह्मण होना असहज और असामान्य नजरिया या दृष्टिकोण है।

यह कृत्रिम है यानी जो तुम नहीं हो—उस रूप में तुम्हारी अस्मिता (पहचान) को निर्धारित (फ्रिज) करता है। इसे अज्ञानता कहें या कुछ और, बुद्ध इसे अविद्या कहते हैं। सभी क्लेश अविद्या से उत्पन्न होते हैं। हमारा संघर्ष अविद्यापूर्ण दर्शन से होना चाहिए था, हम जाति और ब्राह्मण से लड़ रहे हैं। दलित विमर्शकारों ने अपने घर के तहखानों में अभी तक झाँककर नहीं देखा। वहाँ बौद्धिक सम्पदा का खजाना है। जाति दलित साहित्य में केन्द्रीय मुद्दा है। जो दलित-विमर्श में शामिल हैं—क्या वे जानते हैं कि जाति विमर्श नहीं है, दार्शनिक निर्मिति है। दर्शन ठोस होता है तथा विमर्श ठोस नहीं होता है। दर्शन का मतलब ही विचार की परिपक्वता है जबकि विमर्श का लक्ष्य होता है, परिपक्वता को हासिल करना। चार्वाक-कपिल, बुद्ध-महावीर, सरहपा-जालन्धरपा, रैदास-कबीर और फुले-आम्बेडकर विमर्श नहीं हैं बल्कि दर्शन हैं। यह दर्शन का सोपानिक और युगीन विकास है। हमने जो दलित साहित्य लिखा उसके केन्द्र में समुदाय है जबकि इसकी जगह मनुष्य का मानस होना चाहिए। इस बिन्दु पर यदि गौर किया जाता है तो साहित्य की पहचान उसकी प्रवृत्ति और प्रकृति के आधार पर पुन:निर्मित होगी।

दलित साहित्य एक पीढ़ी और एक पौड़ी का साहित्य है। इसकी अनुभूति में पीड़ा का वितान है। यह पीड़ा इतनी घनीभूत थी कि अपने तम्बू से बाहर झाँककर दुनिया नहीं देख पा रही थी। इसकी इच्छा अपने दर्द से मुक्ति की थी। दर्द से मुक्ति का जो तरीका अभी तक अपनाया गया है वह शुरुआती दौर के लिए सही हो सकता है लेकिन दीर्घकाल के लिए ठीक नहीं माना जा सकता। समाज को एक तरह की नहीं बल्कि अनेक तरह की समस्याओं का सामना करना पड़ रहा है। जो अपनी जड़ों में दार्शनिक हैं। दार्शनिक समस्याओं का समाधान दार्शनिक प्रणाली से ही हो सकता है। हम दर्शनविहीन लोग नहीं हैं। हमारे पास परिपक्व दर्शन है। मुझे लगता है कि साहित्य वह माध्यम है जिससे दार्शनिक मान्यताओं को सामाजिक व्यवहार बनाने का काम होता आया है। साहित्य का नामकरण यदि दर्शन की परम्परा में नहीं होता तो विचार के भटकाव की राह बहुत निकलेंगी, निकलती हैं और निकल रही हैं। मैं बहुजनों के साहित्य को केवल दो नामों से पुकारना चाहता हूँ। पहला—मूल भारतीय बुद्धिवादी साहित्य और दूसरा बहुजन साहित्य। इन दो नामों में से अगर एक नाम चुन लेते हैं तो साहित्य की यात्रा विमर्श से दर्शन में पूर्ण हो जाएगी।

सन्दर्भ

1. संविधान सभा में 25 नवम्बर, 1949 को दिया गया अन्तिम भाषण से
2. कुछ लेखकों ने ध्यान सरकारी नौकरी से व्यापार की ओर (निजी कार्य) की ओर खींचा है, लेकिन ऐसा उनका मूल चिन्तन नहीं है। ऐसे विचारों को पूँजीवादी वैश्विक परिवेश ने पैदा किया। यह दूसरों की विचार-पद्धति में जाकर सोचना-विचारना है। जैसे मार्क्स ने नया विचार दिया वैसा एक पृथक और स्वतंत्र आर्थिक चिन्तन नहीं आ रहा है।
3. यहाँ याचनाओं के माध्यम से हृदय परिवर्तन की बात नहीं की जा रही है, मान्यताओं को प्रकृति के अनुसार अपनाकर कृत्रिम अवधारणाओं से मुक्त होने की बात की जा रही है।
4. ट्रांसजेंडर पर एक-दो कलम हिली हैं लेकिन समलैंगिकता अभी दूर तक मुद्दा नहीं है। ये मुद्दे ब्राह्मण दर्शन की परिपाटी में महत्त्वहीन हैं, दलित विमर्श में भी जगह नहीं बना पाए हैं।
5. यहाँ वैचारिकी शब्द का सीमित अर्थ में प्रयोग किया गया है तथा विचार की प्रक्रिया को वैचारिकी माना गया है।
6. रविदासिया धर्म या स्वच्छकार समाज आदि इसके उदाहरण हो सकते हैं। ऐसी प्रवृत्ति आन्दोलन से उपजी है और चेतना से भरपूर है। इनको जाटव महासभा, दुसाध महासभा या वाल्मीकि महासभा जैसे प्रयासों से अलग ही देखा जाना चाहिए क्योंकि ये महासभाएँ प्रतिक्रियाएँ हैं।
7. डॉ. आम्बेडकर ने अछूत वर्गों सम्बन्धी भारतीय मताधिकार कमेटी (लोथियन कमेटी) को 1 मई, 1932 को दिया गया नोट जिसमें उन्होंने कहा—जिन जातियों को इस समय दलित वर्ग (Depressed Class) कहा जाता है, उन्हें इस शब्द के प्रयोग पर गहरी आपत्ति है। कमेटी के सामने जो अनेक साक्षी उपस्थित हुए हैं, उन्होंने इस भावना को व्यक्त किया है। ...दलित वर्गों का प्रतिनिधि होने के नाते मैं बिना संकोच के कह सकता हूँ कि जब तक कोई और बेहतर नाम न मिल जाए तब तक अस्पृश्य वर्गों को अधिक व्यापक शब्द बाह्य जातियों या बहिष्कृत जातियों के नाम से पुकारा जाए, न कि दलित वर्गों के नाम से। ('बाबासाहेब डॉ. आम्बेडकर सम्पूर्ण वाङ्मय' खंड-4, पृ. 228-29)। मेरी समझ है कि जब डॉ. आम्बेडकर दलित वर्ग (Depressed Class) शब्द को नकार रहे थे तब यह शब्द अछूतों की पहचान व हितों तक सीमित न होकर व्यापक अर्थ में स्वीकारा जा रहा था। इससे अछूतों के हितों की हानि होनी तय थी। आज दलित साहित्यकारों ने दलित शब्द का संकीर्ण अर्थ स्वीकार किया है और यह अछूत व आदिवासियों तक सीमित है। इसका कारण दलितों के चिन्तन और चेतना के स्वतंत्र विकास की रक्षा करना है।

8. ब्लैक मूवमेंट का साहित्यकर्मी और सामाजिक कार्यकर्ता एक था। इसी तरह 1970 में मराठी में दलित साहित्यकर्मी और सामाजिक कार्यकर्ता एक था और 1980 में हिन्दी दलित साहित्यकर्मी और सामाजिक कार्यकर्ता एक था। शुरुआत से लेकर आज तक की स्थिति का अवलोकन करते हैं तो पाते हैं कि भारत में दलित साहित्यकर्मी-सह-सामाजिक कार्यकर्ता का चरित्र लोप हो गया है। इसी के साथ साहित्यकर्मी और सामाजिक कार्यकर्ताओं के लक्ष्य के बीच बनी खाई भी चौड़ी होती जा रही है।
9. ऐसी मान्यता है कि जॉन रॉक ने पहले-पहल इस उक्ति का उपयोग सन् 1858 में एक सभा में किया था, लेकिन इस तथ्य के साथ काफी असहमतियाँ भी जुड़ी हुई हैं। इसके बाद बिल एलेन जो एक स्वतंत्र लेखक था और विज्ञापन-कम्पनी में काम करता था, उसने 1950 के आसपास इसका उपयोग किया। तथ्य जैसे भी रहे हों लेकिन यह सच्चाई है कि काला सुन्दर है की उक्ति ने 1960 में सिविल राइट आन्दोलन के साथ ही जोर पकड़ा।
10. *धर्म की उत्पत्ति*, मैक्समूलर, अनुवाद : ब्रह्मदत्त दीक्षित 'ललाम', 2001, ग्रंथ विकास, सी-37, राजा पार्क बर्फखाना, जयपुर, पृ. 229
11. लोगों के अन्दर यह गलत मान्यता है कि डॉ. आम्बेडकर ने इन्हें फ्रांस की क्रान्ति से लिया है। ऑल इंडिया रेडियो को 3 अक्टूबर, 1944 दिये अपने अभिमत में उन्होंने कहा था कि उन्होंने स्वतंत्रता, समानता और बन्धुत्व को बुद्ध से लिया है। बुद्ध के यहाँ इन मूल्यों की व्याख्या फ्रांस की क्रान्ति से कहीं अधिक व्यापक है।
12. बहुदा *एनिहिलेशन ऑफ कास्ट* को डॉ. आम्बेडकर का दर्शन मान लिया जाता है। इसमें वे केवल सुधारवादियों को सुधार के सुझाव दे रहे हैं। इसी लेख में वे इन सुधारों से अपना पल्ला भी झाड़ लेते हैं क्योंकि वे सुधार नहीं, आमूल-चूल परिवर्तन चाहते हैं। डॉ. आम्बेडकर का दर्शन बुद्ध और उनका धम्म है।

बहुजन साहित्य और पूर्वोत्तर भारत

—जय कौशल

बहुजन साहित्य की अवधारणा में न तो स्वानुभूति व सहानुभूति के सवाल की उलझन है और न ही गहरे रूप से समुदाय विशेष के साथ खुद के जुड़ाव की है। बहुजन अवधारणा इस बात में यकीन रखती है कि आप विचार में अभिजन न हों। अभिजन में आमतौर पर उन व्यक्तियों को सम्मिलित किया जाता है, जो सामाजिक, आर्थिक तथा राजनीतिक दृष्टि से उच्च स्थिति रखते हैं, किन्तु बहुजन की इस अवधारणा में आप उक्त स्थितियों में होने के बावजूद विचार एवं कार्य में जन-साधारण के हित में लग्न हों।

बहुजन साहित्य की जरूरत

सवाल पूछा जा सकता है कि जब इतनी सारी अस्मिताओं का अपना-अपना साहित्य मौजूद है ही, और इनमें से अनेक अपने-अपने ढंग से लिखकर अपनी आवाजें उठा ही रहे हैं, तो बहुजन साहित्य जैसी नई सरणी की जरूरत क्या है?

महात्मा जोतिराव फुले ने एक जगह लिखा था, 'ब्राह्मण, पंडा और पुरोहितों ने शूद्र-अतिशूद्रों के बीच नफरत का बीज (जाति) बो दिया और खुद उन सबकी मेहनत पर ऐशोआराम कर रहे हैं।' भारतीय समाज में 'शूद्रातिशूद्र' वर्ग कभी एक नहीं हो सका। आचार्य हजारी प्रसाद द्विवेदी जी का कहना था कि भारत में हर छोटी से छोटी जाति अपने से नीचे वाली जाति खोज लेती है। अत: यह एक जटिल और व्यापक व्यवस्था है। जिसके कारण 'आज नाना भाँति के संकीर्ण स्वार्थों ने मनुष्य को कुछ ऐसा अन्धा बना दिया है कि जाति-धर्म-निर्विशेष मनुष्य

के हित की बात सोचना असम्भव-सा हो गया है। ऐसा लग रहा है कि किसी विकट दुर्भाग्य के इंगित पर दलगत स्वार्थ से प्रेम ने मनुष्यता को दबोच लिया है। दुनिया छोटे-छोटे संकीर्ण स्वार्थों के आधार पर अनेक दलों में विभक्त हो गई है। अपने दल के बाहर आदमी सन्देह की दृष्टि से देखा जाता है।'

प्रमोद रंजन ने 'बहुजन साहित्य की प्रस्तावना' की भूमिका में लिखा है कि 'अनुसूचित जातियाँ प्राय: अस्पृश्यता और सामाजिक बहिष्करण से लड़ रही हैं, अनुसूचित जनजातियाँ अपने जल, जंगल, जमीन के लिए कॉरपोरेट घरानों से भिड़ी हैं, अन्य पिछड़ा वर्ग सामाजिक अवहेलना और रोजी-रोजगार छिनते जाने के खिलाफ हिस्सेदारी की लड़ाई लड़ रहा है, विमुक्त घुमन्तू जातियाँ अपनी सामाजिक पहचान और रोटी की लड़ाई लड़ रही हैं, जबकि पसमांदा मुसलमान व अन्य धार्मिक अल्पसंख्यक अपने कथित समतामूलक धर्म के वास्तविक सिद्धान्तों को लागू करवाने के लिए मुल्ला-मौलवियों, पादरियों से उलझे पड़े हैं। विशेषाधिकार प्राप्त परिवारों में पैदा हुए लोग, जिन्हें हम आम बोलचाल की भाषा में सवर्ण कहते हैं, उनमें भी ऐसे लोग हैं, जिनके पारिवारिक संस्कार और बौद्धिक प्रतिबद्धताएँ निरन्तर धींगामुश्ती कर रही होती हैं। उन्हें साहित्य ने, समाज विज्ञान ने, इतिहास ने जो जानकारियाँ और सबक दिये हैं, वे उन्हें बेचैन किये हैं कि कहीं वे उलटी दिशा में तो नहीं खड़े हैं। सामाजिक जीवन में सक्रिय हर व्यक्ति जानता है कि उनमें से कम-से-कम कुछ वंचित तबकों की इन लड़ाइयों के अनन्य समर्थक रहे हैं तथा 'डी-कास्ट' होने की हरसम्भव कोशिश करते हैं। अलग-अलग प्रकार की उपरोक्त सभी लड़ाइयों में अनेक गहरी समानताएँ हैं, इन सबका लक्ष्य भी स्पष्ट तौर पर एक ही है—सामाजिक, सांस्कृतिक और आर्थिक रूप से समतामूलक व संवेदनशील समाज का निर्माण। इनकी प्रतिनिधि अभिव्यक्तियाँ जब साहित्य के रूप में सामने आती हैं, तो उनका मूल स्वर भी यही रहता है।'

—अगर हमें शूद्र-अतिशूद्रों के बीच इस नफरत के बीज का उच्छेद करना है और अलग-अलग लड़कर हार का मुँह नहीं देखना है!

—अगर हमें अपने से नीचे वाली जाति की खोज के छद्मगौरव से भरे अस्वाभाविक और अन्तहीन सफर को रोकना है!

—अगर हमें जाति-धर्म-निर्विशेष वैज्ञानिक चेतना से लैस मनुष्य के हित की बात सोचनी है।

—अगर हमें मनुष्य को अपने दल के बाहर निकालकर एक स्वतंत्र, संवेदनशील, समानता की ओर अग्रसर और बन्धुत्वपूर्ण भारत की ओर बढ़ना है!

—अगर हमें राजनीतिक ही नहीं, सांस्कृतिक पिछड़ेपन से भी उबरना है

—अगर हमें बहुसंख्यकों का साहित्य होने के बावजूद 'हाशिये का साहित्य' नामक तमगे से खुद को अलग करना है!

तो अलग-अलग उत्पीड़ित अस्मिताओं को आपस में मिलकर एक छतरी के तले आना आज की महती आवश्यकता है और जाहिर है, इसके लिए बहुजन साहित्य और बहुजन नायक ही प्रेरक स्रोत हो सकते हैं।

बहुजन साहित्य के नायक वही हो सकते हैं, जिन्होंने सदियों से चली आ रही भारत की सामाजिक-सांस्कृतिक और राजनीतिक परम्परा का गहन मन्थन कर छद्म, झूठ, दुहरेपन, कथनी और करनी का अन्तर्विरोध, शोषण, अत्याचार और अन्यायपरस्ती आदि का उद्घाटन किया है, जैसे महात्मा बुद्ध, अजित केशकम्बलि, कौत्स, पूर्ण कस्सप, मक्खलि गोशाल, कबीर, रैदास, दादू, मीरा, महात्मा जोतिराव फुले, सावित्रीबाई फुले, साहूजी महाराज, घासीराम, डॉ. आम्बेडकर, पेरियार, नारायण स्वामी आदि। इनसे हमें अपनी परम्पराओं, संघर्षों और वर्तमान स्थितियों का पता चलता है।

वे लोग बहुजन साहित्य के नायक नहीं हो सकते जो अभिजन विचार के पक्षधर हैं, जो ऊँच-नीच के हिमायती हैं या जो कहने को तो तथाकथित 'शूद्र' हैं, लेकिन दलितों, स्त्रियों, आदिवासियों पर खुला अत्याचार करते हैं। यहाँ तक कि वे भी, जो कथित नीची जाति में जन्म लेने के बावजूद मनुवादी विचारधारा के पोषक हैं। वाल्मीकि, कालिदास, सूरदास, तुलसीदास जैसे वे रचनाकार जिनके यहाँ स्त्री, अल्पसंख्यक, दलित, गरीब-अमीर आदि बहुजन चरित्रों का उपयोग मुख्यत: अभिजन चरित्रों के महिमा मंडन के लिए किया गया है, ऐसे रचनाकार बहुजन साहित्य के नायक नहीं हो सकते।

पूर्वोत्तर भारत की विशिष्ट स्थिति

बहुजन साहित्य का नाम क्या होना चाहिए, इसे लेकर प्रमोद रंजन की पुस्तक 'बहुजन साहित्य की प्रस्तावना' तथा 'फारवर्ड प्रेस' पत्रिका के विभिन्न लेखों

में काफी बहस देखी जा सकती है। उनमें ओबीसी साहित्य, पिछड़ा साहित्य, शूद्र साहित्य जैसे अनेक नामों पर वाद-विवाद और संवाद से गुजरकर अन्तत: 'बहुजन साहित्य' नाम पर सहमति बनी, जो कि तार्किक भी है, क्योंकि एक तो बाकी नामों की तरह 'बहुजन साहित्य' एकांगी नहीं है। दूसरे, इसमें सामाजिक-सांस्कृतिक पिछड़ेपन की वजह से जो सामूहिक चेतना निर्मित हो सकी है, जो आगे और सुदृढ़ होगी, उसकी उचित अनुगूँज मौजूद है।

लेकिन, बहुजन साहित्य में अभी तलक दलितों, स्त्रियों, आदिवासियों, पसमांदाओं, घुमन्तुओं, अल्पसंख्यकों को मिलकर चलने का जो विचार है, उसमें बहुजन साहित्य की अवधारणा को उत्तर-भारतीय दृष्टिकोण से देखा गया है, प्रमोद रंजन की किताब में हिन्दी प्रदेशों में निवास कर रहे इन समुदायों की चुनौतियों पर ही बात की गई है। वे कबीर, रैदास, जोतिबा, आम्बेडकर के चिन्तन की बात करते हैं। अतिशूद, शूद्रों और आदिवासियों तथा स्त्रियों के मनुवादी व्यवस्था द्वारा प्रताड़ित किये जाने तथा उसके विरुद्ध उनका संघर्ष की समानता को रेखांकित करते हैं। भक्ति आन्दोलन, प्रगतिशील आन्दोलन, नई कहानी आन्दोलन आदि का भी जिक्र हिन्दी क्षेत्र और हिन्दी साहित्य को ही ध्यान में रखकर करते हैं। लेकिन इस अवधारणा की निर्मिति में वे जो समस्याएँ सामने रखते हैं और जिन उदाहरणों से इसकी आवश्यकता को पुष्ट करते हैं, उसमें पूरा पूर्वोत्तर भारत गायब है।

देखा जाए तो अब तक के बहुजन विचार में भाषा, नस्ल, संस्कृति तथा भूगोल की वैभिन्न्यता के साथ-साथ अन्त:अस्मितावादी पक्ष शामिल नहीं हो सके हैं। बहुजन एकता की बात करते समय विभिन्न अस्मिताओं द्वारा अभिजनों के कॉमन विरोध के सूत्र निकालने के प्रयास जरूर किये गए, लेकिन इन अस्मिताओं में अनेक उप-अस्मिताएँ भी मौजूद हैं, जो अपनी विशिष्ट भाषाओं, परम्पराओं और संस्कृति के साथ अलग-अलग भौगोलिक क्षेत्रों में भी निवास करती हैं और उनमें साहित्य लेखन भी जारी है। जब तक उन सबको नहीं जोड़ा जाएगा बहुजन साहित्य पर भारतीय नजरिया स्पष्ट नहीं होगा।

पूर्वोत्तर में ढाई सौ से ऊपर जनजातीय समुदाय पाए जाते हैं। इतनी ही उनकी भाषाएँ भी होंगी। भारतीय संविधान की छठी अनुसूची के तहत पूर्वोत्तर एक अनूठी प्रशासनिक संरचना है। इसके कई राज्य संविधान के अनुच्छेद 244,

अनुच्छेद 275 और छठी अनुसूची के तहत कवर किये गए हैं। इन क्षेत्रों के प्रशासन में स्वायत्तता के लिए स्वायत्त जिला परिषदों (Autonomous District Councils–ADCs) और क्षेत्रीय परिषदों (Regional Councils) को अपने अधिकार क्षेत्र के तहत आने वाले क्षेत्रों के सम्बन्ध में कानून बनाने का अधिकार है, जिनमें भूमि, जंगल, खेती, विरासत, आदिवासियों के स्वदेशी रीति-रिवाजों और परम्पराओं आदि से सम्बन्धित कानून शामिल हैं, साथ ही, इन्हें भूमि राजस्व तथा कुछ अन्य करों को इकट्ठा करने का भी अधिकार प्राप्त है। ये स्वायत्त जिला परिषदें शासन की तीनों शाखाओं (विधानमंडल, कार्यपालिका और न्यायपालिका) के सम्बन्ध में विशिष्ट शक्तियाँ और जिम्मेदारियाँ रखते हुए एक लघु राज्य की तरह कार्य करती हैं। इस लिहाज से छठी अनुसूची के तहत पूर्वोत्तर में रह रहे अधिसंख्य आदिवासियों के लिए जल, जंगल और जमीन को लेकर संघर्ष का मुद्दा नहीं होना चाहिए, क्योंकि वे कानूनी रूप से सुरक्षित हैं। दूसरे, कुछ को छोड़कर सारे आदिवासियों के प्रतिपक्ष के रूप में कोई द्विज समुदाय भी मौजूद नहीं है। यहाँ तक कि बहुत से आदिवासी तो ईसाई धर्म के अनुयायी हैं।

अब मुद्दा आता है कि पूर्वोत्तर की जनजातियाँ बहुजन अवधारणा में शामिल हो सकती हैं या नहीं? क्योंकि ऐसा लगता है कि झारखंड, छत्तीसगढ़, उड़ीसा जैसे क्षेत्रों में जहाँ आदिवासी समुदाय और हिन्दू सवर्ण साथ-साथ रहते हैं, वहाँ की चुनौतियाँ बिलकुल भिन्न किस्म की हैं और पूर्वोत्तर में जहाँ बहुत सारे आदिवासी समुदाय ही साथ-साथ रहते हैं, उनकी चुनौतियाँ अलग किस्म की हैं। सब अपनी संस्कृति को विशिष्ट मानते हैं। सबके अलग त्योहार, टोटम और पहनावा है।

असल में, व्यावहारिक स्तर पर यह देखने में आया है कि छठी अनुसूची के क्षेत्रों पर भी लगातार व्यापार से लेकर विकास के नाम पर किसी न किसी बहाने से हमले हो रहे हैं और इसे यहाँ के स्थानीय लोग समझ चुके हैं, इसलिए वे उन आदिवासी-बहुल क्षेत्रों के लिए भी आन्तरिक परमिट की माँग उठा रहे हैं, जिनमें अभी तक इसकी जरूरत नहीं समझी गई थी। इस तरह प्रकारान्तर से प्राकृतिक संसाधनों को बचाने की जद्दोजहद यहाँ भी है।

यह सही है कि पूर्वोत्तर के आदिवासी समुदायों में स्पष्टत: कोई श्रेणी विभाजन मौजूद नहीं है। लेकिन यहाँ अन्त:सामुदायिक स्तर पर पूजा की प्रथा होती है,

हर समुदाय का अपना कोई-न-कोई पुजारी होता है और पूजा के दौरान स्वच्छता से अधिक पवित्रता को शर्त माना जाता है। इंडि-जीसस और हिन्दू धर्म को मानने वाले जिन स्थानीय समुदायों में अपने-अपने देवता की वार्षिक पूजा की जाती है, जिनमें पशु-बलि देने का भी रिवाज है, उस दौरान अगर किसी के घर में कोई जचगी, मृत्यु हुई है, उस पूरे परिवार के सदस्य और वे स्त्रियाँ, जो मासिक से गुजर रही हैं, का पूजा स्थल पर आना निषिद्ध है। इसे अस्थायी पृथक्करण कहा जा सकता है। लेकिन ईसाई धर्म मानने वाले आदिवासियों के लिए यह पृथक्करण स्थायी है। वे उक्त पूजाओं में नहीं बुलाए जाते। यानी यहाँ जनजातियों में उभर रहा धार्मिक पृथक्करण मध्य भारत के जाति-धर्म के स्तरीकरण जैसा ही बनने लगा है। डर है, भविष्य में यह स्थिति अभिजन आदिवासी बनाम बहुजन आदिवासी जैसा कोई रूप धारण न कर ले, क्योंकि समुदायों में आपसी घृणा यहाँ पहले से विद्यमान है। इसके अनेक उदाहरण हैं। जैसे वर्ष 2023 में हुए मणिपुर के मैतेई-कुकी संघर्ष को ले सकते हैं। मैतेई संवैधानिक रूप से ओबीसी श्रेणी में आते हैं और कुकी अनुसूचित जनजाति में। लेकिन इस संघर्ष के दौरान हमने देखा कि कैसे इसमें से एक समुदाय दूसरे पर उसी प्रकार हावी है, जैसे द्विज अद्विजों पर हावी रहते हैं।

बहुजन साहित्य की अवधारणा जो राजनीति से प्रेरणा लेने, राजनीति की प्रेरणा बनने की कोशिश करना चाहती है, परन्तु सीधे राजनीतिक हस्तक्षेप या सहयोग से खुद को दूर रहना चाहती है, वह उत्तर भारतीय या बहुजन हिन्दी साहित्य के रूप में पहले से बहुत विशाल छतरी बन चुकी है, इसमें इसकी भारतीय अवधारणा को ध्यान में रखकर भाषा, नस्ल, संस्कृति तथा भूगोल की वैभिन्न्यता के साथ-साथ अन्त: अस्मितावादी पक्ष भी शामिल किये जाने चाहिए। निश्चित तौर पर इस अवधारणा का फलक जितना व्यापक है, उसमें पूर्वोत्तर भारत भी समाहित होता है। लेकिन, इस दिशा में पूर्वोत्तर भारत की विशिष्ट स्थितियों को ध्यान में रखकर अलग प्रकार के सैद्धान्तीकरण की आवश्यकता है। इसके लिए हमें पूर्वोत्तर भारत की भिन्न स्थितियों के बीच उन तत्त्वों की तलाश करनी होगी, जिनके आधार पर शोषित तबकों को बहुजन जैसे व्यापक विमर्श से जोड़ा जा सके।

सन्दर्भ

1. प्रमोद रंजन, आयवन कोस्का, *बहुजन साहित्य की प्रस्तावना,* द मार्जिलाइज्ड, सानेवाड़ी वर्धा, महाराष्ट्र-442001
2. प्रमोद रंजन, *हिन्दी साहित्य इतिहास का बहुजन पक्ष* (सम्पादित), अनन्य प्रकाशन, नई दिल्ली (2016)
3. प्रमोद रंजन, *साहित्य में बहुजन अवधारणा* (लेख)
4. सच्चिदानन्द सिन्हा, *जाति-व्यवस्था : मिथक, वास्तविकता और चुनौतियाँ,* राजकमल प्रकाशन, नई दिल्ली (2006)
5. भगवतशरण उपाध्याय, *भारतीय समाज का ऐतिहासिक विश्लेषण,* पीपुल्स पब्लिशिंग हाउस, नई दिल्ली
6. डॉ. आम्बेडकर, *शूद्र कौन थे, डॉ. आम्बेडकर सम्पूर्ण वाङ्मय,* खंड-13, डॉ. आम्बेडकर प्रतिष्ठान, नई दिल्ली
7. डॉ. आम्बेडकर, *अस्पृश्यता अथवा भारत में बहिष्कृत बस्तियों के प्राणी, डॉ. आम्बेडकर सम्पूर्ण वाङ्मय,* खंड -09, डॉ. आम्बेडकर प्रतिष्ठान, नई दिल्ली
8. उमा शंकर चौधरी, *हिस्सेदारी के प्रश्न-प्रतिप्रश्न,* अनामिका पब्लिशर्स, दिल्ली (2012)

पचपनिया विमर्श : मैथिली में बहुजन साहित्य की सम्भावनाएँ

—पंकज चौधरी

वर्ष 2021 के अन्तिम महीनों में 'अन्तिका' पत्रिका ने मैथिली साहित्य में पचपनिया विमर्श (बहुजन साहित्य विमर्श)[1] की शुरुआत की। पचपनिया मतलब दलित-बहुजन जातियाँ। गैर द्विज जातियाँ। दलित-बहुजन मतलब अनुसूचित जातियाँ/जनजातियाँ, अन्य पिछड़ी जातियाँ और अल्पसंख्यक जातियाँ। एक अनुमान के अनुसार मैथिली सहित सभी भारतीय भाषाओं में पचपनियों की आबादी 85 फीसदी से अधिक है। अगर जाति जनगणना को अंजाम दे दिया जाता है तो यह आँकड़ा 90 को पार करेगा।

मैथिली समेत भारत की विभिन्न भाषाओं में पचपनिया विमर्श की अपार सम्भावनाएँ हैं। मिथिलांचल के इतिहास और साहित्य का यदि सूक्ष्मता से अध्ययन किया जाए तो पता चलेगा कि यहाँ संघर्ष का आधार कुछ और नहीं बल्कि पचपनिया बनाम द्विज जातियाँ रहा है। मेरा निजी अनुभव भी इस बात की पुष्टि करता है। पचपनियों के साथ किये जाने वाले अन्याय, अपमान, अत्याचार के मुद्दे भले ही कुछ और रहे हों, लेकिन एक मुद्दा वहाँ पहले से ही फिट रहता है कि फलाँ व्यक्ति या समुदाय राड़-सोलकन (बहुजन) है। पचपनियों का राड़ होना, सोलकन होना उनके प्रति अन्याय को और निश्चित कर देता है। पचपनिया भले ही भारत का प्रधानमंत्री बन जाए लेकिन मिथिला में एक द्विज की नजर में उसकी पहचान राड़ और सोलकन के रूप में ही होगी। मिथिला में 'मनुस्मृति' के विधानों का पालन अटल है। ये स्थितियाँ-परिस्थितियाँ सारी पचपनिया जातियों को एक सूत्र में बाँधने और गोलबन्द करने का काम करती रही हैं।

गौरतलब है कि पचपनियों के मनोबल को तोड़ने, आहत करने और नीचा दिखाने के उद्देश्य से द्विजों ने उनके लिए राड़ और सोलकन जैसे अपमानजनक शब्दों को गढ़ने का काम किया। जबकि वही राड़-सोलकन अपनी एकजुटता का अहसास कराने के लिए पचपनिया शब्द का ईजाद करते हैं। जिससे एक ओर यदि उनकी राजनीतिक, सामाजिक और सांस्कृतिक पहचान निर्मित होती है, वहीं दूसरी ओर इससे एक गरिमा का भी बोध होता है। यह अपने-आप में एक अस्मितामूलक (आइडेंटिटी) शब्दावली है। इस शब्द में पचपन या अगणित जातियों के लिए यह आह्वान छुपा हुआ है कि हम एक हैं। हमारे सरोकार एक हैं। हमारा पहला और अन्तिम लक्ष्य सामाजिक सम्मान की प्राप्ति है। मेरी दादी पचपनिया को एक विशेष तथ्य से जोड़ती थी। उनका मानना था कि यह शब्द कोसी इलाके में बहने वाली पचपन नदियों के पानी को सम्बोधित है। बहुजन या पचपनिया समाज के लोगों ने अपने लिए इस शब्द को वहीं से ग्रहण किया है। इसीलिए अब जरूरत है पचपनिया की संचित चेतना, सोच और विचार को विमर्श की भाषा और साहित्य में तब्दील करने की।

बहुजन साहित्य का मूल उद्देश्य जन-जागरूकता और समता का डिस्कोर्स है। अस्मितामूलक साहित्य इसी से अपनी पहचान अर्जित करता है। मैथिली में बहुजन लेखकों की रचनाएँ ऐसी होनी चाहिए जिससे समाज में वैज्ञानिक और बहुजन चेतना का प्रचार-प्रसार हो। जहाँ तक साहित्य में कला का सवाल है तो ऐसी चिन्ता से बहुजन लेखकों को मुक्त होना चाहिए क्योंकि कला कालान्तर की चीज है। वैसे हरेक तरह के साहित्य में कला होती है। जरूरत है उसकी खोज और पहचान करने की। मक्सिम गोर्की के महान उपन्यास 'माँ' को आलोचकों ने साहित्य मानने से ही इनकार कर दिया था। 'माँ' को आलोचकों ने महज राजनीतिक दस्तावेज की संज्ञा दे दी थी। ब्रिटिश इतिहासकार ईएच कार ने भी 'माँ' को महत्त्वहीन करार दे दिया था। लेकिन साहित्य सिद्धान्तवेत्ता और आलोचक रॉल्फ फॉक्स ने जब 'उपन्यास और लोक जीवन' नाम का एक आलेख लिखा और उसमें 'माँ' को वर्ल्ड क्लासिक्स का दर्जा दिया, तब जाकर लोगों को कुछ समझ में आया। इस तरह के बहुत सारे उदाहरण हैं।

बर्ष 2019 की बात है। 17वीं लोकसभा चुनाव के लिए टिकटों का बँटवारा हो रहा था। टिकट बँटवारे में जातियों को प्रमुख आधार बनाया गया था और

उसी आधार पर टिकट बाँटे गए थे। अखबारों और चैनलों में 'जाति' ही छाई हुई थी और मीडिया से जाति निकलकर लोगों के मानस पर छा गई थी। माहौल पूरी तरह जातिमय हो गया था। भला, इस माहौल से एक कवि की संवेदना कैसे अछूती रह सकती थी। सो, मुझसे उस वातावरण पर 'जातिसभा' नाम की एक कविता लिखा गई। कविता से जो बात सामने आई, वह यह है कि अब लोकसभा या विधान सभा का नहीं बल्कि 'जातिसभा' के चुनाव होते हैं। दूसरी बात यह भी उभरी कि इसे लोकतंत्र का महापर्व नहीं कहकर लोकतंत्र का 'जातिपर्व' कहा जाना चाहिए। मैंने उक्त कविता को सोशल मीडिया पर तुरन्त जारी कर दिया। उसे खूब सराहना मिली। चर्चा मिली।

कविता पर एक कविमित्र का फोन भी आया कि आप एक संवेदनशील और तेजस्वी कवि हैं, आपको ऐसे समसामयिक विषयों पर कुछ भी लिखने से बचना चाहिए। मैंने उनसे पूछा, क्यों? उनका जवाब था, 'अच्छे कवियों, लेखकों को समसामयिक विषयों पर प्रतिक्रिया नहीं व्यक्त करनी चाहिए, क्योंकि इससे रचना की दीर्घजीविता प्रभावित होती है।' मैंने उनसे कहा, हमारा समय ही ऐसा है जो मुझसे अपने ऊपर लिखा जाता है। आखिर कोई भी रचनाकार अपने समय को ही तो डिपिक्ट (वर्णन) करता है। समय ही तो किसी रचना की दीर्घजीविता या कालजयीता को तय करता है। फिर इस फास्टफूड के जमाने में कालजयीता या अमरता क्या होती है? और क्या वह इससे आ जाएगी कि हम उसकी फिक्र करते हैं? असली चीज प्रासंगिकता होती है और प्रासंगिकता समय से निर्धारित होती है। वही रचना और रचनाकार प्रासंगिक होते हैं जो अपने जलते हुए समय को व्यक्त करते हैं। जैसा कि हरिशंकर परसाई एक जगह कहते हैं, "लेखकों को मेरी सलाह है कि ऐसा सोचकर कभी मत लिखो कि मैं शाश्वत लिख रहा हूँ। शाश्वत लिखने वाले तुरन्त मृत्यु को प्राप्त होते हैं। अपना लिखा जो रोज मरता देखते हैं, वही अमर होते हैं। जो अपने युग के प्रति ईमानदार नहीं है, वह अनन्त काल के प्रति क्या ईमानदार होगा!"[2] कबीर और मीरा आज सबसे ज्यादा इसलिए प्रासंगिक हैं क्योंकि उन्होंने अपने समय के सवाल को उठाया था। कबीर और मीरा दलित-बहुजन और स्त्रियों के मुद्दों को, जो उनके समय के भी सबसे बड़े सच थे, अपनी रचनाओं में बहुत ही प्रखरता और मुखरता से उठाते हैं। बहुजन साहित्य की एक मुख्य पहचान उसकी प्रासंगिकता है।

मैथिली ही नहीं, हिन्दी समेत सभी भाषाओं में प्रासंगिकता बहुजन साहित्य के सौन्दर्यशास्त्र का अभिन्न हिस्सा है।

दूसरी महत्त्वपूर्ण बात यह है कि बहुजन लेखक उन्हीं को माना जाएगा जो बहुजन चेतना और सरोकार से लैस होंगे। लेखकों का दलित-बहुजन होना ही काफी नहीं है। यहाँ यह भी बताना जरूरी है कि बहुजन लेखकों की लड़ाई जाति के मोर्चे पर होगी। हिन्दू-मुस्लिम जैसे साम्प्रदायिक मुददे पर नहीं। जाति के मोर्चे पर जैसे ही लड़ाई शुरू होगी समाज को हिन्दू-मुस्लिम के आधार पर बाँटने वालों की हवा निकल जाएगी। बहुजन समाज विशेषकर पिछड़ों को इस पाप को धोना होगा कि मस्जिदों को तोड़ने या मुसलमानों की लिंचिंग करने में वही सबसे आगे होता है। हिन्दू धर्म की पताका, ध्वज फहराने में पिछड़े सबसे आगे होते हैं। यह पाप जितनी जल्दी धुल जाए उतना ही अच्छा। इतिहास गवाह है कि मुसलमानों के खिलाफ घृणा और हिकारत फैलाने में द्विज सबसे आगे रहे हैं लेकिन बदनाम पिछड़ी जातियाँ होती रही हैं।

मुस्लिम और ब्रिटिश शासकों से सारे लाभ सवर्णों ने लिए। शूद्र तो उनके लिए हनुमान बनते रहे। दलित-बहुजन के स्वाभाविक दोस्त मुसलमान हैं। भारत में इस्लाम का प्रचार-प्रसार यदि नहीं हुआ होता तो भक्तिकाल में कबीर, रैदास, सूरदास जैसे कवि भी बहुजन समाज को नहीं मिलते। उल्लेखनीय है कि सूरदास अहीर-यादव थे। इस हकीकत को आप तभी जानेंगे जब सूरदास के साहित्य का सूक्ष्मता से अध्ययन करने के साथ-साथ उनके जीवन और परिवेश में भी झाँकने की कोशिश करेंगे। इन सभी सूचनाओं और ज्ञान को बहुजन लेखकों को आत्मसात करना अनिवार्य है।

द्विजों और पचपनियों में बहुत सारी भिन्नताएँ हैं। पचपनियों की भाषा अलग है। उनके अपने देवी-देवता हैं। उनके देवी-देवता वही हुआ करते हैं जो उनके पूर्वज थे। बिलकुल अपने बीच से उठा हुआ इहलौकिक। उनके शादी-ब्याह के तौर-तरीके भी अलग हैं। उनके अपने मेले-ठेले हैं। मैंने छठ के अवसर पर कभी भी द्विजों और पचपनियों को एक साथ सूर्य को अर्घ्य देते नहीं देखा है। जहाँ इतनी सारी भिन्नताएँ और असमानताएँ हों वहाँ पचपनिया विमर्श को विधिवत रूप से खड़ा करने और उसको एक प्लेटफॉर्म देने की बात सोचना आज की जरूरत है। वैसे तो भारत की सभी भाषाओं की भूमि इस

विमर्श को खाद-पानी डालने का काम कर रही है। लेकिन मैथिली में इसकी जरूरत और सम्भावना कहीं ज्यादा है। यह अकारण नहीं है कि संविधान की आठवीं अनुसूची में दर्ज सभी भाषाओं में इस विमर्श ने जोर पकड़ रखा है जबकि मैथिली में एक दलित लेखिका ढूँढ़ने से भी नहीं मिल रही है। यह मैथिली और जय मिथिला की डींग हाँकने वालों के लिए शर्म से मर जाने वाली बात है। ऐसे में मिथिलांचल की माँग करना भी केवल और केवल द्विजीय यूटोपिया है।

जिस भाषा में पचपनियों की इतनी विशाल आबादी हो, उसके साहित्य में जगदीश मंडल, सुभाषचन्द्र यादव, तारानन्द वियोगी, विभा रानी जैसे अँगुली पर गिने जाने वाले चार पचपनिया लेखकों का होना किस बात की ओर इशारा करता है? क्या पचपनियों में शिक्षा का अभाव है? क्या उनमें अपने राग-विराग को अभिव्यक्त करने की काबिलियत और सलाहियत नहीं है? क्या उनमें अपनी सामाजिक स्थिति या मर्यादा का बोध नहीं है? क्या इतिहास में पचपनियों का कोई संघर्ष या आन्दोलन नहीं रहा है? भारत की भाषाओं और राजनीति में सबाल्टर्न विमर्श और चेतना की जो बयार चल रही है, क्या उसे पचपनिए नहीं जानते? इन सभी सवालों का एक ही जवाब है कि मैथिली भाषा और साहित्य भारत का एक ऐसा भाषा साहित्य है जिसमें ब्राह्मणों या द्विजों ने अपने लिए अघोषित रूप से 100 फीसदी आरक्षण हड़प रखा है। मैथिली भाषा साहित्य उनकी चेरी बनकर रह गया है। उनकी यहाँ पर जागीरदारी चलती है। इन हालातों में जगदीश मंडल, सुभाष चन्द्र यादव, चन्द्रकिशोर, तारानन्द वियोगी, विभा रानी और नई पीढ़ी में रामनरेश यादव, बैद्यनाथी राम, बिभा कुमारी, अमरेंद्र यादव, आरके परार्थी, किशन कारीगर, रघुनाथ मुखिया, मुख्तार आलम को कितने संघर्षों और चुनौतियों का सामना करना पड़ रहा होगा, इसकी हम कल्पना कर सकते हैं।

मैथिली भाषा साहित्य में पचपनियों का प्रवेश और अपनी पहचान बनाना बहुत दुष्कर है। महाप्रकाश मैथिली के एक बड़े लेखक हुए। लेकिन वे बड़े लेखक या लेखक तभी हुए जब उन्होंने अपनी रचनाओं को श्रीकांत मिश्र के नाम से पत्रिकाओं में भेजना शुरू किया। श्रीकांत मिश्र के नाम से उन्होंने जैसे ही अपनी रचनाएँ पत्रिकाओं में भेजनी शुरू कीं, वे धड़ाधड़ प्रकाशित होने लगीं। लेकिन सुधाकांत लाल दास के नाम से भेजी उनकी रचनाएँ पहले कभी नहीं छपीं।

मैथिली में जब द्विज कर्ण-कायस्थ का यह हाल है तब हम समझ सकते हैं कि पचपनियों की वहाँ क्या बिसात होगी।

खैर, जमाना बड़ी तेजी से बदल रहा है। टेक्नोलॉजी और पूँजी ने वर्चस्ववादी संस्कृति को धक्का पहुँचाया है। उसने सामाजिक और सांस्कृतिक लोकतंत्र का विस्तार किया है। आज सम्पादकों की जरूरत नहीं रह गई है, जो अपने पास लेखक, विचारक, पत्रकार बनाने का ठेका लिये हुए था। सोशल मीडिया आज उन सबको लेखक बना रहा है जो अपने विचारों, अनुभूतियों और संवेदना को अभिव्यक्त करने की क्षमता रखता है। सोशल मीडिया पर व्यक्त आपके विचारों को जितनी तवज्जो मिलती है उतनी किताबें नहीं बिकतीं। गोष्ठियों, सेमिनारों में लोगों ने जाना छोड़ दिया है या वहाँ उतने लोग नहीं जुटते जितने सोशल मीडिया पर आपकी रचनाओं या विचारों पर बहस होती है। वहाँ पर आपकी चीजें सदा के लिए सुरक्षित भी हो जाती हैं। यह अकारण नहीं है कि इस मंच से सबसे ज्यादा खलबली वर्चस्ववादियों में मची हुई है।

पचपनिया विमर्श, भाषा और साहित्य को स्थापित करने के लिए सोशल मीडिया एक उपयुक्त मंच साबित हो सकता है। इस मंच का सदुपयोग पचपनिया लेखकों को उभारने और वर्चस्ववादी संस्कृति के खिलाफ खुलकर किया जाना चाहिए। एक बात हमें नहीं भूलनी चाहिए कि विकल्पहीन नहीं है दुनिया। भारत में सामाजिक न्याय और डायवर्सिटी इन पावर (सत्ता में हिस्सेदारी) की जो बयार चल रही है उसके झोंके यदि हमें आज नहीं झकझोरते हैं, तो ये दिन कभी नहीं आने वाले।

सन्दर्भ

1. सतीश वर्मा, 'अन्तिका का पचपनिया विमर्श : ब्राह्मणों के हाथ से खिसक रही है मैथिली की सत्ता', *जनपथ,* (2021) https://doi.org/10.5281/zenodo.7484236
2. हरिशंकर परसाई, 'जिन्दगी और मौत का दस्तावेज', *परसाई रचनावाली,* खंड-3

खंड-दो

इतिहास

भारत में नवजागरण और बहुजन नायक

—कँवल भारती

बहुजन का शाब्दिक अर्थ है अधिसंख्य जन अर्थात बहुत से लोग। ये बहुत से लोग कौन हैं, जो मिलकर बहुजन वर्ग बनाते हैं? इस विशाल बहुजन समाज का जन्म हिन्दू समाज की वर्ण-व्यवस्था के गर्भ से हुआ है। हिन्दू समाज जातियों का समूह है, जिनमें सभी जातियों का सामाजिक और आर्थिक स्तर समान नहीं है। एक विशाल आबादी को हिन्दू धर्म-व्यवस्था ने स्वतंत्रता और विकास के अवसरों से वंचित रखा है। इनमें शूद्र हैं, जो वर्ण-व्यवस्था में सबसे निचले पायदान पर हैं, और वर्ण-व्यवस्था से बाहर की चांडाल आदि जातियाँ हैं, जो अछूत मानी जाती हैं। शूद्र और अछूत जातियाँ ही मिलाकर बहुजन समाज बनाती हैं। यह बहुजन समाज आज भी हाशिये पर है, और अपनी सामाजिक-आर्थिक प्रगति के लिए उच्च जातियों पर निर्भर करता है।

भारतीय इतिहास में 'बहुजन' शब्द का प्रयोग सबसे पहले छठी ईसा पूर्व में गौतम बुद्ध ने किया था। उन्होंने अपने शिष्यों को कहा था—'चरित भिक्खवे बहुजन हिताय बहुजन सुखाय'। अर्थात, बहुजनों के हित और सुख के लिए विचरण करो। ए. सत्यनारायण[1] के अनुसार मद्रास प्रेसीडेंसी में 1921 की जनगणना रिपोर्ट में बहुजन समाज का उल्लेख मिलता है। उसमें चयनित समुदायों की साक्षरता दर की तालिका में चार श्रेणियों का उल्लेख हुआ है, जिनमें पहली द्विज, दूसरी उच्च शूद्र जातियाँ, तीसरी बहुजन (उत्पादक) जातियाँ और चौथी दलित हैं। बहुजन की तीसरी श्रेणी में उत्पादक जातियों को शामिल किया गया था, जिसमें दो वर्ग हैं, एक में दो शिल्पकार जातियाँ सुनार और बुनकर हैं, तो दूसरे वर्ग में यादव, मछुआरा, नाई, धोबी, कुम्हार, मँगता आदि नौ अन्य पिछड़ी जातियाँ हैं।[2]

ए. सत्यनारायण लिखते हैं कि दलित कार्यकर्ताओं ने 'हरिजन' शब्द को संरक्षण और मानवतावाद के रूप में खारिज कर दिया था। किन्तु 'बहुजन' शब्द सामाजिक कार्यकर्ताओं और विद्वानों के बीच सामाजिक और नागरिक अधिकारों के आन्दोलनों के रूप में व्यापक अर्थ प्राप्त कर रहा था। यही नहीं, यह शब्द एक साझा दुख और साझा उत्पीड़न के साथ-साथ आत्म-निर्भरता, गरिमा और समानता के लिए भी साझा लड़ाई का आग्रह करता है। अत: कहना न होगा कि निचली और पिछड़ी जातियाँ ही एक विशाल बहुजन समाज बनाती हैं।[3]

इस विशाल बहुजन समाज की वैचारिकी निर्मित करने का क्रान्तिकारी प्रयास उन्नीसवीं सदी में महात्मा जोतिबा (जोतिराव) फुले ने किया था। अनुपमा राव[4] ने ठीक ही लिखा है कि 'फुले ने जातिगत चेतना के साथ लोकप्रिय संस्कृति के तत्त्वों का समर्थन किया, जो आर्थिक, सामाजिक और राजनीतिक वर्चस्व को एक जाति युद्ध के परिणाम से जोड़ रहे थे। उनकी कहानी द्रविड़ क्षत्रियों की पराजय के इर्द-गिर्द घूमती है, जिन्होंने आर्य ब्राह्मणों के छल के माध्यम से बहुजन समाज का गठन किया। फुले के जाति संघर्ष के पुनर्लिखित इतिहास और उनके अमानवीय जाति-व्यवस्था पर निरन्तर आक्रमण ने एक सामान्य राजनीतिक समझ पैदा कर दी थी।' निस्सन्देह, महात्मा फुले ने शूद्र-अतिशूद्र जातियों को मिलाकर एक विशाल बहुजन समाज का निर्माण किया था, किन्तु फुले ने अपनी रचनाओं में बहुजन समाज के लिए शूद्र-अतिशूद्र का ही प्रयोग किया है, जो सम्भवत: उनके मिशन के लिए जरूरी भी था। फुले ने कभी भी अपने लेखन में हिन्दू शब्द का प्रयोग नहीं किया, बल्कि आर्य और आर्यन शब्दों का प्रयोग किया। वह वस्तुत: एक संवेदनशील धार्मिक-सांस्कृतिक समाज का गठन कर रहे थे। उन्होंने सदैव उन ब्राह्मणों पर लिखा, जो बहुजन समाज के शत्रु थे।[5] अनुपमा राव के शब्दों में, 'फुले की शक्ति बहुजन समाज द्वारा अपना प्रतिनिधित्व स्वयं करने के दावे में थी।'[6]

किसी भी समाज में हमेशा जागरण होता है, पुनर्जागरण नहीं। किन्तु भारतीय अभिजन समुदाय ने उलटी गंगा बहाई। उसने जागरण नहीं, पुनर्जागरण किया। पुनर्जागरण का मतलब है, अपनी धार्मिक संस्थाओं को बचाने के लिए लोगों को जगाना। भारत में ईसाइयत से पहले इस्लाम ने दस्तक दी थी। फिर यहाँ मुसलमान आए और अपनी बादशाहत कायम की।

इस्लाम की सामाजिक समता ने अछूत जातियों को बहुत प्रभावित किया, और हिन्दू धर्म से पीड़ित-अपमानित लोग तेजी से इस्लाम अपनाने लगे। इससे भारतीय अभिजनवाद, जो मुख्य रूप से ब्राह्मणवाद था, तिलमिला गया, उसे अपना जहाज डूबता हुआ नजर आने लगा, क्योंकि उसकी गुलाम जातियाँ गुलामी से मुक्त हो रही थीं। सो, ब्राह्मणों ने इस्लाम के तूफान से अपने अभिजनवाद को बचाने के लिए वैष्णव भक्ति आन्दोलन खड़ा किया, और जाति के बन्धनों को शिथिल कर अछूतों को वैष्णव बनाने का उपक्रम किया। पर तब तक बड़ी संख्या में दलित-पिछड़ी जातियों के लोग इस्लाम में दाखिल हो चुके थे और उनकी एक पीढ़ी शिक्षित होकर तैयार हो गई थी। इस्लाम के मदरसे सबके लिए खुले थे, जिसमें पढ़कर कबीर और रैदास जैसे प्रतिरोध के विख्यात चिन्तक उभरे। अत: कहना न होगा कि ब्राह्मणों ने पहला पुनर्जागरण आन्दोलन मुस्लिम काल में चलाया था, जो न केवल वेद शास्त्रों तथा वैदिक धर्म को बचाने के लिए था, बल्कि दलित-पिछड़ी जातियों, खासकर अछूत जातियों को इस्लाम में जाने से भी रोकना था।

सम्भवत: इस्लाम के बढ़ते प्रभाव से चिन्तित होने वाला भारत का पहला ब्राह्मण आचार्य शंकर (688-720 ई.) था, जो केरल में जन्मा था। यह वह दौर था, जब तुर्कों के आक्रमण शुरू हो गए थे। राहुल सांकृत्यायन ने लिखा है कि शंकर ने बौद्धों के तरकश से कुछ बाणों को लेकर एक छोटा सा शस्त्रागार तैयार किया था, किन्तु वह तब तक गुमनाम ही पड़ा रहा, जब तक कि तुर्कों के आक्रमण से त्राण पाने के लिए बौद्ध दर्शन के नेताओं ने भारत को छोड़ हिमालय और समुद्र पार के देशों में भाग जाना नहीं पसन्द किया।[7] इससे बौद्ध धर्म तो विदेशों में फैल गया था, परन्तु ब्राह्मण-धर्म भारत में खतरे में पड़ गया था। मुस्लिम आक्रमणकारियों का अभिप्राय, जैसा कि डॉ. आम्बेडकर ने लिखा है, हिन्दू धर्म की मूर्तियों को तोड़ना और अनेक देवताओं में विश्वास करने की भावना को छिन्न-भिन्न करना था।[8]

भारत में पहला मुस्लिम हमला सिन्ध पर मुहम्मद बिन कासिम का 712 ई. में हुआ था। परन्तु, इस्लाम इससे पहले ही भारत में आ चुका था। धार्मिक क्रान्ति के बाद ही राजसत्ता कायम होती है। यह नियम है। इसलिए हमलावरों से पहले यहाँ सूफी-संतों के रूप में मुस्लिम धर्मगुरु इस्लाम का प्रचार करने आए थे।

दिनकर ने लिखा है कि इस्लाम को जन्म लिये सिर्फ अस्सी वर्ष हुए थे कि इतने ही समय में, उसका झंडा भारत की सीमा पर पहुँच गया था।[9]

बौद्धों के बाणों से जो शस्त्रागार शंकर ने तैयार किया था, उसका अभिप्राय तत्कालीन विभिन्न धर्म-दर्शनों का खंडन कर अपने अद्वैत मत की स्थापना करना था, किन्तु साथ ही हिन्दू धर्म का पुनर्जागरण करना था।[10] शंकर ने निर्वाणी और निरंजनी नामक दो सशस्त्र सैन्य दल भी बनाए थे, जिनका काम बलात् मुसलमान हुए हिन्दुओं को पुन: हिन्दू बनाना था।[11] शंकर के अद्वैत मत—'एकोहं द्वितीयोनास्ति' (एक ही है, दूसरा कोई नहीं है) पर भी इस्लाम की छाया है। उसका बौद्ध धर्म से कुछ भी लेना-देना नहीं है, क्योंकि बौद्ध धर्म भौतिकवादी और अनीश्वरवादी है। सही मायने में 'एकोहं द्वितीयोनास्ति' पर 'ला इलाहा इल्लल्लाह' की छाप है, जिसका अर्थ है, कोई पूज्य नहीं है, सिर्फ अल्लाह है। किन्तु जब शंकर के सामने यह प्रश्न उपस्थित हुआ कि ब्राह्मण और शूद्र में एक ही ब्रह्म के होने से जातिभेद को न्यायोचित नहीं ठहराया जा सकता, तो उसने तुरन्त व्यवस्था दी कि जाति पूर्वजन्म का अनिवार्य परिणाम है और केवल उच्च कुल (वर्ण) में उत्पन्न लोग ही आत्मा और ब्रह्म के अन्तर को समझ सकते हैं।[12]

ब्राह्मण पुनर्जागरण का दूसरा आन्दोलन रामानन्द का भक्ति आन्दोलन था, जो इस्लाम की प्रतिक्रान्ति में वैदिक धर्म को बचाने के लिए शुरू हुआ था। चूँकि इस्लाम में जात-पाँत नहीं था, इसलिए रामानन्द का नारा था—'जाति-पाँति पूछे नहिं कोई, हरि को भजै सो हरि का होई।' पर सच यह है कि रामानन्द द्वारा स्थापित वैष्णव सम्प्रदाय जाति-विहीन कभी नहीं हुआ था। इस आन्दोलन का मूल आधार विष्णु के अवतार राम की भक्ति था। उसके बाद ब्राह्मणों ने कृष्ण भक्ति का आन्दोलन भी चलाया। यह आन्दोलन किसी भी स्थिति में अवतारवाद, पुनर्जन्म और वर्ण-व्यवस्था का खंडन नहीं करता था। इस आन्दोलन के तहत वैष्णव बनाए गए अछूतों को मन्दिर के गर्भगृह में प्रवेश करने का अधिकार नहीं था। सभी वैष्णव छुआछूत को मानते थे, यह बात 'चौरासी वैष्णवन की वार्ता'[13] से भी सिद्ध होती है और 'दो सौ बाबन वैष्णवन की वार्ता' से भी, जिसमें वैष्णव शूद्रों के लिए ब्राह्मण वैष्णव की जूठन खाने का माहात्म्य बताया गया है।[14]

इन वैष्णव आन्दोलनों का विरोध नई चेतना के विचारक कबीर और रैदास आदि निम्न जातियों के कवियों ने किया था, जिन्होंने न सिर्फ वैदिक धर्म पर आधारित वैष्णववाद का खंडन किया, बल्कि एक जातिविहीन समतामूलक समाज के निर्माण का दर्शन भी जनता को दिया। मध्यकाल के भारतीय इतिहास में यह पहली बार हुआ था कि निम्नवर्गीय विचारकों ने ब्राह्मण को गुरु मानने से ही इनकार किया। उन्होंने ईश्वर के साकार एवं सगुण रूप, उसके अवतारों और उसकी लीलाओं का खंडन किया। कबीर ने कहा कि वेदों की परिधि में ही जीने-मरने वाला ब्राह्मण कभी भी जगतगुरु नहीं हो सकता।[15] कबीर की तरह रैदास ने भी ब्राह्मण की उच्चता का खंडन किया तथा ब्राह्मण और चांडाल को एक समान माना।[16] रैदास ने तो भीख माँगकर खाने वाले ब्राह्मणों की निंदा करते हुए यहाँ तक कहा कि श्रम ही ईश्वर है और श्रम की पूजा से ही समाज सुखी और समृद्ध होगा।[17]

इससे स्पष्ट समझा जा सकता है कि मध्यकाल में ब्राह्मण पुनर्जागरण केवल वैदिक धर्म और उसकी वर्ण-व्यवस्था को कायम रखने का आन्दोलन था। और उसके विरुद्ध निम्न वर्गों के विचारकों के जबर्दस्त प्रतिरोध ने बहुजन समाज में क्रान्तिकारी ज्ञानोदय (नवजागरण) किया था।

भारत में मुस्लिम राज ने ब्राह्मणों से समझौता कर लिया था। यह समझौता इस आधार पर किया गया था कि मुस्लिम शासक ब्राह्मणों की धार्मिक संस्थाओं को समाप्त नहीं करेंगे, चाहे वह वर्ण-व्यवस्था हो, सतीप्रथा हो, अस्पृश्यता हो, या शूद्र-अतिशूद्र और स्त्रियों के लिए शिक्षा का निषेध हो। इसके बदले में ब्राह्मण भारत में मुस्लिम राज को बने रहने में पूरा सहयोग देंगे। इसी समझौते के आधार पर भारत में मुस्लिम शासन आठ सौ साल तक कायम रहा। इन आठ सौ सालों में भारत में ब्राह्मणों ने मुस्लिम शासकों को खदेड़ने का कोई आन्दोलन नहीं चलाया। और इसलिए नहीं चलाया, मुस्लिम राज में ब्राह्मण सुरक्षित थे और ब्राह्मणों की सारी धार्मिक संस्थाएँ सुरक्षित थीं। लेकिन अंग्रेजों ने आकर सारा गुड़-गोबर कर दिया। ब्राह्मणों को दिन में तारे नजर आने लगे। क्योंकि मुगलों के पतन के बाद भारत में अंग्रेजी राज कायम हो गया। भारत की इस स्थिति पर कार्ल मार्क्स की सटीक टिप्पणी थी :

यह कैसे हुआ? मार्क्स पूछते हैं, कि भारत के ऊपर अंग्रेजों का आधिपत्य कायम हो गया? और वह स्वयं उत्तर देते हैं, 'महान मुगल की सर्वोच्च सत्ता को मुगल सूबेदारों ने तोड़ दिया था। सूबेदारों की शक्ति को मराठों ने नष्ट कर दिया था। मराठों की ताकत को अफगानों ने खत्म किया और जब सब एक-दूसरे से लड़ने में लगे हुए थे, तब अंग्रेज घुस आए और उन सबको कुचलकर खुद स्वामी बन बैठे। एक देश, जो न सिर्फ मुसलमानों और हिन्दुओं, बल्कि कबीले-कबीले और वर्ण-वर्ण में बँटा हुआ हो; एक समाज, जिसका ढाँचा उसके तमाम सदस्यों के पारस्परिक विरोधों तथा वैचारिक अलगावों पर आधारित हो—ऐसा देश और ऐसा समाज क्या दूसरों द्वारा विजित होने के लिए ही नहीं बनाया गया था?[18]

भारत में ईस्ट इंडिया कम्पनी का राज कायम हुआ और उसने शासन सँभालते ही दो महत्त्वपूर्ण काम किये। एक, उसने कानून की नजर में सबको समान किया, और दो, शिक्षा को सार्वजनीन बनाया। इसके बाद उसने कुछ और भी सख्त कानून बनाए, जैसे अस्पृश्यता-निषेध, सती प्रथा प्रतिरोध और हिन्दू विधवा-पुनर्विवाह कानून।[19] ये कानून भारत के सिरमौर ब्राह्मण को धराशायी करने के लिए काफी थे। इसलिए उसने तिलमिलाकर तीसरा पुनर्जागरण आन्दोलन आरम्भ किया। इन कानूनों से तिलमिलाकर ही ब्राह्मणों ने देशी सामन्तों से मिलकर ईस्ट इंडिया कम्पनी सरकार के खिलाफ 1857 का गदर करवाया था, जिसे कम्पनी सरकार ने अछूत रेजिमेंट बनाकर उसकी सहायता से उस गदर को कुचला था।[20]

जिस तरह इस्लाम की चुनौती ने भक्ति आन्दोलन को जन्म दिया था, उसी प्रकार ईसाइयत की चुनौती ने अंग्रेजी राज में ब्रह्म समाज को पैदा किया था। ब्रह्म समाज (1827) के संस्थापक बंगाल के राजा राममोहन राय थे, जिन्हें भारतीय नवजागरण का पहला जनक माना जाता है।[21] उन्होंने ब्रह्म समाज के धार्मिक-सामाजिक सुधारों को पूरे भारत में फैलाने की कोशिश की थी, परन्तु बिहार, पश्चिमोत्तर और अवध प्रान्त में उसे कोई सफलता नहीं मिली थी।[22] दरअसल, जैसा कि कई विचारक मानते हैं, राजा राममोहन राय का नवजागरण भक्ति आन्दोलन की ही अगली कड़ी था।[23] के. दामोदरन के अनुसार, 1828 में राजा राममोहन राय ने लिखा था, 'मेरा विचार है कि हिन्दू धर्म में कुछ न कुछ

परिवर्तन होने ही चाहिए, कम से कम इसलिए कि हमको राजनीतिक तौर से लाभ हो और जनता को सामाजिक सुख मिल सके।'[24] इसका मतलब साफ था कि उनके आन्दोलन का मकसद राजनीतिक लाभ था। इसमें सन्देह नहीं कि इस्लाम और ईसाई धर्म के एकेश्वरवाद ने उन पर गहरा प्रभाव डाला था और उसी से प्रभावित होकर उन्होंने बहुदेववाद, मूर्ति पूजा और सती प्रथा का विरोध किया था, किन्तु उनका मौलिक दृष्टिकोण हिन्दू धर्म पर ही आधारित था। उन्होंने एकेश्वरवाद का विकल्प वेदान्त के ब्रह्मवाद, यानी 'ब्रह्मजाल' में खोजा था। वह उपनिषदों पर इतने मुग्ध थे कि उनके आगे किसी को कुछ न मानते थे।[25] 1833 में राजा राममोहन राय की मृत्यु के बाद उनके समर्थक देवेन्द्रनाथ ठाकुर (1817-1907) और केशव चन्द सेन (1838-1884) ने ब्रह्म समाज को चलाया। उन्होंने 1843 में ब्रह्म समाज का जो प्रतिज्ञा-पत्र जारी किया, उसमें वर्ण-व्यवस्था का कहीं खंडन नहीं था। उसमें कहा गया था :

> *ईश्वर एक वैयक्तिक सत्ता है, जो श्रेष्ठतम नैतिक गुणों से विभूषित है। ईश्वर ने कभी कोई अवतार नहीं लिया। ईश्वर प्रार्थनाएँ सुनता है और उनका उत्तर भी देता है। मन्दिर तथा पूजा-पाठ के निश्चित स्थान अनावश्यक हैं। सभी जातियों और सभी नस्लों के व्यक्तियों को ईश्वर की आराधना का अधिकार है। प्रकृति और सभी अन्त:प्रज्ञा ईश्वर ज्ञान के स्रोत हैं। कोई भी ग्रंथ प्रामाणिक नहीं है।*[26]

राजा राममोहन राय के बाद आए स्वामी दयानन्द, जिन्होंने 1875 में आर्य समाज की स्थापना की और नारा दिया—'वेदों की ओर लौटो।'[27] क्या इसे हम नवजागरण कहेंगे, जो हिन्दुओं को वेदों की ओर ले जा रहा था? सच तो यह है कि दयानन्द हिन्दुओं को जागरूक नहीं कर रहे थे बल्कि उनको हजारों साल पीछे उस युग में ले जा रहे थे, जहाँ वर्ण-व्यवस्था थी, स्त्रियों के साथ भोगविलास था, यज्ञ के नाम पर निरीह पशुओं की हत्याएँ थीं[28] और अपने से भिन्न विचार के लोगों के साथ शत्रुता और उनका संहार था। के. दामोदर के शब्दों में, 'दयानन्द सरस्वती का प्रत्येक कार्य पुराने ढर्रे का और प्रतिक्रियावादी था। उन्होंने बहुदेववाद, मूर्ति पूजा और बाल विवाह तथा शिक्षा के द्वारा नीची जाति के हिन्दुओं और स्त्रियों के स्तर को ऊँचा उठाने का प्रयत्न जरूर किया था, पर इन सबके पीछे उनका उद्देश्य हिन्दू धर्म को सुदृढ़ बनाना था।'[29]

आधुनिक काल का बहुजन नवजागरण

अगर जनता को अन्धकार से प्रकाश में लाने का नाम नवजागरण है, तो भारत में यह नवजागरण बहुजन समाज के नायकों ने किया था। इस नवजागरण में हिन्दुत्व का पुनरुत्थान नहीं था, जिसके लिए राजा राममोहन राय और स्वामी दयानन्द जैसे ब्राह्मण नेताओं के साथ-साथ स्वामी विवेकानन्द जैसे अब्राह्मण नेता भी सक्रिय थे, बल्कि हिन्दुत्व और उसके शास्त्रों का निषेध था, तथा शूद्रों-अतिशूद्रों की स्वतंत्रता एवं मुक्ति का आह्वान था। यह आह्वान बंगाल में चाँद गुरु, महाराष्ट्र में जोतिबा फुले और डॉ. आम्बेडकर, उत्तर भारत में स्वामी अछूतानन्द 'हरिहर', मद्रास (तमिलनाडु) में रामास्वामी नायकर और केरल में नारायण गुरु ने किया था।

यह नवजागरण बहुजन-नवजागरण था, जिसका सूत्रपात महाराष्ट्र में जोतिराव फुले (1827-1890) ने किया था। जैसा कि उनके जीवनी-लेखक धनंजय कीर ने लिखा है, वह पहले भारतीय थे, जिन्होंने आधुनिक भारत में अछूतों, शूद्रों और स्त्रियों के लिए, स्वतंत्रता, गरिमा और मुक्ति का, एक नया युग आरम्भ किया था। वह पहले भारतीय थे, जिन्होंने महाराष्ट्र में अछूतों और लड़कियों की शिक्षा के लिए स्कूल खोला था, जो भारत में कहीं भी खुलने वाला पहला स्कूल था। उन्होंने शूद्रों, अतिशूद्रों और स्त्रियों के अज्ञान और अन्धविश्वास को हटाकर उनकी गुलामी की जंजीरों को तोड़ा था।

उन्होंने वीरतापूर्वक निम्न वर्गों और भारतीय स्त्रियों के लिए ज्ञान के दरवाजे खोले थे। उनका उद्‌देश्य सामाजिक समानता, न्याय और विवेक के आधार पर समाज व्यवस्था का पुनर्निर्माण करना था।[30] फुले ने 'गुलामगिरी' में हिन्दू धर्म की अवतार-कल्पना पर प्रहार किया, जिसमें ब्राह्मणवादी वैचारिक ढाँचे को तोड़कर एक नई और न्यायसंगत व्यवस्था को उभारा। देशपांडे ने इसे ठीक ही इतिहास का शूद्र-पुनर्लेखन कहा है।[31] निस्सन्देह, बहुजन नायकों ने इतिहास का पुनर्लेखन और निर्माण बहुजनों को अन्धकार से प्रकाश में लाने के लिए किया था।

ठीक इसी समय केरल में नारायण गुरु (1854-1928) हुए, जो ईझवा अछूत जाति में पैदा हुए थे। उन्होंने सभी मनुष्यों के लिए 'एक जाति, एक धर्म और एक ईश्वर' की घोषणा की। कारण, केरल में उच्च जातियों के लोग नीची

जाति के देवताओं से घृणा करते थे, सो उन्होंने इन देवी-देवताओं के स्थान पर एक ही ईश्वर को प्रतिष्ठित कर जनता को एकजुट करने का काम किया। के. दामोदरन के शब्दों में 'नारायण गुरु ने सामन्ती व्यवस्था पर जो आक्रमण किया, वह अत्यन्त प्रभावशाली था। श्री नारायण गुरु ने जातिप्रथा का विरोध किया और आधुनिक शिक्षा तथा संस्कृति को प्रोत्साहित किया। उनका आन्दोलन उस नवजागरण का अभिन्न हिस्सा था, जो उस समय समूचे भारत में हो रहा था और इसने केरल में सामन्तवाद-विरोधी संघर्ष में एक महान भूमिका अदा की थी।'[32]

गुरु घासीदास की स्मृति में भारत सरकार द्वारा जारी डाक टिकट

मध्य प्रदेश के इलाके में गुरु घासीदास (1756-1850) ने सामन्तवाद और जातिप्रथा का विरोध किया और दलित-पिछड़ी जातियों में स्वाभिमान, गरिमा और मुक्ति का आन्दोलन चलाया। यद्यपि गुरु घासीदास का आन्दोलन धार्मिक प्रकृति का था, पर उसका मूल आधार कबीर और रैदास साहेब का दर्शन था, जिसने ब्राह्मणवाद के खिलाफ जबर्दस्त अलख जगाई थी। इसी तरह बंगाल में नमो शूद्र आन्दोलन चला, जिसके प्रवर्तक चांडाल जाति में जन्मे चाँद गुरु (1850-1930) थे। चांडालों में शिक्षा को अनिष्ट का कारण माना जाता था। इसी अन्धविश्वास के चलते चाँद गुरु भी नहीं पढ़ सके थे। किन्तु उन्होंने इस धारणा का खंडन किया और अछूतों के लिए स्वयं स्कूल खोला। 1891 में उन्होंने चांडाल शब्द के विरुद्ध आन्दोलन चलाया। यह आन्दोलन इतना प्रभावशाली था कि अंग्रेज सरकार को चांडाल शब्द को प्रतिबन्धित करने का आदेश जारी करना पड़ा। उन्होंने 'मतुआ धर्म' चलाया चांडालों को 'नमः शूद्र' नाम दिया। 1912 में उन्होंने इसी नाम से एक पत्रिका भी निकाली थी, जिसके सम्पादक आदित्य चौधरी थे। उन्होंने हिन्दुओं के मन्दिरों में प्रवेश का विरोध किया, और अपना अलग मन्दिर स्थापित किया। उन्होंने चांडालों से कराए जाने वाले गन्दे कार्यों का बहिष्कार किया, और उन्हें स्वाभिमान तथा गरिमा से जीना सिखाया।[33]

मद्रास प्रान्त में, जो आज तमिलनाडु है, पेरियार रामास्वामी नायकर (1879-1973) का नवजागरण वर्ण-व्यवस्था, ब्राह्मणवाद, मूर्तिपूजा और ईश्वरवाद को उखाड़ फेंकने का आन्दोलन था। उन्होंने कहा, 'आप ईश्वर की अवधारणा

रचने वाले व्यक्ति को माफ कर सकते हैं, वह मूर्ख था, वह अपनी बौद्धिक अक्षमता की वजह से ऐसा विचार तैयार करने पर मजबूर हुआ। लेकिन धर्म और धर्मशास्त्र (आत्मा, स्वर्ग, नरक) आदि का निर्माण करने वाला व्यक्ति ईमानदार नहीं रहा होगा। उसने ऐसा केवल लोगों को भयभीत करने के लिए किया।'[34] उन्होंने धर्म, जाति और राष्ट्रवाद के गठजोड़ के विरोध में द्रविड़ों में आत्म-सम्मान आन्दोलन शुरू किया।[35] उन्होंने द्रविड़ों को जागरूक करते हुए कहा, 'हिन्दू धर्म का पूरा ब्योरा वेदों, शास्त्रों और पुराणों में मिलता है। उसके इतिहास में कुछ मिथकीय किस्से जुड़े हैं। इस धर्म के मुताबिक हम चौथी और पाँचवीं जाति में आते हैं। इस हिसाब से हमें उपरोक्त ग्रंथों को पढ़ने तक की इजाजत नहीं है। वेद, शास्त्र, पुराण, इतिहास आदि सभी ने हमारे लोगों को नीचा दिखाया है, हमें बेईमान के रूप में चित्रित किया गया और कई तरह से हमें अपमानित किया गया। इसलिए हम कहते हैं कि ईश्वर, धर्म, धर्म-सिद्धान्त, पुराणों और इतिहास आदि में भरोसा समाप्त करना होगा।'[36]

जैसा कि शुरू में कहा जा चुका है, उत्तर भारत में स्वामी अछूतानन्द 'हरिहर' (1879-1933) के आदि हिन्दू आन्दोलन की भी बहुजन समाज के जागरण में महत्त्वपूर्ण भूमिका थी। उन्होंने दलित-पिछड़ी जातियों की पहचान आदि हिन्दू के रूप में की थी। वे पहले कवि, नाटककार, सम्पादक, पत्रकार और प्रचारक थे, जिन्होंने अपने अल्प जीवन काल में पहला आदि हिन्दू प्रेस और पहला आदि हिन्दू अखबार कायम किया था। उन्होंने कविता और नाटकों के माध्यम से ब्राह्मणवाद की असली तस्वीर बहुजन समाज के समक्ष रखी थी। उनके नाटकों—'मायानन्द बलिदान' और 'रामराज्य न्याय' अर्थात 'शम्बूक वध' ने बहुजन समाज को उस अन्याय से परिचित कराया था, जिनसे वह पूरी तरह अनजान था।[37]

बिहार में 1933 में 'त्रिवेणी संघ' की स्थापना हुई। कहा जाता है कि यह तीन जातियों का संगठन था, पर मनीष रंजन ने इसका खंडन किया है। उनके अनुसार, यह दलितों, पिछड़ों और व्यापरियों का संघ था, जिसकी मान्यता थी, 'जब तक धार्मिक साम्राज्यवाद, सामाजिक साम्राज्यवाद, राजनीतिक साम्राज्यवाद तथा आर्थिक साम्राज्यवाद का अन्त न होगा, तब तक सुराज्य हो ही नहीं सकता।'[38] त्रिवेणी संघ के बारे में मनीष रंजन लिखते हैं कि

'बिहार में ब्राह्मण और ब्राह्मणवाद से मुक्ति की शुरुआती लड़ाई त्रिवेणी संघ ने ही लड़ी थी। उसने ब्राह्मण-विधि से अलग जयमाला और प्रतिज्ञा पत्र शादी तथा भंडारा कर श्राद्ध शुरू किया, जिसमें ब्राह्मण की कोई आवश्यकता नहीं थी।'[39] त्रिवेणी संघ ने ब्राह्मण ग्रंथों में दर्ज शूद्र-विरोधी आदेशों का भी विरोध किया था। एक बानगी देखिए—

'ब्राह्मणों ने तो यहाँ तक लिख डाला है कि 'शक्तेनापि च शूद्रेण न कार्यो धनसंचय:, अर्थात 'यदि शूद्र धन संचय करने की भी शक्ति रखता हो, तो भी वह धन संचय न करे।' ठीक है, बाबा जी महाराज! यदि शूद्र धनी हो जाएगा तो आपकी गुलामी कौन करेगा? और आपका हल कौन चलावेगा? धन्य हैं महाराज! आपने यहीं तक नहीं, यह भी लिखा डाला है कि—

विस्रब्धं ब्राह्मण: शूद्रात् द्रव्योपादनमाचरेत्।
नहि तस्यास्ति किञ्चित स्वं भर्तृहार्य्यधनो हि स:।।

(मनुस्मृति, 8/417)

यानी, 'शूद्र के पास धन हो तो ब्राह्मण उसे मालिक (राजा–जमींदार) से छिनवाकर ले लेवे।'

अब ऐसा न होगा महाराज! त्रिवेणी संघ ऐसे अन्यायों, अत्याचारों और अंधेरखातों को जड़ से साफ कर देना चाहता है और आर्थिक क्षेत्र में (धन पैदा करने में) सबको समान अधिकार दिलाना चाहता है।

त्रिवेणी संघ—जो आदमी, एक अदना-सा चपरासी, एक चार पैसेवाले महाजन, एक छोटे से जमींदार के सामने 'हुजूर अन्नदाता', 'मालिक' कहकर नाक रगड़ता है, उसे आदमी बनाना चाहता है और सभी के हृदय में स्वतंत्रता का बिगुल फूँक देना चाहता है, ताकि भारत को स्वतंत्रता शीघ्र प्राप्त हो जाए।'[40]

त्रिवेणी संघ का कार्य क्षेत्र व्यापक नहीं था, वह शाहाबाद और उसके आसपास के इलाकों तक ही सीमित था। लेकिन उसने बहुजन समाज को ब्राह्मणवाद और जातिप्रथा के खिलाफ संगठित करने का जो काम किया था, वह भले ही दलित-पिछड़ों को कांग्रेस के स्वराज आन्दोलन से जोड़ना था, तथापि महत्त्वपूर्ण था।

भारत में सबसे बड़ा नवजागरण, जिसने नये युग और नये भारत का निर्माण किया, बाबासाहेब डॉ. बी.आर. आम्बेडकर (1891-1956) ने महाराष्ट्र में किया था।

उन्होंने फ्रांस की राज्य क्रान्ति से प्रभावित होकर सामाजिक असमानता के खिलाफ एक बड़ा आन्दोलन महाड़ में चलाया था। 1789 की अगस्त क्रान्ति ने एक मनुष्य, एक नागरिक के अधिकारों का घोषणापत्र जारी किया था। बाबासाहेब ने 1927 में महाड़ में एक हिन्दू, एक नागरिक के अधिकारों का घोषणापत्र जारी किया था। दोनों घोषणापत्रों का अगर तुलनात्मक अध्ययन किया जाए, दोनों में बड़ी समानता मिलेगी। फ्रांस की तर्ज पर ही एक हिन्दू के घोषणापत्र में कहा गया था कि 'जन्म से सभी हिन्दू समान हैं और उनकी समान सामाजिक स्थिति है। सामाजिक स्थिति समानता का वह गुण है, जो मृत्युपर्यन्त बना रहता है। समाज में उनके कार्यों के दृष्टिकोण से उनके बीच अन्तर और भेद हो सकते हैं। लेकिन इससे उनकी सामाजिक स्थिति में अन्तर नहीं आता है। इसलिए यह सम्मेलन ऐसी किसी भी कार्रवाई का विरोध करता है, जो सामाजिक स्थिति में अन्तर पैदा करता है। कानून किसी व्यक्ति या व्यक्तियों के संस्था की आज्ञा नहीं है बल्कि वह कानून परिवर्तन के लिए लोगों का अधिकार है।'[41] उसी सम्मेलन में, जो डॉ. आम्बेडकर ने महाड़ में किया था, असमानता को स्थापित करने वाले हिन्दू कानून 'मनुस्मृति' को जलाकर सामाजिक समानता का बिगुल बजाया था। इस सम्बन्ध में पारित प्रस्ताव में कहा गया था—'हिन्दू आचार संहिता के रूप में मानी जाने वाली मनुस्मृति का कानून निम्न जातियों के लोगों को अपमानित करता है, उन्हें मानवीय अधिकारों से वंचित करता है और उनके व्यक्तित्व को कुचलता है। सम्पूर्ण सभ्य जगत में स्वीकार किये जाने वाले मानवाधिकारों के प्रकाश में मनुस्मृति इस योग्य नहीं है कि उसे किसी तरह का सम्मान दिया जाए। ऐसे कानून को जला देना ही उचित है।'[42]

डॉ. आम्बेडकर ने बताया कि वर्ण-व्यवस्था और अस्पृश्यता को स्थापित करने में बड़ी भूमिका हिन्दू धर्मशास्त्रों की है, जिन्हें हिन्दू जनता पवित्र मानकर उन पर श्रद्धा रखती है। इसलिए, उन्होंने कहा कि जब तक इन शास्त्रों को डायनामाइट लगाकर ध्वस्त नहीं किया जाएगा, तब तक हिन्दू समाज से वर्ण-व्यवस्था और अस्पृश्यता का खात्मा नहीं किया जा सकता।[43] भारतीय नवजागरण के सम्पूर्ण इतिहास में शास्त्रों को ध्वस्त करने का ऐसा क्रान्तिकारी विचार डॉ. आम्बेडकर के सिवा किसी अन्य के विचार में कभी नहीं आया था। वे जाति को एक राष्ट्र-विरोधी अवधारणा मानते थे,

और कहते थे कि जब तक जाति का विनाश नहीं होगा, तब तक भारत कभी एक राष्ट्र नहीं हो सकता। जाति हिन्दुत्व का वह आवश्यक अंग है, जो उससे अलग नहीं हो सकता। इसलिए डॉ. आम्बेडकर ने हिन्दू राज का विरोध किया था, जिसे भारत में हिन्दू महासभा के नेता स्थापित करना चाहते थे। उन्होंने कहा था, 'यदि हिन्दू राज की स्थापना सच में हो जाती है तो निस्सन्देह यह देश का सबसे बड़ा दुर्भाग्य होगा। हिन्दू नेता चाहे कुछ भी कहें, पर हिन्दुत्व स्वतंत्रता, समानता और बन्धुत्व के लिए एक खतरा है। यह लोकतंत्र के प्रतिकूल है। अत: किसी भी कीमत पर हिन्दू राज को स्थापित होने से रोकना होगा।'[44]

बहुजन नायकों ने सबसे बड़ा नवजागरण भारत के स्त्री-जगत में किया था। जहाँ जोतिराव फुले ने भारत का पहला स्कूल खोलकर स्त्रियों की शिक्षा के बन्द दरवाजे खोले थे तो डॉ. आम्बेडकर ने संसद में हिन्दू कोड बिल प्रस्तुत करके स्त्री को पति से तलाक और पिता की सम्पत्ति में हिस्सेदारी का अधिकार दिलवाया था। यह स्त्री-मुक्ति की दिशा में सबसे बड़ी क्रान्ति थी।

उत्तर भारत में ब्राह्मणवाद और सामन्तवाद के खिलाफ व्यापक नव जागरण के प्रवर्तक भदन्त बोधानन्द थे, जिनकी नवरत्न कमेटी दलित-पिछड़े समाज को दासता की नींद से जगाने के लिए प्रबल प्रयास था। इस कमेटी में स्वामी अछूतानन्द, रामसहाय पासी, रामचरण मल्लाह, शिवदयाल सिंह चौरसिया, चन्द्रिका प्रसाद 'जिज्ञासु', महादेव प्रसाद धानुक, वैद्यरत्न बदलूराम रसिक और गौरीशंकर पाल, ये आठ रत्न थे, और नौवें वे स्वयं थे। बोधानन्द जी जन्म से ब्राह्मण थे, पर वे हिन्दू धर्म में व्याप्त ब्राह्मणवादी अन्धविश्वासों, कुरीतियों और पोंगापंथी ढकोसलों से बहुत दुखी थे। उन्होंने सुधार के लिए बहुत प्रयास किये, पर सभी प्रयास बेकार रहे। अत: उन्होंने हिन्दू धर्म को त्यागकर बौद्ध धर्म अपना लिया। बौद्ध भिक्षु होकर उन्होंने रिसालदार पार्क लखनऊ में एक भूखंड खरीदकर बुद्ध विहार तथा पुस्तकालय की स्थापना की।[45]

भदन्त बोधानन्द के शिष्य चन्द्रिका प्रसाद 'जिज्ञासु' यदि 1965 में उनके व्यक्तित्व और कृतित्व पर 'भदन्त बोधानन्द महास्थविर' नामक पुस्तक नहीं लिखते, तो बहुजन समाज के जागरण में उनके योगदान को कोई भी नहीं जान पाता। अत: बोधानन्द जी के जीवन-संघर्ष को जानने के लिए एकमात्र साधन 'जिज्ञासु' जी की यही पुस्तक है। 'जिज्ञासु' जी लिखते हैं, 'सन् 1928 में लखनऊ

में एक नवरत्न कमेटी की स्थापना की, जिसमें दलित-पिछड़ी जातियों के कई वकील और दूसरे समझदार लोग थे। अन्त में यह कमेटी विस्तृत होकर 'हिन्दू बैकवर्ड क्लासेज लीग' अथवा 'मूल भारतवासी समाज' नाम से एक संस्था बन गई, जिसके प्रवर्तक श्री स्वामी जी महाराज (बोधानन्द) थे।' इस संस्था ने दलित-पिछड़ी जातियों को न सिर्फ सामाजिक, बल्कि राजनीतिक रूप से भी जाग्रत किया।

भदन्त बोधानन्द के बाद उनकी बहुजन वैचारिकी का परिपूर्ण रूप में सतत विकास हम उनके शिष्य चन्द्रिका प्रसाद 'जिज्ञासु' के साहित्य में देखते हैं। उन्होंने 1937 में 'भारत के आदि निवासियों की सभ्यता' पुस्तक का प्रकाशन किया, जिसके द्वारा उन्होंने बहुजन समाज की वैचारिकी स्थापित की। उन्होंने इस पुस्तक को देश के मजदूरों, दबे-कुचले-शोषित और पिछड़े वर्गों को सम्बोधित किया। उन्होंने उसके परिचय में लिखा—

'80 प्रतिशत भारतीय कृषक, मजदूर, शिल्पकार आदि दबी-पिछड़ी हिन्दू जातियों की प्राचीन गौरवपूर्ण सभ्यता के सम्बन्ध में वेद-पुराण आदि की साक्षी, जन-विज्ञान व भाषा-विज्ञान की छानबीन और पुरातत्त्व की खोजों व इतिहासविदों द्वारा जाना गया हाल।'[46]

जहाँ से उन्होंने किताब को शुरू किया, उसके आदि में यह छन्द लिखा :

आदि निवासी बन्धु! लीजिए, यह निज गौरवशाली इतिहास।
आर्य जाति ने छल-कौशल से जिसे कर दिया था सब नाश।
पढ़िए इसे मिटाकर मन की सब दुर्बलता, भ्रम, तम, त्रास।
हृदय-कमल यह खिला करेगा नवजीवन का दिव्य प्रकाश।[47]

'जिज्ञासु' ने इन 80 प्रतिशत दबी-कुचली, अछूत और पिछड़ी जातियों को 'बहुजन समाज' का नाम दिया था। उन्होंने लिखा कि 'इन वर्गों में पर्याप्त मेधा-शक्ति है, पर ब्राह्मणों ने उन्हें विकास के अवसर नहीं दिये। जो एक बड़ी बाधा है, जिससे भारतीय राष्ट्र संसार के शक्तिशाली राष्ट्रों के समतुल्य शक्तिशाली नहीं बनने पाता। यहाँ सत्ताधारी अल्पसंख्यक गुट अस्सी प्रतिशत बहुजन समाज को हमेशा अपना आज्ञावाहक दास बनाए रखने में सजग और सक्रिय दिखाई देता है। तथा ब्राह्मण अपनी प्रभुताई, गुरुआई और पूजनीयता को अक्षुण्ण रखने की चिन्ता में चूर है।'[48]

चन्द्रिका प्रसाद 'जिज्ञासु' ने बहुजन वैचारिकी के साहित्य के प्रसार के लिए 'बहुजन कल्याण प्रकाशन' की स्थापना की और उसके माध्यम से कबीर, रैदास, बुद्ध, डॉ. आम्बेडकर, रामास्वामी नायकर और अन्य प्रगतिशील विचारकों के विचारों को 'बहुजन माला' के अन्तर्गत जन-जन तक पहुँचाने का कार्य किया। उन्होंने 1961 में 'बाबासाहेब का जीवन संघर्ष' पुस्तक लिखी, जिसको पढ़कर हिन्दी क्षेत्र की नई पीढ़ी डॉ. आम्बेडकर और उनके नेतृत्व से परिचित हुई। इसके अतिरिक्त उन्होंने बाबासाहेब की अनेक कृतियों के हिन्दी में अनुवाद कराके प्रकाशित किये, जिनमें 'बाबासाहेब के पन्द्रह व्याख्यान', 'अछूतों की विमुक्ति और गांधी', 'शूद्रों की खोज, अछूत कौन और कैसे', 'जातिभेद का उच्छेद', 'बाबासाहेब का उपदेश और आदेश', 'बाबासाहेब की भविष्यवाणी', 'पूना पैक्ट बनाम गांधी', 'गांधी आम्बेडकर विवाद', 'कांग्रेस और गांधी ने अछूतों के लिए क्या किया', 'भारत का विभाजन अथवा पकिस्तान', 'हिन्दू नारी का उत्थान और पतन', 'गांधीवाद की मीमांसा', 'भारत में जातिवाद', और 'रुपये की समस्या' थीं। महाराष्ट्र सरकार द्वारा सम्पूर्ण रचनावली प्रकाशित करने से दो दशक पहले ही उन्होंने बाबासाहेब की प्रमुख रचनाओं को हिन्दी में प्रकाशित करा दिया था।

इसके अतिरिक्त 'जिज्ञासु' जी ने 'शिव तत्त्व प्रकाश', 'रावण और उसकी लंका', 'ईश्वर और उसके गुड्डे', 'पिछड़े वर्ग के वैधानिक अधिकारों का सरकार द्वारा हनन', 'संत प्रवर रैदास', 'बौद्ध धर्म ही भारत का सच्चा धर्म', 'शम्बूक वध नाटक', 'आदिवंश का डंका', 'आर्य नीति का भंडाफोड़', 'हिन्दू संस्कृति में वर्ण-व्यवस्था और जातिभेद', 'मनुस्मृति : एक प्रतिक्रिया' शीर्षक पुस्तकों का प्रकाशन किया, जिनमें अधिकांश के लेखक वह स्वयं थे। यह वह लेखन था, जो हिन्दी साहित्य में क्रान्तिकारी था, पर ब्राह्मणों ने उसका नोटिस नहीं लिया था।

इसी बहुजन वैचारिकी से कानपुर के ललई सिंह यादव भी जुड़े। वह सामाजिक समानता के लिए ब्राह्मणवाद के विरुद्ध खड़े हुए। वह 1933 में ग्वालियर की सशस्त्र पुलिस बल में बतौर सिपाही भर्ती हुए थे। पर कांग्रेस के स्वराज का समर्थन करने के कारण दो साल बाद बरखास्त कर दिये गए। उन्होंने अपील की और अपील में वह बहाल कर दिये गए। 1946 में उन्होंने ग्वालियर

में ही 'नॉन-गजेटेड मुलाजिमान पुलिस एंड आर्मी संघ' की स्थापना की, और सर्वसम्मति से उसके अध्यक्ष बने। इस संघ के द्वारा उन्होंने पुलिसकर्मियों की समस्याएँ उठाईं और उनके लिए उच्च अधिकारियों से लड़े। जब अमेरिका में भारतीयों ने लाला हरदयाल के नेतृत्व में 'गदर पार्टी' बनाई, तो भारतीय सेना के जवानों को स्वतंत्रता आन्दोलन से जोड़ने के लिए 'सोल्जर ऑफ दि वार' पुस्तक लिखी गई थी। ललई सिंह ने उसी की तर्ज पर 1946 में 'सिपाही की तबाही' किताब लिखी, जो छपी तो नहीं थी, पर टाइप करके उसे सिपाहियों में बाँट दिया गया था। लेकिन जैसे ही सेना के इंस्पेक्टर जनरल को इस किताब के बारे में पता चला, उसने अपनी विशेष आज्ञा से उसे जब्त कर लिया। 'सिपाही की तबाही' वार्तालाप शैली में लिखी गई किताब थी। यदि वह प्रकाशित हुई होती, तो उसकी तुलना आज महात्मा जोतिबा फुले की 'किसान का कोड़ा' और 'अछूतों की कैफियत' किताबों से होती।

सेवा से निवृत्त होने के बाद ललई सिंह ने बौद्ध धर्म ग्रहण किया और अपने नाम से यादव हटा दिया। उन्होंने 'अशोक पुस्तकालय' नाम से प्रकाशन संस्था कायम की और अपना प्रिंटिंग प्रेस लगाया, जिसका नाम 'सस्ता प्रेस' रखा था। उसके माध्यम से उन्होंने बहुजन समाज को जाग्रत करने वाले साहित्य प्रकाशन का काम आरम्भ किया। उन्होंने पाँच नाटक लिखे—1. 'अंगुलीमाल', 2. 'शम्बूक वध', 3. 'सन्त माया बलिदान', 4. 'एकलव्य' और 5. 'नाग यज्ञ'। गद्य में भी उन्होंने तीन किताबें लिखी थीं—1. 'शोषितों पर धार्मिक डकैती', 2. 'शोषितों पर राजनीतिक डकैती' और 3. 'सामाजिक विषमता कैसे समाप्त हो?' इसके सिवा उनके 'राजनीतिक-सामाजिक राकेट' तो लाजवाब थे। यह हिन्दी साहित्य के समानान्तर नई वैचारिक क्रान्ति का साहित्य था, जिसने हिन्दू नायकों और हिन्दू संस्कृति पर दलित वर्गों की सोच को बदल दिया था। यह नया विमर्श था, जिसका हिन्दी साहित्य में अभाव था। ललई सिंह के इस साहित्य ने बहुजनों में ब्राह्मणवाद के विरुद्ध विद्रोही चेतना पैदा की और उनमें श्रमण संस्कृति और वैचारिकी का नवजागरण किया।

इस कड़ी में रायसाहेब रामसहाय पासी, शिवदयाल सिंह चौरसिया, छंगा लाल बहेलिया, भूलन प्रसाद, डॉ. गयाप्रसाद प्रशान्त, नारायण दास, रामस्वरूप वर्मा, जगदेव प्रसाद, मंगल देव विशारद, महाराज सिंह भारती,

क्षेत्रपाल सिंह यादव, महावीर प्रसाद बनौधा इत्यादि भी बहुजन वैचारिकी के महत्त्वपूर्ण हस्ताक्षर हुए हैं।

सन्दर्भ

1. *दलित एंड अपर कास्ट्स : एसेज इन सोशल हिस्ट्री,* पहला संस्करण 2005, कनिष्क पब्लिशर्स, अंसारी रोड, दरियागंज, नई दिल्ली, पृ. 52
2. वही
4. *दि कास्ट क्वेश्चन,* परमानेंट ब्लैक, रानीखेत, पहला पेपरबैक संस्करण 2010, पृ. 12-13
5. वही, पृ. 44
6. वही, पृ. 48
7. राहुल सांकृत्यायन, *दर्शन-दिग्दर्शन,* किताब महल, इलाहाबाद, 1998, पृ. 663
8. डॉ. बी. आर. आम्बेडकर, *पाकिस्तान का विभाजन अथवा पकिस्तान,* अनुवादक : दयाराम जैन, बहुजन कल्याण प्रकाशन, लखनऊ, दूसरा संस्करण 1992, पृ. 48
9. रामधारी सिंह दिनकर, *संस्कृति के चार अध्याय,* उदयाचल, आर्य कुमार रोड, पटना, तृतीय संस्करण 1962, पृ. 266
10. वाचस्पति गैरोला, *भारतीय धर्म-शाखाएँ और उनका इतिहास,* चौखम्बा सुर भारती प्रकाशन, वाराणसी, प्रथम संस्करण 1988, पृ. 237
11. वही, पृ. 237
12. के. दामोदरन, *भारतीय चिन्तन परम्परा,* अनुवादक : जी. श्रीधरन, पीपुल्स पब्लिशिंग हाउस, नई दिल्ली, द्वितीय संस्करण 1979, पृ. 270
13. गोस्वामी गोकुलनाथ कृत *चौरासी वैष्णवन की वार्ता,* सं. डॉ. कमला शंकर त्रिपाठी, उत्तर प्रदेश हिन्दी संस्थान, लखनऊ, प्रथम संस्करण 2008, पृ. 116-118
14. विट्ठल नाथ कृत *दो सौ बावन वैष्णवन की वार्ता,* वेंकटेश्वर प्रेस, बम्बई, प्रथम संस्करण संवत् 2045, पृ. 89
15. ब्राह्मण गुरु जगत का, साध का गुरु नाहीं/उरझि-पुरझि करि मरि रह्या, चारिउ वेदां माहीं—*कबीर समग्र,* सं. डॉ. युगेश्वर, प्रथम खंड, हिन्दी प्रचारक संस्थान, वाराणसी, दूसरा संस्करण 1995, पृ. 280
16. रविदास ब्राह्मण मत पूजिए, जो होवे गुण हीन/पूजिए चरन चांडाल के, जो हो गुण परवीन—*संत रैदास : एक विश्लेषण,* कँवल भारती, बोधिसत्त्व प्रकाशन, रामपुर, दूसरा संस्करण 2000, पृ. 169
17. श्रम कउ ईश्वर जानि के, जो पूजहि दिन रैन, रविदास तिनहि संसार मह, सदा मिलहि सुख चैन—वही, पृ. 162

18. के. दामोदरन, उपर्युक्त, पृ. 341, (*कार्ल मार्क्स : दि फ्यूचर रिजल्ट्स ऑफ ब्रिटिश रूल इन इंडिया, न्यूयॉर्क ट्रिब्यून,* 8 अगस्त, 1853)
19. *डॉ. बाबासाहेब आम्बेडकर : राइटिंग एंड स्पीचेस,* वॉल्यूम-12, *दि अनटचेबिल्स एंड दि पैक्स ब्रिटानिका,* शिक्षा विभाग, महाराष्ट्र सरकार, बम्बई, प्रथम संस्करण 1993, पृ. 126-132
20. वही, पूरा आलेख देखें।
21. वीर भारत तलवार, *रस्साकशी : 19वीं सदी का नवजागरण और पश्चिमोत्तर प्रान्त,* सारांश प्रकाशन, दिल्ली, प्रथम संस्करण, 2002, पृ. 143
22. वही
23. के. दामोदरन, उपर्युक्त, पृ. 363
24. वही, पृ. 364
25. रामविलास शर्मा, *स्वाधीनता संग्राम : बदलते परिप्रेक्ष्य,* हिन्दी माध्यम कार्यान्वयन निदेशालय, दिल्ली विश्वविद्यालय, दिल्ली, प्रथम संस्करण, 1992, पृ. 96
26. के. दामोदरन, उपर्युक्त, पृ. 369
27. वही, पृ. 388
28. वही, पृ. 388-89
29. वही, पृ. 389
30. धनंजय कीर, *महात्मा जोतिराव फुले : फादर ऑफ दि इंडियन सोशल रेवोलूशन,* पॉपुलर प्रकाशन, बम्बई, सेकंड एडिशन 1974, प्रीफेस, पृ. 7
31. जी. पी. देशपांडे, *सिलेक्टेड राइटिंग्स ऑफ जोतिराव फुले,* लेफ्टवर्ड बुक्स, नई दिल्ली, फर्स्ट एडिशन 2002, एक्नोलिजमेंट्स, पृ. 7
32. के. दामोदरन, उपर्युक्त, पृ. 386-87
33. देखिए, *दलित विमर्श की भूमिका,* कँवल भारती, इतिहासबोध प्रकाशन, इलाहाबाद, दूसरा संस्करण 2002, पृ. 56-57
34. *पेरियार के प्रतिनिधि विचार,* सं. प्रमोद रंजन, दि मार्जिनलाइज्ड पब्लिकेशन, दिल्ली, प्रथम संस्करण 2016, पृ. 68-69
35. वही, देखिए, ब्रजरंजन मणि का आलेख, पृ. 34
36. वही, देखिए, *ईश्वर का अन्त,* पृ. 69
37. देखिए, महात्मा गांधी अन्तर्राष्ट्रीय हिन्दी विश्वविद्यालय, वर्धा द्वारा 2011 में प्रकाशित *स्वामी अछूतानन्द : रचना संचयन,* सं. कँवल भारती
38. मनीष रंजन द्वारा 18/8/2018 को नेट पर डाली गई पुस्तिका, *त्रिवेणी संघ का बिगुल,* लेखक : त्रिवेणी बन्धु चौधरी जे. एन. पी. मेहता, प्रकाशक : त्रिवेणी शक्ति कार्यालय, जितौरा, शाहाबाद, पहला संस्करण 1940 से साभार।
39. वही

40. वही
41. *डॉ. बाबासाहेब आम्बेडकर : राइटिंग्स एंड स्पीचेस,* वॉल्यूम-5, एजुकेशन डिपार्टमेंट, गवर्नमेंट ऑफ महाराष्ट्र, बम्बई, 1989, पृ. 253-54
42. वही, पृ. 254
43. वही, वॉल्यूम-1, 1989, *एनिहिलेशन ऑफ कास्ट,* पृ. 74-75
44. वही, वॉल्यूम-8, 1990, *थॉट्स ऑन पाकिस्तान,* पृ. 358
45. *उत्तर प्रदेश में दलित आन्दोलन,* डॉ. अंगने लाल, गौतम बुक सेंटर, प्रथम संस्करण 2011, पृ. 28-29
46. *चन्द्रिका प्रसाद 'जिज्ञासु' ग्रंथावली,* सं. कँवल भारती, खंड-1, *भारत के आदि निवासियों की सभ्यता,* पहला संस्करण 2017, पृ. 33
47. वही, पृ. 42
48. वही, खंड-3, *भारतीय चर्मकारों की उत्पत्ति, स्थिति और जनसंख्या,* पृ. 160

बहुजन साहित्य का विकास : एक ऐतिहासिक परिघटना

प्रेमकुमार मणि से प्रेमा नेगी की बातचीत

प्रेमा नेगी : बहुजन साहित्य क्या है?

प्रेमकुमार मणि : बहुजन साहित्य का अर्थ मेरी समझ से 'लिटरेचर ऑफ मेनी' यानी बहुतों का साहित्य है, कुछ लोगों का साहित्य नहीं। और यह भाव है, तब मैं इस बहुजन साहित्य का स्वागत करूँगा। यह भी कहूँगा, यह कोई नया नहीं है। साहित्य तो बहुतों का ही होता है। थोड़े-से लोगों का और थोड़े से लोगों के लिए, जो साहित्य लिखा गया, वह सामन्ती साहित्य और दरबारी साहित्य कहा गया। यह बहुत चल नहीं पाया। इसे वैसी प्रतिष्ठा नहीं मिल सकी जो साहित्य को मिलनी चाहिए। मसलन कालिदास के साहित्य को वाल्मीकि या वेदव्यास जैसी प्रतिष्ठा नहीं मिल सकी। जनता का कंठहार नहीं बन सका कालिदास का साहित्य। निस्सन्देह वह सुन्दर है, लेकिन कल्याण के भाव वहाँ कम हैं, मनोरंजन के भाव अधिक हैं। यह कुछ लोगों को केन्द्र में रखकर लिखा गया। वाल्मीकि या वेदव्यास ने बहुतों को केन्द्र में रखकर लिखा। वाल्मीकि और वेदव्यास की रचनाओं के कई रूप जनभाषाओं में, बोलियों में लिखे गए। यह भी सम्भव है कि 'महाभारत' और 'रामायण' की कथाएँ जनभाषाओं में थीं और वाल्मीकि और वेदव्यास ने उसे शिष्टजनों के लिए उनकी भाषा में फिर से रचा। तो जन और अभिजन के साहित्य का भेद पुराने जमाने से है। आधुनिक जमाने में जन साहित्य को मार्क्सवादी मित्रों ने अपना वैचारिक जामा दिया मार्क्सवादी वैचारिकी से जन साहित्य सँवरकर जब आया, तब उसे प्रगतिशील और जनवादी साहित्य कहा गया।

लेकिन जन के साथ यह 'बहु' प्रत्यय पहली दफा बुद्ध ने लगाया था इसलिए मार्क्सवादी दौर के अवसान के बाद कुछ साथियों ने बहुजन साहित्य की चर्चा की, तब इसका एक अर्थ यह है कि साहित्य को बुद्ध के सरोकारों और विचारों से जोड़ा जाए। डॉ. आम्बेडकर ने बुद्ध के विचारों की आधुनिक व्याख्या की है। तो बड़े परिप्रेक्ष्य में और आधुनिक अर्थों में बहुजन साहित्य का अर्थ होता है साहित्य का फुले-आम्बेडकरवाद से जुड़ना। एक तय वैचारिकी से जुड़ना। मार्क्सवादी जन या जनवादी साहित्य का बहुजन साहित्य में विकसित होना एक ऐतिहासिक घटना ही कही जाएगी। इस विकास को रेखांकित किया जाना चाहिए।

प्रेमा नेगी : प्रगतिशील साहित्यकारों पर आरोप लगते रहे हैं कि उन्होंने शूद्रों और अतिशूद्रों के साहित्य को अपने आलोचकीय संज्ञान में नहीं लिया?

प्रेमकुमार मणि : प्रगतिशील साहित्यकारों ने साहित्य को नये अर्थ दिये और श्रमिकों-किसानों के दृष्टिकोण को समझने की कोशिश की। लेकिन यह सहानुभूति का दौर था। श्रमिक और किसानों के बीच से लेखक बहुत कम थे, न के बराबर। हाँ, जो लिख-पढ़ रहे थे उनके मन में श्रमिकों और किसानों के लिए सहानुभूति के भाव उमड़े और संघनित हुए। यह राष्ट्रीय आन्दोलन का उत्तरकाल था। 1930 के दौर में किसानों, दलितों, अन्य पिछड़े तबकों के आन्दोलन उभरने लगे। बुर्जुआ वर्चस्व से आक्रान्त राष्ट्रीय आन्दोलन इन्हें अंगीकार करने से भरसक कतराता रहा, लेकिन 1936 में उर्दू-हिन्दी के कुछ लेखकों ने प्रगतिशील लेखक संघ बनाकर लखनऊ में एक सम्मेलन किया जिसमें अपने अध्यक्षीय भाषण में प्रेमचन्द ने कहा, 'जो दलित हैं, वंचित हैं, पीड़ित हैं वह चाहे व्यक्ति हो या समाज, उनकी वकालत करना हमारा फर्ज है।' मैं समझता हूँ प्रगतिशील साहित्य की इस विरासत को हमें छोड़ना नहीं चाहिए। हर चीज का विकास होता है, मेटामॉरफोसिस होता है। प्रगतिशील साहित्य का विकास बहुजन साहित्य है। मैं इसे इसी रूप में रखना चाहूँगा। बहुजन साहित्य प्रगतिशील साहित्य के विरोध में नहीं है, उसे गतिशील रूप देने के लिए है। हम यह स्वीकारते हैं कि प्रगतिशील साहित्य सामाजिक परिवर्तनों को आत्मसात करने में अक्षम रहा। कायदे से इसे स्पष्ट करने के लिए कम से कम एक सेमिनार का समय चाहिए। निश्चय ही इसके कारण थे, लेकिन आपके प्रश्न

कि शूद्र-अतिशूद्रों के साहित्य को अपने आलोचकीय संज्ञान में नहीं लिया, का अर्थ मैं नहीं समझ सका। यह ठीक है कि कबीर की रामचन्द्र शुक्ल ने उपेक्षा की, लेकिन कुछ ही समय बाद हजारी प्रसाद द्विवेदी ने उन पर एक स्वतंत्र पुस्तक लिखी। वर्ष 1978 में ही महावीर प्रसाद द्विवेदी और हिन्दी नवजागरण पुस्तक में रामविलास शर्मा ने हीरा डोम की कविता 'अछूत की शिकायत' को पूरा का पूरा कोट करते हुए उसको संज्ञान में लिया। विशद चर्चा की। जीवन की तरह ही साहित्य में भी एक धारा होती है, उसे धारा में रखकर ही समझना चाहिए।

प्रेमा नेगी : कुछ साहित्यकार 'बहुजन' को सिर्फ राजनीतिक कैटेगरी मानते हैं, आपकी क्या राय है?

प्रेमकुमार मणि : बहुजन शब्द में राजनीति नहीं है, एक वैचारिक पृष्ठभूमि जरूर है। 1980 के दशक में सुप्रसिद्ध राजनीतिक चिन्तक कांशीराम ने लम्बे विमर्श के बाद आम्बेडकर के दलित का विस्तार बुद्ध के बहुजन के रूप में किया और 1984 में बहुजन समाज पार्टी नामक एक राजनीतिक पार्टी बनाई। डॉ. आम्बेडकर ने अपने जीवन में शिड्यूल कास्ट फेडरेशन बनाया था और इसी मंच से 1952 का चुनाव लड़ा था। बौद्ध धर्म अपनाने के बाद उन्होंने इस फेडरेशन को रिपब्लिक पार्टी में तब्दील कर दिया। कांशीराम रिपब्लिकनों के पाखंड को एक अरसे से देख रहे थे। आम्बेडकर के अनुयायियों ने रिपब्लिक पार्टी को तहस-नहस कर दिया था। कांशीराम ने देखा कि दलित बिना पिछड़ी जातियों के कोई बड़ी लड़ाई नहीं जीत सकते। पिछड़ी जातियाँ भी दलितों से अलग रहकर केवल जातिवादी पाखंड रच रही थीं। कांशीराम ने दलित, ओबीसी, आदिवासी, मायनॉरिटी सबका एक मंच बनाया और इसे बहुजन कहा। यह था परम्परा और प्रगतिशीलता का मणिकांचन संयोग। इसकी एक सुदीर्घ वैचारिक पृष्ठभूमि भी थी। जो इस पृष्ठभूमि से अपरिचित हैं, उन्हें यह खालिस राजनीतिक शब्द प्रतीत होता है। दरअसल, उसी समय दलित साहित्य को भी बहुजन साहित्य में रूपान्तरित हो जाना चाहिए था, लेकिन उस वक्त हमारी साहित्यिक पृष्ठभूमि ऐसी नहीं थी। बहुजन साहित्य स्पष्ट तौर पर दलित साहित्य का विस्तार है और इसकी वैचारिकता में बुद्ध, फुले-आम्बेडकर से लेकर अन्तोनियो ग्राम्शी और देरिदा भी हैं। दुनियाभर के तमाम मुक्तिकामी विचार और संघर्ष बहुजन साहित्य की

थाती-धरोहर होनी चाहिए और हर तरह की संकीर्णता से उसे मुक्त होना चाहिए। बहुजन साहित्य का अर्थ होना चाहिए मानव मुक्ति का साहित्य। कुछ लोग इसे जातीय गिरोहबन्दी का साहित्य बनाना चाहते हैं, यह दुखद है। दलित साहित्य के अनुसूचित जातिकरण की तरह ही इसका ओबीसीकरण होगा। मैं तो अब भी कहता हूँ कि यदि दलित साहित्य का जाति समीकरण से बँधना नहीं होता, तो वह शिड्यूल्ड कास्ट लिटरेचर नहीं बनता, तब बहुजन साहित्य की कोई जरूरत ही नहीं थी।

प्रेमा नेगी : क्या साहित्य को अलग-अलग जातियों-खेमों में विभाजित कर रचनाकर्म को स्थापित करना लोकतांत्रिक मूल्यों के लिए बेहतर है?

प्रेमकुमार मणि : नहीं, बिलकुल नहीं। मैंने इसका कभी समर्थन नहीं किया है। विमर्श के लिए विभेद प्रसंग लाना और उस पर चर्चा करना एक बात है, उसकी हिमायत करना अलग बात। रेणु ने अपने उपन्यास 'मैला आँचल' में 'बारहों बरन' की चर्चा की है, लेकिन वह नायक बनाते हैं एक अज्ञात कुलशील निर्जात (डिकास्ट) प्रशान्त को। यह है चेतना। रवीन्द्रनाथ टैगोर ने अपने उपन्यास 'गोरा' में भी एक ऐसे ही नायक को खड़ा किया है। हमारा आदर्श ऐसा होना चाहिए।

प्रेमा नेगी : बहुजन साहित्य की अवधारणा के तहत शूद्र, अतिशूद्र, महिला विमर्श और आदिवासी साहित्य को एक ही छतरी के नीचे लाने की बात हो रही है, इस पर आपकी क्या राय है?

प्रेमकुमार मणि : इस कदम का स्वागत किया जाना चाहिए। बहुजन साहित्य का उद्देश्य ही होना चाहिए ऐसे तमाम विमर्शों को समेटना, एक जगह लाना। उपेक्षित और उत्पीड़ित राष्ट्रीयताओं और अस्मिता एवं पहचान के लिए अलग-अलग चल रहे संघर्षों को समन्वित करना बड़ी बात होगी। बुद्ध विचार से ज्यादा करुणा पर जोर देते थे। बहुजन साहित्य को भी विचार से अधिक संवेदना पर जोर देना चाहिए। विचारों के साथ तानाशाही और मिथ्याचार उभरने का खतरा रहता है, लेकिन संवेदना इसे खारिज करती है। हाँ, विचारहीन संवेदना भी लिजलिजी होती है। मुक्तिबोध ने संवेदनात्मक ज्ञान और ज्ञानात्मक संवेदना की बात की थी। यह महत्त्वपूर्ण विचार है। बहुजन साहित्य को इसे स्वीकारना चाहिए।

प्रेमा नेगी : हिन्दी साहित्य के इतिहास लेखन पर आरोप है कि कबीर को खंडन-मंडन का कवि कहकर उनकी न्यायपरक समीक्षा नहीं की गई, इसलिए कबीर के तर्कसंगत मूल्यांकन के लिए ओबीसी आलोचना की जरूरत है?

प्रेमकुमार मणि : कबीर विद्वानों और आलोचकों के बूते कभी नहीं रहे। अपने जीवन में भी विद्वानों की नगरी काशी में चौराहे पर खड़े होकर 'ज्ञानी' पांडे समुदाय को ललकारते रहे कि तुम मेरे ज्ञान को नहीं समझ सकते। वह मस्त और मुक्त कवि थे। उन्हें जाति-सम्प्रदाय के कठघरे में खड़ा करना न सिर्फ उनकी तौहीन करना है, बल्कि उनकी सीमा निर्धारित करना भी है। वह इन सबसे हटकर सोचने वाले कवि थे। वे कहते भी हैं—'हद चले सो मानवा, बेहद चले सो साध। हद-बेहद दोनों तजै तिनका मता अगाध।' कबीर की समीक्षा-आलोचना के नाम पर उनकी सीमा तय करना उनका सबसे बड़ा अपमान है। जैसे समुद्र और आकाश किसी की मुट्ठी में नहीं समा सकते, कुछ ऐसे ही कबीर भी हैं। वे समीक्षा-आलोचना के मोहताज नहीं हैं। वह असाधारण कवि हैं। उनकी समीक्षा उन दस्तकारों, किसानों और कारीगरों ने उनके जमाने में ही की थी, जिन्होंने उनकी कविताओं से खुद को माँजकर आध्यात्मिक बनाया था, अपने जीवन को सँवारा था और फिर इस उत्स को अपनी मेहनत से कारीगरी में उतारा था। इसी कारीगरी ने मुगलकाल को शिखर पर पहुँचाया था।

प्रेमा नेगी : जोतिबा फुले और सावित्रीबाई फुले ने जाति-व्यवस्था और ब्राह्मणवादी जड़ता का विरोध करते हुए किसानों के आर्थिक हालातों में सुधार का समर्थन किया, मगर प्रगतिशील लेखकों-आलोचकों की भारी भीड़ के बावजूद उनके लेखन में इन दोनों विचारकों की उपस्थिति दर्ज नहीं है?

प्रेमकुमार मणि : पहले तो मैं प्रश्न में ही सुधार करना चाहूँगा। जोतिबा फुले ने किसानों के आर्थिक हालातों में सुधार का समर्थन नहीं किया, बल्कि इसकी प्रस्तावना रखी। प्रश्न से लगता है कि किसानों के सुधार के लिए काम हो रहे थे और फुले ने उनका समर्थन किया। फुले वह पहले व्यक्ति थे, जिन्होंने इस प्रसंग को समाज के सामने रखा। फुले ने महाराष्ट्र में राष्ट्रीय नवजागरण के बीच ब्राह्मणवाद विरोध को शामिल किया। यह एक नई बात थी। उस समय इसे लोगों ने नहीं समझा। महाराष्ट्र में भी नहीं।

यह लगभग सौ सालों तक इतिहास के हाइबरनेशन में रहे। 1970 के दशक में गेल ऑम्वेट और कुछ अन्य विद्वानों ने उन्हें अपने अध्ययन के माध्यम से सामने लाया। तब से लोग उन्हें जानने लगे। अब धीरे-धीरे उनका महत्त्व प्रकट हो रहा है। निस्सन्देह वह अद्भुत वैचारिक-सांस्कृतिक योद्धा थे। हिन्दी में उनका कुछ था नहीं। मराठी से अनुवाद रूप में 1990 के इर्द-गिर्द उनका लेखन आया। तब से उनकी चर्चा हो रही है। इसके पूर्व उनकी चर्चा कैसे होती? इसके लिए किसी को दोष देना मूर्खता है। फुले को ही बुद्ध के बारे में बहुत कम जानकारी थी, उतनी जानकारी नहीं थी जितनी डॉ. आम्बेडकर को थी। आम्बेडकर यदि फुले के समय में होते तो उन्हें भी बुद्ध के बारे में जानकारी नहीं होती, क्योंकि बुद्ध विषयक बहुत सी सामग्री बीसवीं सदी के आरम्भ में ही आ सकी। पुरातत्त्व की खुदाइयों से अशोक और मुअनज-दड़ो की जानकारी मिली। इन सबके अभाव में हमारा इतिहास विषयक ज्ञान सीमित था। यह सब जानकर ही ऐसे विषयों पर हमें टिप्पणी करनी चाहिए। ऐसी चीजों के लिए प्रगतिशील धारा के आलोचकों को दोष देना नाइंसाफी होगी। जोतिबा फुले ही क्यों मलयाली के सुप्रसिद्ध कवि कुमारन आसान के बारे में ही हिन्दी के लोग आज भी कितना जानते हैं। हमारे यहाँ अनुवाद के काम कम हुए हैं। इस ओर लोगों का ध्यान ही नहीं जाता। हम क्या कर रहे हैं, इस पर ध्यान नहीं जाता, दूसरों ने क्या नहीं किया, इस ओर हमारा ध्यान खूब जाता है।

प्रेमा नेगी : स्त्री मुक्ति के सवाल पर ईमानदारी से चिन्तन व्यक्त करने वालों में जोतिबा फुले निर्विवाद मान्य हैं, जबकि कबीर, भारतेन्दु, गांधी, मैथिलीशरण गुप्त, जयशंकर प्रसाद समेत कुछ आधुनिक सोच रखने वाले विचारक-लेखकों पर सवाल उठते रहे हैं। आप क्या कहना चाहेंगे?

प्रेमकुमार मणि : स्त्री विमर्श, महिला मुक्ति और नारीवादी आन्दोलन अलग-अलग विषय हैं। जोतिबा फुले और उनकी पत्नी सावित्रीबाई फुले ने महिलाओं की मुक्ति के लिए बहुत काम किये। इनके कार्यों की चर्चा भी अब होने लगी है, लेकिन भारत में नारीवादी आन्दोलन की आधारशिला पंडिता रमाबाई ने रखी। उनकी अभी उतनी चर्चा नहीं होती। पच्चीस-तीस साल पहले पंडिता रमाबाई पर मैंने एक लेख लिखा था, लेकिन सार्वजनिक रूप से उनकी उतनी चर्चा अब भी नहीं होती।

वह गांधी युग के आरम्भ होने तक जीवित रहीं। उनके कार्य उतने ही महत्त्वपूर्ण हैं, जितने फुले के। फिर भी वे हाशिये पर हैं। नारीवादी कार्यकर्ताओं को उन पर कार्य करना चाहिए। हिन्दी के जिन लेखकों-कवियों की चर्चा आपने की है, उनका स्त्री विमर्श महत्त्वपूर्ण है। गुप्त जी ने 'साकेत' में उर्मिला को रेखांकित किया या फिर 'यशोधरा' में बुद्ध को स्त्री दृष्टिकोण से देखने की कोशिश की। प्रसाद जी ने 'ध्रुवस्वामिनी' में स्त्री के एक नये रूप को रखा। प्रेमचन्द ने एक नई स्त्री चेतना को हमारे समक्ष रखा। इन सबका महत्त्व है और रहेगा। यह सब हमारी विरासत है और इसे नजरअन्दाज करना तंगखयाली होगी। इस विरासत को लेकर हम आगे बढ़ेंगे, वहीं टिके नहीं रहेंगे। प्रसाद या गुप्त जी के जमाने में हम टिक नहीं सकते। उनकी समीक्षा करने में हमें उदारतापूर्वक विचार करना होगा। हमें उन्हें उनके समय में ही रखकर देखना चाहिए। हमें उनकी आलोचना में समय न गँवाकर उनकी चेतना को आगे बढ़ाने की कोशिश करनी चाहिए। प्रेमचन्द की झुनिया अपने घर-मोहल्ले में संघर्ष कर रही थी, आज की झुनिया को संसद में संघर्ष करना होगा।

खड़ी बोली ने बहुजन साहित्य को हाशिये पर डाला

—कँवल भारती

जिसे हम मुख्यधारा कहते हैं, वह दरअसल साहित्य की ब्राह्मणवादी धारा है। इस धारा के रचनाकार ब्राह्मण रहे हैं, जिन्होंने वर्ण-व्यवस्था और हिन्दू संस्कृति के पुनरुत्थान को साहित्य की मुख्यधारा के रूप में स्थापित किया था। इस धारा ने वर्ण-व्यवस्था का खंडन करने वाली किसी भी प्रगतिशील धारा को स्वीकार नहीं किया। बहुजन साहित्य की धारा समतावादी और मौलिक समाजवाद की धारा रही है और वह भारतेन्दु से पहले भी और उनके बाद भी, लगभग हर दौर में मौजूद है। यह धारा लोक में लोक की भाषाओं में अनवरत संघर्षशील थी। पहले लोक भाषाएँ ही साहित्य की भाषाएँ थीं। बाद में ब्राह्मणों ने खड़ी बोली को साहित्य की भाषा इसलिए बनाया कि दलित-पिछड़ी जातियाँ अपना साहित्य लोकभाषा में लिख रही थीं। खड़ी बोली ने उस बहुजन साहित्य को हाशिये पर डाल दिया, जो समतावादी और मौलिक समाजवादी था। किन्तु आज भी, जब बहुजन साहित्य मुख्यधारा के (ब्राह्मणवादी) साहित्य को चुनौती दे रहा है तो उसे खारिज करने की कोशिश की जा रही है। भारत में यह क्रान्ति और प्रतिक्रान्ति की वैचारिक लड़ाई है। बहुजन वर्ग की क्रान्ति के विरुद्ध ब्राह्मण वर्ग ने हमेशा प्रतिक्रान्ति की है। इसलिए आज भी अगर तथाकथित मुख्यधारा प्रतिक्रियावादी है, तो उसमें क्या आश्चर्य? आश्चर्य तो तब होगा, जब वह प्रतिक्रियावादी नहीं होगी।

बहुजन अवधारणा का एक लम्बा इतिहास रहा है। लखनऊ के भिक्खु बोधानन्द की 1928 में लिखी गई किताब 'मूल भारतवासी और आर्य' में

'पिछड़ी हिन्दू जातियाँ' और 'दलित हिन्दू जातियाँ' नाम से दो उप-शीर्षक मिलते हैं। बोधानन्द जी ने इन दोनों जातीय समुदायों को भारत की मूलनिवासी जातियाँ कहा है। आगे उन्होंने लिखा है, 'यही लोग मूल भारतवासियों की गौरवपूर्ण सभ्यता, संस्कृति और इतिहास के संरक्षक तथा उत्तराधिकारी हैं।'

इसी प्रकार, हिन्दी क्षेत्र में स्वामी अछूतानन्द का 'आदि हिन्दू सभा' आन्दोलन दलित-पिछड़ी जातियों के नवजागरण का आन्दोलन था, जिसके मूल में 'मूल निवासी भारतीयों' का दर्शन था। अपने ग्रंथ 'आदिखंड काव्य' की अन्तिम पंक्तियों में उन्होंने लिखा था—'जो आजाद होन तुम चाहो तो अब छाँट देउ सब छूत, आदिवंश मिल जोर लगाओ, पन्द्रह कोटि सछूत-अछूत'। इसमें 'सछूत' शूद्र हैं। इसीलिए इस आन्दोलन में दलित-पिछड़े सभी शामिल थे। यही बहुजन की अवधारणा है।

भदन्त बोधानन्द और उनकी नवरत्न कमिटी

—कँवल भारती

महापंडित राहुल सांकृत्यायन ने 'जिनका मैं कृतज्ञ' में जिन महानुभावों के प्रति कृतज्ञता व्यक्त की है, उनमें भदन्त बोधानन्द भी हैं। उन्होंने लिखा है कि 'बुद्ध का नाम मैं पहले भी सुन चुका था। पर, सबसे पहले जिसने पुराने बौद्ध धर्म का ज्ञान-दरवाजा मेरे लिए खोला, वह स्थविर बोधानन्द ही थे।' राहुल सांकृत्यायन 1916 के क्वार-कार्तिक (अक्टूबर-नवम्बर) महीने में उत्तर प्रदेश के कुछ स्थानों की यात्रा करते हुए लखनऊ के आर्य समाज में ठहरे थे। वहीं किसी ने उन्हें उनके बारे में बतलाया और वह लाटूश रोड स्थित एक छोटे से विहार में उनसे भेंट करने गए। दूसरी बार वह पन्द्रह वर्ष बाद 1931 में मिले। वह लिखते हैं कि 'अब सचमुच ही वह महास्थविर हो गए थे। भारतीयों में बौद्धधर्म का दीपक पुन: जलाने वाले वह प्रथम पुरुष थे।'

भदन्त बोधानन्द महास्थविर (1874-11 मई, 1952) जन्म से ब्राह्मण थे और 1874 में मिर्जापुर जिले के चुनार कस्बे में वारेन्द्र श्रेणी के बंगाली ब्राह्मण परिवार में जन्मे थे। उनके माता-पिता की मृत्यु उनकी बालावस्था में ही हो गई थी। उनकी एक मौसी थी, जो बनारस में रहती थी। वह उन्हें अपने साथ बनारस ले गई और वहीं उन्होंने उनका लालन-पालन किया। किन्तु जैसे-जैसे उनकी उम्र बढ़ती गई, वे अपने घर-समुदाय के धार्मिक वातावरण से विमुख होते गए। वर्ण-व्यवस्था और सामाजिक असमानता के अमानवीय वातावरण से उनका दम घुटता था। उन्होंने परिवार में रहकर ही उसके विरुद्ध विद्रोह शुरू कर दिया। बनारस में रहते हुए वह अनेक साधु-संतों के सम्पर्क में आए, और स्वयं भी साधु बन गए। इसी समय वह अपने मूल नाम मुकुन्द प्रकाश से स्वामी बोधानन्द हो गए।

साधुवेश में उन्होंने भारत के अनेक स्थानों का भ्रमण किया और लगभग बारह साल तक पंजाब के सिन्ध में रहे।

इस दौरान उन्होंने विभिन्न धर्मों और समाजों का तुलनात्मक अध्ययन किया। इससे उन्हें सही धर्म को समझने में बड़ी मदद मिली। इस अध्ययन यात्रा में वह ब्रह्मसमाज, आर्यसमाज और थियोसोफिकल सोसाइटी से होते हुए ईसाइयत तक आए। जब 1896 में बनारस में अकाल पड़ा और उसमें उन्होंने ईसाई मिशनरियों को अकाल-पीड़ितों की सेवा करते हुए देखा, तो वह ईसाइयत से बहुत प्रभावित हुए, और ईसा मसीह की करुणा का ऐसा प्रभाव उनके हृदय पर पड़ा कि उन्होंने ईसाई बनने का निश्चय कर लिया था। किन्तु इसी दौरान वाराणसी के सारनाथ में, जहाँ बुद्ध ने धर्मप्रवर्तन किया था, उनकी भेंट श्रीलंका के कुछ बौद्ध भिक्षुओं से हो गई, जो थियोसोफिकल सोसाइटी से भी जुड़े होने के कारण ईसा मसीह को भी मानते थे। उन भिक्षुओं ने उन्हें बताया कि तुम्हें ईसाई बनने की आवश्यकता नहीं है, तुम्हारे ही देश में महाकारुणिक बुद्ध हुए हैं। तुम उनकी शरण में जाओ। उन्होंने उन्हें 'वसलसुत्त' पढ़ने को दिया, जिसे पढ़कर वह हर्ष से उछल पड़े थे, क्योंकि जो वर्ण-व्यवस्था और जातिभेद का खंडन तथा मानव-मानव के प्रति करुणा का भाव वह चाहते थे, वह उन्हें बुद्ध में मिल गया था। इसके बाद उन्होंने बौद्धधर्म का व्यापक अध्ययन किया और 18 वर्ष बाद 1914 में वह कलकत्ता जाकर विधिवत बौद्धधर्म में दीक्षित हो गए। उनके दीक्षा-गुरु बने भदन्त कृपाशरण महास्थविर और साक्षी बने लंका के अनागरिक धर्मपाल।

वह भिक्षु बोधानन्द बनकर लखनऊ लौटे, लाटूश रोड स्थित, जो अब गौतम बुद्ध मार्ग कहलाता है, बुद्ध विहार में रहकर 'भारतीय बौद्ध समिति' बनाकर धर्मप्रचार में लग गए। 1925 में उन्होंने रिसालदार पार्क में साथियों और शिष्यों की सहायता से कुछ जमीन खरीदी और उस पर भव्य बुद्ध विहार बनाकर उसे सामाजिक गतिविधियों का केन्द्र बना दिया। राहुल जी के अनुसार, उनकी तीन जबर्दस्त आकांक्षाएँ थीं—1. बुद्ध को उनकी जन्मभूमि में फिर से लौटाकर लाना, 2. भारत से जात-पाँत का उन्मूलन करना, और 3. पुस्तकावलोकन। उनकी पहुँच निम्न-मध्यवर्ग के शिक्षित या पिछड़ी जातियों के लोगों तक थी। भिक्षा के लिए कोई दिक्कत नहीं थी, किसी घर में भी जाकर भोजन कर सकते थे।

उन्होंने बड़ी संख्या में पुस्तकें इकट्ठी की थीं, जिसे देखकर आश्चर्य होता था। अपने पुस्तकालय की हजारों पुस्तकों में प्राय: सभी को उन्होंने पढ़ा था। उनमें बंगला, हिन्दी, पालि, अंग्रेजी में सभी तरह की पुस्तकें थीं, जिनसे उनकी सुरुचि और निष्ठा का पता चलता है।

यहाँ यह उल्लेख करना भी प्रासंगिक होगा कि डॉ. बाबासाहेब आम्बेडकर बौद्धधर्म पर उनके विशद अध्ययन से इतने प्रभावित हुए थे कि उन्होंने अपनी पहली भेंट में ही उनके समक्ष बौद्धधर्म में जाने की इच्छा प्रकट कर दी थी। दूसरी बार जब वे लखनऊ गए तो सविता से विवाह कर चुके थे। जब वे सपत्नी रिसालदार पार्क के बुद्ध विहार में जाकर बोधानन्द जी से मिले तो बोधानन्द जी उन्हें देखकर बोले, 'आप तो बौद्ध बनने वाले थे। आपने तो विवाह कर लिया।' इस पर बाबासाहेब ने जवाब दिया था, 'विवाह से मेरा निर्णय नहीं बदलेगा। मेरे साथ ये भी बौद्धधर्म ग्रहण करेंगी।' उनकी इच्छा भदन्त बोधानन्द जी से ही दीक्षा लेने की थी, पर तब तक उनका परिनिर्वाण हो गया था।

उन्होंने अपने जीवन में तीन किताबें लिखी थीं, जो उन्होंने चन्द्रिका प्रसाद 'जिज्ञासु' जी को बोलकर लिखवाई थीं। असल में उनके दाहिने हाथ की हथेली किसी बोतल का कार्क दबाते समय शीशा गड़ जाने से पक गई थी, जो काफी इलाज के बाद भी ठीक नहीं हो पाई थी। इसके कारण लिखते समय हाथ में कम्पन होता था, और वह ठीक से लिख नहीं पाते थे। 'जिज्ञासु' जी ही उनके आजीवन लेखक रहे। उनकी पहली किताब 'मूल भारतवासी और आर्य' है, जो 1930 में एडवोकेट रामचरन की आर्थिक सहायता से छपी थी। दूसरी किताब 'भगवान गौतम बुद्ध : जीवनी और उपदेश' को स्वयं 'जिज्ञासु' जी ने अपने बहुजन कल्याण प्रकाशन से प्रकाशित किया था, जिसका 1965 में छठा संस्करण प्रकाशित हुआ था। तीसरी किताब 'बौद्ध चर्या पद्धति' है, जिसे 1947 में स्वामी जी ने श्री देवप्रिय बलीसिंह की सहायता से अपने बुद्ध विहार से ही प्रकाशित किया था।

भदन्त बोधानन्द जी ने बौद्धधर्म के प्रचार के साथ-साथ जो सबसे महान काम किया, वह 'बहुजन क्रान्ति' थी। दलित-पिछड़ों को जगाने का कार्य उनके जीवन का एकमात्र लक्ष्य था, जिसे पूरा करने में वह प्राणपण से लगे हुए थे। इसके लिए उन्होंने 1928 में लखनऊ में नवरत्न कमेटी बनाई थी।

इस नवरत्न कमेटी में जिन लोगों को उन्होंने शामिल किया था, वे सभी अपने क्षेत्र के जुझारू सामाजिक कार्यकर्ता थे। इनमें—1. एक वह स्वयं थे, इसके बाद थे 2. स्वामी अछूतानन्द, 3. रायसाहेब रामसहाय पासी, 4. रायसाहेब रामचरन मल्लाह, 5. एडवोकेट शिवदयाल सिंह चौरसिया, 6. चन्द्रिका प्रसाद 'जिज्ञासु', 7. महादेव प्रसाद धानुक, 8. वैद्यरत्न बदलूराम रसिक, और 9. एडवोकेट गौरीशंकर पाल। इसके सिवा रामचरन भुर्जी, कुदरतुल्लाह धुनिया, छंगा लाल बहेलिया, रायसाहेब श्याम लाल बरेठा और गयाप्रसाद कुरील जैसे सामाजिक कार्यकर्ता भी उनके सहयोगी थे।

बाद में बोधानन्द ने इसी नवरत्न कमेटी को 'हिन्दू बैकवर्ड क्लासेज लीग' में बदल दिया था, जिसके संयोजक चन्द्रिका प्रसाद 'जिज्ञासु', अध्यक्ष रायसाहेब रामचरन एडवोकेट, प्रधानमंत्री शिवदयाल सिंह चौरसिया एडवोकेट और मंत्री गौरीशंकर पाल बनाए गए थे। उत्तर प्रदेश का यह पहला संगठन था, जिसने बहुजन समाज के संवैधानिक अधिकारों के लिए जोरदार अलख जगाई थी कि सरकार हिल गई थी। किन्तु जैसा कि क्रान्ति से ज्यादा प्रतिक्रान्ति की गति तीव्र होती है, यह अलख भी कांग्रेस की प्रतिक्रान्ति की भेंट चढ़ गई। उसी दौरान गांधी जी लखनऊ आए, तो 'हिन्दू बैकवर्ड क्लासेज लीग' के शिष्ट मंडल ने गांधी जी को ज्ञापन दिया, जिसमें पिछड़े वर्गों के मानवीय अधिकारों और सुविधाओं की माँग की गई थी। 'जिज्ञासु' जी लिखते हैं कि उन माँगों को पढ़कर गांधी जी अवाक् रह गए, और शिष्ट मंडल से बोले—'मेरी राय में अभी आप लोग इस आन्दोलन को स्थगित कर दीजिए, क्योंकि इसके उग्र रूप धारण करने से देश में फूट पड़ जाने का भय है, जिससे हमारी आजादी की लड़ाई को हानि पहुँचेगी। अभी आप लोगों को सहयोगी बनकर आजादी की लड़ाई जीतनी चाहिए। आजादी मिलने पर हमारा पहला काम होगा, दबी-पिछड़ी जातियों को समान सामाजिक स्तर पर लाना।'

किन्तु वास्तव में गांधी जी का आश्वासन 'हिन्दू बैकवर्ड क्लासेज लीग' को खत्म करने के लिए था, उनका उत्थान करने के लिए नहीं। लीग के नेताओं ने गांधी जी के आश्वासन पर विश्वास करके अपनी सारी गतिविधियाँ समाप्त कर दी थीं और कांग्रेस के संग्राम में शामिल हो गए थे। पर आजादी मिलने के बाद न तो गांधी जी ने, और न कांग्रेस ने पिछड़े वर्गों की सुध ली। लीग के नेता कांग्रेसी हो गए थे, पर उनका आन्दोलन खत्म हो गया था।

'जिज्ञासु' जी ने एक जगह लिखा है, 'हिन्दू लोग महास्थविर बोधानन्द जी को 'स्वामी जी' कहकर पुकारते थे और हम लोग उनके शिष्य गण भी बौद्ध पद्धति के अनुसार उन्हें 'भन्ते' न कहकर स्वामी जी ही कहा करते थे और स्वामी जी शब्द को वह सप्रेम ग्रहण भी कर लेते थे।'

बोधानन्द जी ने एक और आन्दोलन आरम्भ किया था, और वह था 'त्रिरत्नी' आन्दोलन। उन दिनों दलित जातियों में कबीरपंथ का जोर था। कबीरपंथी लोग गले में चन्दन की बनी हुई कंठी तागे में पिरोकर पहनते थे। लेकिन यह कंठी पहनने के बाद भी वे रूढ़िवादी और ब्राह्मणी धारणाओं को नहीं छोड़ पा रहे थे। इसी के विरुद्ध बोधानन्द जी ने 'तीन कंठी' अर्थात 'त्रिरत्नी' का अन्दोलन चलाया। इसमें वह अपने भक्तों को पंचशील के प्रतीक स्वरूप पाँच धागों में तीन मनके पिरोकर, जो बुद्ध, धम्म और संघ के प्रतीक थे, कंठी धारण कराते थे। और फिर उन्हें बुद्ध, धर्म और संघ के बारे में विस्तार से बताते थे। जब वह पंचशीलों को बताते थे, तो जो कबीरपंथी थे, उन्हें वे शील कबीर साहेब की ही शिक्षा लगते थे। इस प्रकार उन्होंने परम्परावादी दासता को तोड़ने का बड़ा काम किया था।

वास्तव में भदन्त बोधानन्द जी की ख्याति दलित-पिछड़ी जातियों के उन्नायक के रूप में थी। और उनके द्वारा निर्मित बुद्ध विहार भी बहुजन कार्यकलापों का ही केन्द्र बन गया था। किन्तु निरन्तर संघर्ष और अध्ययन करते रहने से उनका स्वास्थ्य गिरने लगा था। और वह कैंसर की घातक बीमारी से ग्रस्त हो गए थे। इलाज के लिए उन्हें कलकत्ता के चितरंजन कैंसर अस्पताल में ले जाया गया। जहाँ कुछ समय के इलाज के बाद हावड़ा अस्पताल में भर्ती किये गए। परन्तु कैंसर ने उन्हें इस तरह जकड़ लिया था कि वह उससे मुक्त नहीं हो सके। अन्त में, 11 मई, 1952 को 78 वर्ष की आयु में वह इस संसार से विदा हुए।

बहुजन साहित्य के प्रथम प्रस्तावक चन्द्रिका प्रसाद 'जिज्ञासु'

—कँवल भारती

चन्द्रिका प्रसाद 'जिज्ञासु' (1880/1890-1974) का सबसे बड़ा काम यह था कि उन्होंने आधुनिक काल में दलितों और पिछड़ों को एक सामाजिक मंच पर लाने के लिए 'बहुजन' अवधारणा को पुनर्जीवित किया।

'जिज्ञासु' जी ने ही हिन्दी में पहले-पहल कबीर, रैदास, फुले, पेरियार और आम्बेडकर के क्रान्तिकारी विचारों से जनता को परिचित कराया। आम्बेडकर की कई महत्त्वपूर्ण किताबों का उन्होंने अंग्रेजी से हिन्दी में अनुवाद करवाया। सबसे बड़ी बात तो यह कि उन्होंने बहुजन के विचारों का प्रचार-प्रसार करने के लिए खुद अपना प्रेस बिठाया। कई सामाजिक संगठनों की स्थापना की और 100 से ज्यादा किताबें लिखीं।

'जिज्ञासु' ने आदि हिन्दू आन्दोलन के साथ रहकर, जगह-जगह घूमकर और पीड़ितजनों से मिलकर सामन्तवादी और ब्राह्मणवादी व्यवस्था की जो नंगी तस्वीर देखी थी, उसने उनमें जबर्दस्त परिवर्तन किया था। वहीं से उनमें वर्ण-व्यवस्था और जातिभेद के खिलाफ समतामूलक समाज के निर्माण के संकल्प ने जन्म लिया। आदि हिन्दू आन्दोलन का प्रभाव इतना जबरदस्त था कि उसने पिछड़ी जातियों को भी उद्वेलित कर दिया था। स्वयं 'जिज्ञासु' पिछड़ी जाति (कलवार) से थे। पिछड़ी जातियों के कुछ और नेता भी इस आन्दोलन से जुड़ गए थे, जिनमें शिवदयाल सिंह चौरसिया, रामचरन निषाद और चौधरी श्यामलाल धोबी उस समय के प्रमुख व्यक्ति थे। 'जिज्ञासु' इनमें सबसे प्रखर चिन्तक और लेखक थे।

डॉ. आम्बेडकर की अध्यक्षता में उत्तर भारत का पहला 'डिप्रेस्ड क्लासेज फेडरेशन' 1928 में नागपुर में बना था। इसमें उत्तर प्रदेश से रायसाहेब रामचरन निषाद को अध्यक्ष, शिवदयाल चौरसिया को महामंत्री और 'जिज्ञासु' को संयोजक बनाया गया था, जबकि संरक्षक बोधानन्द को बनाया गया था। 'जिज्ञासु' उन्हें अपना गुरु मानते थे। बोधानन्द जी स्वयं लिखने में असमर्थ थे, क्योंकि चोट लगने से उनका अँगूठा खराब हो गया था। अत: वह बोलकर 'जिज्ञासु' से ही लिखवाते थे। उनके 'मूल भारतवासी और आर्य' ग्रंथ को भी 'जिज्ञासु' ने ही लिखा था। इसी ग्रंथ से प्रेरित होकर 1933 में 'जिज्ञासु' ने 'भारत के आदि निवासी' नाम से एक बृहत् ग्रंथ लिखा था।

'जिज्ञासु' ने सबसे पहले 'हिन्दू समाज सुधार' नामक संस्था बनाई और उसके माध्यम से वर्ण-व्यवस्था, जातिभेद, छुआछूत और ब्राह्मणवाद के खिलाफ जनजागरण किया। इसी संस्था से उन्होंने अपनी कई पुस्तकें प्रकाशित कीं, जिनमें 'ईश्वर और उनके गुड्डे', 'रावण और उसकी लंका' आदि प्रमुख हैं। ब्राह्मणवाद ने भारत के करोड़ों मूलनिवासी मनुष्यों को प्रगति और विकास के अधिकारों से वंचित करके गुलाम बनाकर रखा हुआ है। इसलिए वह इस निष्कर्ष पर पहुँचे कि ब्राह्मणवाद के खिलाफ लड़ाई भी अछूत और पिछड़ी जातियों को मिलकर लड़नी होगी। बुद्ध की शिक्षा उन्हें अपने गुरुदेव भदन्त बोधानन्द से मिली थी, जहाँ वह बुद्ध के 'बहुजन सुखाय' और 'बहुजन हिताय' की अवधारणा से बहुत अधिक प्रभावित हुए थे। अत: दलित-पिछड़े वर्गों के बहुसंख्यक लोगों के हित में उन्होंने 1960 में 'बहुजन कल्याण प्रकाशन' की स्थापना की। शीघ्र ही उन्हें अपने प्रेस की जरूरत भी महसूस हुई, क्योंकि लखनऊ के हिन्दू प्रेस ब्राह्मणवाद के खिलाफ उनकी पुस्तकें छापने में रुचि नहीं लेते थे। अत: कुछ साल बाद उन्होंने अपनी प्रेस भी लगा ली और नाम रखा 'समाज सेवा प्रेस'।

'जिज्ञासु' जी ने लगभग 40 साल तक हिन्दी क्षेत्र में वर्ण-व्यवस्था, जातिभेद और ब्राह्मणवाद के विरुद्ध जनजागरण किया। सौ से भी अधिक पुस्तकों के वे लेखक थे। समाज के सबसे निचले तबके ने उन्हीं की वजह से पहली दफा जाना कि उनका भी कोई इतिहास है और वे इस देश के मूलनिवासी हैं। 'जिज्ञासु' ने ही आम्बेडकर, महात्मा फुले, रामास्वामी नायकर पेरियार और रैदास-कबीर के क्रान्तिकारी विचारों से हिन्दी जनता को परिचित कराया।

जिस तरह उन्होंने कबीर और रैदास को रामानन्द के चोंचले और वैष्णवी भक्ति के रंग से बाहर निकाला, वह दलितों के लिए बिलकुल नया ज्ञान था। उनकी 1971 में प्रकाशित 'बाबासाहेब का जीवन संघर्ष' वह पुस्तक थी, जिसे पढ़कर मेरी पीढ़ी के लोगों ने पहली बार जाना था कि कोई डॉ. आम्बेडकर थे, जिन्होंने अछूतों को गुलामी का अहसास कराया था और उनकी मुक्ति की लड़ाई लड़ी थी। उनका प्रकाशन हिन्दी का पहला संस्थान था, जिसने बहुजन साहित्य के प्रकाशन को ही अपना लक्ष्य बनाया था। उन्होंने डॉ. आम्बेडकर की जीवनी के साथ-साथ उनकी कई अंग्रेजी पुस्तकों को भी ढूँढ़-ढूँढ़कर विशेषज्ञ विद्वानों से अनुवाद कराकर प्रकाशित कराया था, जिनमें 'शूद्रों की खोज', 'अछूत कौन और कैसे', 'जातिभेद का उच्छेद', 'नागपुर का भाषण', 'रानाडे, गांधी और जिन्ना', 'भारत में जातिवाद', 'कांग्रेस और गांधी ने अछूतों के लिए क्या किया', 'अछूतों की विमुक्ति और गांधी जी' तथा 'भारत का विभाजन अथवा पाकिस्तान' प्रमुख हैं। उन्होंने 'प्रॉब्लम ऑफ रुपी' का भी हिन्दी अनुवाद करा लिया था, पर उनकी आकस्मिक मृत्यु के कारण उसका प्रकाशन नहीं हो सका था। आज आम्बेडकर का सम्पूर्ण वाङ्मय भारत सरकार प्रकाशित कर रही है, पर हिन्दी में यह काम 'जिज्ञासु' जी साठ के दशक में ही कर चुके थे। यही नहीं, जिन पेरियार रामास्वामी नायकर को साठ के दशक में हिन्दी वाले, विशेषकर बहुजन समाज के लोग जानते तक न थे, उन्हें जनवाने का काम भी 'जिज्ञासु' ने ही किया था। 1968 में पेरियार ई.वी. रामास्वामी नायकर अल्पसंख्यक सम्मेलन में भाग लेने लखनऊ गए थे। उस समय उनकी चार पुस्तकें बहुत चर्चित थीं, जिनमें एक थी 'ए ट्रू रीडिंग ऑफ रामायना' और अन्य तीन पुस्तकों में उनकी जीवनी, फिलॉसफी और सामाजिक क्रान्ति की किताबें थीं। इनमें 'ए ट्रू रीडिंग ऑफ रामायना' का हिन्दी अनुवाद 'सच्ची रामायण' नाम से ललई सिंह यादव ने किया था। तीनों पुस्तकों को 'जिज्ञासु' ने अनुवाद कराकर एक ही जिल्द में 'पेरियार ई.वी. रामास्वामी नायकर' नाम से 1970 में प्रकाशित किया था।

पूना पैक्ट के बाद जब गांधी जी लखनऊ आए तो 'जिज्ञासु' और 'बैकवर्ड क्लासेज लीग' के कुछ नेता बोधानन्द जी के नेतृत्व में उनसे मिले और उन्हें एक ज्ञापन देकर पिछड़े वर्गों के अधिकारों की माँग की। 'जिज्ञासु' ने एक जगह लिखा है कि गांधी जी माँगों को पढ़कर अवाक् रह गए और उन्होंने समझाया

कि इससे आजादी की लड़ाई पर असर पड़ेगा, आप लोग फिलहाल आजादी के संग्राम में हमारा साथ दें। आजादी मिलने के बाद हमारा पहला काम दबी-पिछड़ी जातियों को समान सामाजिक स्तर पर लाना होगा। गांधी जी के आश्वासन पर 'बैकवर्ड क्लासेज लीग' के नेता और कार्यकर्ता कांग्रेस के राष्ट्रीय स्वतंत्रता संग्राम में कूद पड़े। गांधी जी यही चाहते थे। दलित उनके चंगुल में फँसे नहीं थे, पर पिछड़े वर्ग के लोग फँस गए थे। अत: पिछड़ा आन्दोलन किसी लक्ष्य पर पहुँचने से पहले ही बिखर गया। आजादी मिलने के बाद पिछड़े वर्ग के जो जुझारू नेता थे, उन्हें कांग्रेस ने लॉलीपॉप देकर खरीद लिया। इनमें शिवदयाल चौरसिया को काका कालेलकर आयोग का अध्यक्ष और राज्य सभा का सदस्य बना दिया गया और भी कुछ लोगों को राज्य सभा और विधान परिषद में भेजा गया। लेकिन 'जिज्ञासु' सत्ता के इस मायाजाल में बिलकुल नहीं फँसे।

चन्द्रिका प्रसाद 'जिज्ञासु' एक ऐसे सामाजिक तत्त्ववेत्ता थे, जिन्हें छठे और सातवें दशक में हिन्दी चिन्तन में नये समाज-विमर्श और भारतीय मौलिक समाजवाद को स्थापित करने का श्रेय जाता है। यह हिन्दी साहित्य में नई धारा थी। वे आधुनिक काल में बहुजन साहित्य के प्रथम प्रस्तावक हैं। आधुनिक हिन्दी दलित साहित्य के पितामह तो वे निस्सन्देह ही हैं।

साहित्य में त्रिवेणी संघ और त्रिवेणी संघ का साहित्य

—प्रमोद रंजन

सन् 1930 के दशक में जो युद्ध समाप्त हो गया था, उसे जारी करना होगा! मधुकर सिंह के वर्ष 2002 में प्रकाशित उपन्यास 'कथा कहो कुंती माई' में बिहारी टोला के लोग इस संकल्प को बार-बार दुहराते हैं। भोजपुर (बिहार) के नक्सल आन्दोलन पर केन्द्रित मधुकर सिंह का यह उपन्यास 1968 से 1974 के बीच की घटनाओं पर केन्द्रित है। लेकिन उपन्यास की नायिका व अन्य पात्र बार-बार 1930 के दशक के उस 'युद्ध' को याद करते हैं, जो दुर्भाग्यवश अधूरा ही 'समाप्त' हो गया था। पूरे उपन्यास में यह '1930 का दशक' एक फैंटेसी की तरह है, जिससे पात्रों की अतृप्त आकांक्षाएँ जुड़ी हैं।

साहित्य में त्रिवेणी संघ

आखिर, 1930 के दशक का वह कौन सा युद्ध है, जिसे दलित, खेतिहर और शिल्पकार जातियों के लोग फिर से 'जारी' करना चाहते हैं? भारतीय इतिहास में हम जिन आन्दोलनों, 'युद्धों' के बारे में पढ़ते रहे हैं, उसके अनुसार तो 1930 के दशक में ऐसा कोई आन्दोलन नहीं था, जिसकी याद इन निम्न जातीय किसान-मजदूरों को इतना आलोड़ित करे। वह भी नक्सलवाद जैसी परिवर्तनकामी उग्र विचारधारा के समर्थक कथा-पात्रों को!

इतिहास की पुस्तकों से गायब इस 'युद्ध' का संकेत 'कथा कहो कुंती माई' के इस प्रसंग में देखिए :

शहादत के बावजूद मास्साहेब (नक्सली नेता जगदीश प्रसाद महतो, जो बांग्ला लेखिका महाश्वेता देवी के उपन्यास 'मास्टर साब' के भी नायक हैं) आज भी भोजपुर के गाँवों में जिन्दा हैं। हर कोई यही कहता हुआ मिलता है, रात मास्साहेब मेरे घर रुके थे और कह रहे थे—हमारी लड़ाई बहुत लम्बी है। उनका संकल्प भी लोग दोहराते हैं—सन् 1930 के दशक में जो युद्ध समाप्त हो चुका था, उसे जारी करना पड़ेगा। उत्तरी बंगाल के नक्सलबाड़ी गाँव की तरह किसानों के नेतृत्व में सशस्त्र संघर्ष करना होगा। दूसरी लड़ाई का समय करीब आ चुका है, लेकिन इस बार किसी त्रिवेणी संघ के नेतृत्व में नहीं, भारतीय कम्युनिस्ट पार्टी (मार्क्सवादी-लेनिनवादी) के नेतृत्व में।[1]

जाहिर है वह युद्ध 'त्रिवेणी संघ' का युद्ध है, जिसका बिगुल बिहार की पिछड़ी जातियों ने देश की आजादी के पहले फूँका था। उपन्यास के पात्र उसी असमाप्त युद्ध को सातवें दशक में भारतीय कम्युनिस्ट पार्टी (मार्क्सवादी-लेनिनवादी) के माध्यम से लड़ रहे हैं।

वर्ष 1998 में प्रकाशित प्रसन्न कुमार चौधरी/श्रीकांत के शोध 'बही धार त्रिवेणी की' (लोकतंत्र प्रकाशन, पटना) से पहली बार 'प्रामाणिक' रूप से ज्ञात हुआ कि त्रिवेणी संघ की स्थापना 30 मई, 1933 को हुई थी। इसकी स्थापना के लिए सम्मेलन बिहार के तत्कालीन शाहाबाद जिले के करगहर बाजार के पास स्थिति गर्भे गाँव में आयोजित हुआ था तथा चौधरी जेएनपी मेहता, सरदार जगदेव सिंह यादव और शिवपूजन सिंह आदि इसके संस्थापक थे। 1935 ई. में इसका प्रादेशिक स्तर पर गठन हुआ, जिसके प्रथम अध्यक्ष दासू सिंह बने। हालाँकि लम्बे समय तक यही माना जाता रहा था कि त्रिवेणी संघ का गठन 1930 से पूर्व हुआ था। बिहार के चर्चित राजनेता अनुग्रह नारायण सिन्हा ने भी अपने संस्मरण में त्रिवेणी संघ के गठन का काल '1930 के पूर्व' लिखा है।[2]

प्रसन्न कुमार चौधरी और श्रीकांत द्वारा किया गया उपरोक्त श्रमसाध्य और दृष्टिसम्पन्न अध्ययन कमोबेश थोड़े फेर-फार के साथ उनकी दो अन्य पुस्तकों—'बिहार में सामाजिक परिवर्तन के कुछ आयाम', (वाणी प्रकाशन, 2001) तथा 'बिहार में सामाजिक परिवर्तन', (विद्या विहार, 2010) में भी संकलित हैं। इसके अतिरिक्त के.के. वर्मा के 'चेजिंग रोल ऑफ कास्ट एसोसिएशन',

कल्याण मुखर्जी/राजेन्द्र सिंह यादव के 'भोजपुर बिहार में नक्सलवादी आन्दोलन' में भी इस आन्दोलन की चर्चा है।

आखिर, यह त्रिवेणी संघ था क्या? फणीश्वरनाथ रेणु के साहित्यिक गुरु रहे बांग्ला लेखक सतीनाथ भादुड़ी के उपन्यास 'ढोड़ाय चरितमानस' के पात्रों से सुनिए :

> *कुर्मी क्षत्री, कुशवाहा क्षत्री और यदुवंशी क्षत्री, ये तीनों जातियाँ मिलकर राजपूतों और भूमिहारों के विरुद्ध खड़े होंगे, इन तीनों जातियों से मिलकर बना है त्रिवेणी संघ!*
> *क्या सुन्दर नाम है त्रिवेणी संघ। बूढ़ा गरभू पतनीदार को सुनाकर बिल्टा से पूछता है, इतनी बुद्धि भरी बात जिन्दगी में कभी सुनी थी? गीदड़ अब तक बोला नहीं। सभी के उठने के समय इतना ही कहता है, जो जाति सोई रहती है, वह जाति जीती नहीं है।*[3]

याद होगा, रेणु पर कुछ लोगों ने आरोप लगाया था कि उन्होंने 'मैला आँचल' उपरोक्त 'ढोड़ाय चरितमानस' के शिल्प और कथ्य की चोरी कर लिखा है। हालाँकि बाद में सतीनाथ भादुड़ी अपने शिष्य के बचाव में उतरे तथा उन्होंने इन आरोपों को मिथ्या बताया। बहरहाल, भादुड़ी जी ने "भारतीय स्वतंत्रता आन्दोलन को अपने महान उपन्यास ढोड़ाय चरितमानस में आधार बनाया है। आजादी के लिए संघर्ष करते हुए अधपेटे, अधनंगे, निरक्षर लोगों की जैसी मर्मान्तक कथा उन्होंने कही है, (वैसी) अन्यत्र दुर्लभ है। उन्होंने लालची भूपतियों, स्वार्थी व्यवसायियों तथा अवसरवादी बुद्धिजीवियों की दोरंगी भूमिका का निर्देश, उसी समय पर दिया, जब देश आजाद होने को था। इसलिए इस उपन्यास को नवोदित भारत का महाकाव्य कहा जाता है।"[4] नवोदित भारत के इस महान महाकाव्य में 'त्रिवेणी संघ का बिगुल' की आवाज साफ सुनाई देती है।

'कथा कहो कुंती माई' और 'ढोड़ाय चरितमानस' के अतिरिक्त अन्य अनेक ऐसे उपन्यास, कहानियाँ और कविताएँ हैं, जिन पर त्रिवेणी संघ के आन्दोलन का प्रभाव है। रेणु के उपन्यासों और कहानियों पर भी त्रिवेणी संघ की छाया दिखाई देती है। त्रिवेणी संघ के प्रथम प्रदेश अध्यक्ष दासू सिंह का चरित्र-चित्रण करती प्रेमकुमार मणि की एक कहानी है—'उसका वोट' ('खोज तथा अन्य कहानियाँ', आधार प्रकाशन, 1999)। उनके चर्चित उपन्यास 'ढलान'

(वाणी प्रकाशन) में भी त्रिवेणी संघ का एक प्रसंग है। बिहार के एक लेखक सीडी सिंह का उपन्यास ही है—'त्रिवेणी', जो वर्ष 2004 में डेहरी-ऑन-सोन स्थित 'त्रिवेणी प्रकाशन' से छपा है। सम्भवत: उपन्यास के लेखक ही इसके प्रकाशक भी हैं। और भी अनेक रचनाएँ होंगी। स्वातंत्र्योत्तर काल के अनेक हिन्दी लेखकों पर इस आन्दोलन का गहरा वैचारिक प्रभाव रहा है।

'बहुजन' दृष्टिकोण की जरूरत

त्रिवेणी संघ 'हिन्दी आलोचना' से गायब है। साहित्य पर व्यापक प्रभाव के बावजूद 'हिन्दी आलोचना' में इसका उल्लेख तक नहीं मिलता।

हिन्दी आलोचना द्वारा साहित्य पर संघ के प्रभावों की उपेक्षा का क्या कारण हो सकता है? क्या इस संघ का दर्शन पूँजीवादी, प्रतिगामी और जनविरोधी था? क्या वह कलावादी, अस्तित्ववादी-व्यक्तिवादी या साम्प्रदायिक विचारों की प्रस्तावना कर रहा था? निश्चित रूप से नहीं। उसने तो बिगुल बजाकर कहा था :

> *त्रिवेणी संघ है शोषित, शासित तथा दलित, कृषक, मजदूर और व्यवसायियों के अश्रुओं की धारा तथा आहों का नगाड़ा। जिनके धार्मिक, सामाजिक तथा राजनीतिक अधिकारों को कुचलकर, भारत के ही नहीं, बल्कि सारे संसार के अल्पसंख्यक लोग कर रहे हैं मौज। जो दुर्भेद्य आवाजों से अपने हक और अधिकारों के लिए एक बार अपनी ताल मिलाकर करता है विश्व शान्ति की कामना।*[5] ('त्रिवेणी संघ का बिगुल', 1940)

हिन्दी आलोचना द्वारा त्रिवेणी संघ व इस जैसे अनेक महत्त्वपूर्ण आन्दोलनों, दर्शनों, विचारों की उपेक्षा का कारण है—'बहुजन दृष्टिकोण' का अभाव। 'अभिजन दृष्टि' तो स्वाभाविक तौर पर इन चिन्तनों को अपनी चुप्पियों के माध्यम से अथवा विभिन्न आरोप-प्रत्यारोप लगाकर इतिहास के कूड़ेदान में फेंकने के लिए उद्धत रहती है। दूसरी ओर, आलोचना की 'मार्क्सवादी, प्रगतिशील, जनपक्षधर' दृष्टि को भारत के अभिजनों के एक तबके ने स्वयं पर आरोपित तो कर लिया, लेकिन वस्तुत: इस दृष्टि को अपने रूढ़ संस्कारों के कारण आत्मसात नहीं कर सका। उसकी रटी-रटाई शब्दावलियाँ थोड़ी आगे बढ़ीं भी तो 'अछूतों' के प्रति सहानुभूति तक आकर ठहर गईं।

चूँकि उनकी यह सहानुभूति भी आरोपित थी, इसलिए उन्हें अपने भीतर संवेदना का उद्रेक करने के लिए अधिकाधिक जुगुप्साकारी, कारुणिक और विषाद उत्पादक चित्रों की आवश्यकता होती रही। अपनी व्यथाओं का वर्णन करने वाला 'अछूतों' का साहित्य उनकी इस आवश्यकता को उसी प्रकार पूरा करता है, जिस प्रकार प्लेटॉनिक प्रेम में डूबे किसी किशोर की भावनात्मक जरूरत को धर्मवीर भारती का 'गुनाहों का देवता' या शरतचन्द्र चट्टोपाध्याय का 'देवदास'।

प्रमुख आलोचकों ने अपनी इस आवश्यकता की पूर्ति के लिए 'दलित' शब्द के व्यापक अर्थ को संकुचित कर डालने में हरसम्भव सहयोग किया। जिस 'दलित' शब्द का अर्थ साहित्य और समाज में 'गैर-द्विज' शोषित सामाजिक समुदाय था, जिसमें अनुसूचित जाति, अन्य पिछड़े, निम्न वैश्य और महिलाएँ शामिल थीं, उसे उन्होंने 'अनुसूचित जाति' तक सीमित कर डाला। अनुसूचित जातियों के कुछ बुद्धिजीवियों ने भी उन्हें अपना शुभचिन्तक समझने की गफलत की और इसमें कम से कम अपना तात्कालिक लाभ देखा। इन कारणों से ऐसे आन्दोलन, दर्शन और विचार, जो सभी गैर-द्विज, बहुजन तबकों के साझा थे, उनका अध्ययन, विश्लेषण कम होते-होते आखिरकार बन्द ही हो गया।

इसका नतीजा क्या हुआ, यह जानने के लिए त्रिवेणी संघ का ही उदाहरण काफी है। एक व्यापक आन्दोलन, जिसके पास सुदृढ़ दार्शनिक आधार था तथा जो "जमींदारों, बड़े व्यवसायियों और पूँजीपतियों तथा उच्च वेतनभोगी सरकारी अधिकारियों के बरखिलाफ किसानों, मजदूरों और व्यवसायियों का संश्रय था"[6], उसे जातिवादी और देशद्रोही संगठन बता, लांछित कर इतिहास के कूड़ेदान में फेंक देने की कोशिशें होती रहीं, लेकिन उसके बचाव में 'मार्क्सवादी, प्रगतिशील, जनपक्षधर' बौद्धिकता नहीं उतरी। जबकि वह बहुजन हिताय, बहुजन सुखाय के दर्शन पर चलने वाला आन्दोलन था, जिसका चिन्तन आज भी राजनीति ही नहीं, साहित्य की वैचारिकी के लिए भी पथप्रदर्शक मशाल बनने के सर्वथा योग्य है।

इन कारणों से आवश्यक हो गया है कि साहित्य को देखने-परखने की एक ऐसी 'बहुजन आलोचना दृष्टि' का विकास किया जाए, जो मार्क्सवादी आलोचना की तरह न जाति आधारित विमर्शों की उपेक्षा करे, न ही दलित आलोचना की तरह एकांगी हो। इस आलोचना दृष्टि में मार्क्स और आम्बेडकर समेत बिरसा, फुले, पेरियार, नारायण गुरु, त्रिवेणी संघ, अर्जक संघ जैसी जनपक्षधर विचारधाराएँ अग्रचारी दिशानिर्देशक की भूमिका में हों।

त्रिवेणी संघ का इतिहास

त्रिवेणी संघ की सक्रियता का काल 1933 से लेकर 1942 ई. तक माना जाता है। इस समय "बीसवीं सदी अपने शैशवकाल को समाप्त कर युवावस्था को प्राप्त कर रही थी। उसका बिगुल दुनिया भर में बजना शुरू हो रहा था। सभी जातियाँ, धर्म, देश तथा समाज अपने-अपने को सँभालने में लगे हुए थे। सभी अपनी-अपनी उन्नति के लिए अग्रसर हो रहे थे। पर, साथ ही साथ शोषक और शासक भी चुपचाप बैठे न रहे। उन्होंने अत्याचारों का पारा बढ़ाना शुरू किया। जो जाति उठना चाहती थी, उनको दबाना शुरू किया। किसी के जनेऊ तोड़े जाने लगे, किसी का विवाह-शादी बन्द किया जाने लगा। किसी पर मालगुजारी की नालिश होने लगी तो किसी का खेत नीलाम किया गया। किसी के लिए इनारे-कुएँ बन्द किये जाने लगे तो किसी के रास्ते रोक दिये गए। यानी, चारों तरफ से जालिमों ने दबाना शुरू कर दिया।"[7] जागरूक होते पिछड़े-दलित समुदायों और उनके दमन, शोषण की इस तरह की चौतरफा कोशिश के बीच जन्मे त्रिवेणी संघ का 'उद्देश्य तथा कार्यक्रम शोषित, शासित तथा दलित यानी सभी अनुन्नत समाज की उन्नति था।'[8] उसने उद्घोष किया–'जमीन किसकी है? जमीन हल चलाने वाले किसानों की है।'[9] 'संघ का संगठन खूब जोरों पर चला और सभी अनुन्नत समाजों ने इसमें भाग लिया। फलस्वरूप कितने ही गर्वियों के गर्व चूर हो गए।'[10] संघ ने अनुन्नत समाज के धार्मिक, सामाजिक तथा राजनीतिक तीनों क्षेत्रों में आन्दोलन चलाया।

1937 के बिहार विधान सभा चुनाव तथा 1939 के जिला बोर्ड चुनावों में उम्मीदवार देकर संघ ने अपना संख्या-बल दिखाया। 1937 के चुनाव में भले ही उसके सभी उम्मीदवार हार गए, लेकिन उसने साबित कर दिया कि पिछड़ों-दलितों में सामाजिक जागरूकता पैदा कर राजनीतिक लड़ाई भी लड़ी जा सकती है। 1939 के जिला बोर्ड चुनावों में भी उसने अपने उम्मीदवार उतारे। इस बार संघ के कुल 21 उम्मीदवारों में से पाँच विजयी हुए तथा अन्य उम्मीदवारों को भी अच्छी संख्या में वोट मिले। यादव, कोइरी, कुर्मी व अन्य पिछड़ी-दलित जातियों के अलावा इस चुनाव में 'दुसाध भी त्रिवेणी संघ के साथ थे। चौकीदारों के बीच उनकी अच्छी-खासी संख्या थी। संघ को इस तरह गाँव-गाँव में अपना प्रचारक और एजेंट मिल गया। मतदान केन्द्रों पर मतदाताओं की पहचान चौकीदार ही

किया करते थे और यह काम इन दुसाध चौकीदारों ने बखूबी निभाया। उन्होंने कई परदानशीन उच्च जाति की महिलाओं को पहचानने से इनकार कर दिया।'[11] इन दो चुनावों में संघ के बैनर तले पिछड़ों-दलितों की सक्रियता का व्यापक असर हुआ। कांग्रेस को बिहार में उच्च जातियों पर आधारित अपने संगठनात्मक ढाँचे में परिवर्तन लाने के लिए विवश होना पड़ा।

त्रिवेणी संघ के प्रमुख सिद्धान्तकार थे जदुनन्दन प्रसाद मेहता (जेएनपी मेहता) उर्फ स्वामी सहस्रानन सरस्वती (18 फरवरी, 1911–3 जनवरी, 1986)। श्री मेहता का जन्म शाहाबाद जिला के जितौरा गाँव में लाखनटोला में हुआ था। '1940 ई. में उन्होंने 'त्रिवेणी बन्धु चौधरी जेएनपी मेहता' के नाम से 'त्रिवेणी संघ का बिगुल' नामक पुस्तक की रचना की। प्रकाशक के रूप में नाम था—त्रिवेणी शक्ति कार्यालय, जितौरा, शाहाबाद। यह पिछड़ों का अपना विचारधारात्मक-राजनीतिक दर्शन विकसित करने का सम्भवत: पहला प्रयास था।'[12]

श्री मेहता ने भोजपुर के जगदीशपुर में एक प्रेस की भी स्थापना की तथा उन्होंने 'आगे बढ़ने की राहें', 'गाँव का सोना', 'आगे बढ़ो', आदि कई पुस्तकें लिखीं व 1948 में 'शोषित पुकार' नामक एक पत्रिका का भी सम्पादन शुरू किया। त्रिवेणी संघ में उनके साथी रहे कुछ अन्य लोग भी साहित्य सृजन से जुड़े थे। संघ का संविधान तैयार किये जाने की भी सूचना मिलती है, लेकिन संघ का अधिकांश साहित्य आज तक प्राप्त नहीं हो सका है। '1945 आते-आते त्रिवेणी संघ का प्राय: पतन हो चुका था।'[13]

त्रिवेणी संघ की किताब

'त्रिवेणी संघ का बिगुल' संघ का एकमात्र उपलब्ध दस्तावेज है, जिसमें संघ की विश्वदृष्टि, विचारधारा तथा कार्य-योजनाओं का ब्योरा है। पुस्तक के लेखक जेएनपी मेहता ने इसे 'त्रिवेणी संघ की किताब' बताया है। एक आन्दोलन के लिए लिखी जाने के बावजूद यह कोई शुष्क या महज उपदेशपरक पुस्तक नहीं है बल्कि मुहावरे-लोकोक्तियों, विविध बिम्बों, उपमाओं से युक्त तथा कथारस से सराबोर है व हर प्रकार से एक साहित्यिक कृति की भाँति भी पाठ किये जाने योग्य है। पुस्तक में मेहता जब किसी घटना का वर्णन करते हैं, तो ऐसा डूबते हैं, मानो चित्र बना रहे हों। उनके ये शब्द-चित्र न सिर्फ कथ्य के मुख्य भाग को बल्कि उसकी विराट पृष्ठभूमि को भी सम्पूर्णता में उजागर कर डालते हैं। पुस्तक के कुछ हिस्से तो इतने मार्मिक, गहरे तथा संश्लिष्ट अर्थच्छवियों

वाले हैं कि उनसे गुजरते हुए ऐसा लगता है कि जैसे अचानक किसी भेदक प्रकाशपुंज से घनघोर अन्धकार में डूबी कोई घाटी अपने सम्पूर्ण सौन्दर्य और भयावहता के साथ दृश्यमान हो गई हो।

भाषा के शहरीपन के लिहाज से भी, साहित्यिक क्षेत्र में जैसी हिन्दी 1930-40 में लिखी जा रही थी, 'त्रिवेणी संघ का बिगुल' उससे बीस ही है, उन्नीस नहीं। पुस्तक की विषयवस्तु इतनी विचारोत्तेजक और भाषा इतनी प्रवहमान है, जिससे किसी बड़े-से-बड़े लेखक को भी रश्क होना चाहिए। जेएनपी मेहता के लेखन की सिद्धस्तता पर उस समय और आश्चर्य होता है, जब वे बताते हैं कि 'बन्धुओ! इस पुस्तक को जैसा परिपूर्ण होना चाहिए, मुझसे हो न सका क्योंकि मैं विद्वान आदमी नहीं—साधारण पढ़ा-लिखा आदमी हूँ। तिस पर भी यह मेरा पहला प्रयास है और किताब प्रेस में लिखते-लिखते ही छपी है।'[14] इस लेख में हम इसी पुस्तक के आधार पर संघ के विभिन्न विषयों पर, विचारों पर संक्षेप में नजर डालेंगे।

किसान, मजदूर और छोटे व्यवसायियों की आवाज

लिफाफे को देखकर ही मजमून का हाल मालूम हो जाता है। 'त्रिवेणी संघ का बिगुल' के 'समर्पण' पृष्ठ पर ही लेखक कहता है, यह पुस्तक—"जिसके हृदय में देश तथा समाज के शोषितों, शासितों तथा दलितों के प्रति अपार श्रद्धा है—जिसके हृदय में अन्यायों, अत्याचारों तथा जुल्मों को नाश करने के लिए चिनगारियाँ निकल रही हैं—जिसके हृदय में किसान, मजदूर और व्यवसायियों के लिए अमृत की वर्षा हो रही है, उसके कर कमलों में सादर समर्पित।"[15]

यह दीगर बात है कि उत्तर बिहार में ग्रामीण स्तर पर नक्सलवादियों ने भी त्रिवेणी संघ को अपना प्रेरणास्रोत बनाया, लेकिन 'त्रिवेणी संघ' की नीति वैसी उग्रता और राज्य के बहिष्कार की नहीं बल्कि सरकारी व निजी, सभी शक्ति-स्रोतों में लोकतांत्रिक तरीके से वंचित तबकों के लिए रियायत हासिल करने की थी। उसका कहना था कि "इस देश की 90 प्रतिशत जनता अनुन्नत अवस्था में है।...त्रिवेणी संघ इस अनुन्नत समाज के लिए पब्लिक या सरकारी सभी जगहों में रियायत चाहता है, जिससे पिछड़ी हुई जनता आगे बढ़ सके।"[16]

इस रियायत को पाने के लिए वे 'वोट' की ताकत के इस्तेमाल का आह्वान करते थे—"हम लोगों को चाहिए कि जितने चुनाव आवें, उन सब में अपने योग्य और ईमानदार उम्मीदवार खड़े किये जाएँ और अपना सब वोट उन्हीं को दिया जाए।"[17]

संघ कहता था कि "हमने राष्ट्र की त्रिवेणी किसान, मजदूर और व्यवसायियों को पाया, जिसके बिना कोई राष्ट्र तैयार ही नहीं हो सकता। किसान चीजों को पैदा करते हैं और मजदूर उसे भिन्न रूपों में तैयार कर व्यवसाय के योग्य बनाते हैं और व्यवसायी उसे एक जगह से दूसरी जगह पहुँचाते हैं—जिसे कहते हैं संसार का व्यापार। क्योंकि उत्तम तीनों का प्राकृतिक सम्बन्ध है—जिसे कहते हैं त्रिवेणी संगम या त्रिवेणी संघम्।"[18] संघ की नजर में किसान हैं आज की पिछड़ी जातियों के लोग, मजदूर हैं समाज बहिष्कृत अछूत और व्यवसायी हैं निम्न वैश्य, जो छोटे-मोटे व्यवसाय करते हैं।

संघ के बिगुल की आवाज में इस त्रिवेणी समाज का विवरण सुनिए :

किसानों, मजदूरों और छोटे व्यवसायियों की दशा बड़ी ही दयनीय है। बेचारे किसान–बूढ़े-बूढ़ी, युवक-युवती, बाल-बच्चे सभी रात को रात और दिन को दिन न समझते हुए, जेठ की दुपहरी में आग के समान लू की लपट उठ रही है और बेचारे किसान इसकी परवाह न कर खून को पसीने में बहा-बहाकर खेतों में काम कर रहे हैं, और सारी दुनिया चादर तानकर फों-फों कर रही है। सावन और भादों के महीनों में मूसलाधार वृष्टि हो रही है, हफ्तों सूर्य के दर्शन नहीं, वर्षा की झाड़ियाँ लगी हुई हैं, पर किसान सपरिवार ठिठुरते हुए धानों की रोपनी कर रहे हैं और सारी दुनिया झरोखों में बैठ कजरियों की तान छेड़ रही है। पूस और माघ के महीने हैं। खेत और खलिहान में धान की ढेरियाँ लगी हुई हैं। कड़ाके का जाड़ा पड़ रहा है, पर पुआल के सिवा ओढ़ना नहीं। छोटा-सा लड़का एक पैसे की मिठाई के लिए अपने पिता से दाँत खिखड़ रहा है और पिता शर्म से भू माता की ओर देख रहा है। उसके नयन से आँसू टपक रहे हैं। मानो, कह रहा है—हाय भू माता! अपने बाल-बच्चों के लिए मैंने तुझे उत्पीड़न करके धान उपजाया, लेकिन (मैं) एक पैसे का धान बेचने का (भी) अधिकारी नहीं क्योंकि जमींदार का पहरा पड़ा हुआ है। फटो हे माता! मुझ अभागे किसान को शरण दो।

मजदूरों की दशा भी कम सोचनीय नहीं है। बेचारे गरीब मजदूरों से दिन भर पशुओं की तरह काम लिया जाता है और केवल तीन सेर धान उन गरीबों को दिया जाता है, जो उनके परिवार के लिए आधे पेट होना भी मुश्किल है। जमींदारों और पूँजीपतियों ने तो गजब ढा दिया है। जमींदार इतना जुल्म करते हैं कि मजदूरी भी नहीं देते और देते भी हैं तो बहुत कम। बल्कि इनाम में लात-मुक्के, घूँसे तथा गालियों की बौछार लगा देते हैं। पूँजीपति भी तो इनके चचेरे भाई ही हैं, जो रात-दिन पशुओं की तरह मजदूरों से काम लेते हैं और मजदूरी का बीसों गुणा नफा आप लेते हैं।...ठीक ऐसी ही हालत हमारे छोटे-छोटे व्यवसायी भाइयों की भी है। वे तो बड़े व्यवसायियों से ही शोषण कर लिये जाते हैं। पर सरकार का इनकम टैक्स विभाग भी इनको दम लेने नहीं देता। टैक्स के योग्य न होते हुए भी अफसरों की दुर्निगाहों से बेचारों पर टैक्स का बोझ लाद दिया जाता है। लाख चिल्लाते रहते हैं, पर गरीबों की सुनता कौन है![19]

त्रिवेणी संघ "भारत के अन्दर ही नहीं बल्कि विश्व के अन्दर सुराज्य, सुख, सामाजिक-राजनीतिक-आर्थिक समानता, शान्ति और प्रेम के प्रसार का आग्रही था।"[20] और यह सिर्फ बाहरी अथवा राजनीतिक बयान के रूप में नहीं था। वह सभी शोषित वर्गों की एकता, साक्षरता, स्त्री शिक्षा, स्वास्थ्य, पौष्टिक खान-पान और सुसंचालित पारिवारिक जीवन जैसी स्थायी महत्त्व की चीजों पर अपना ध्यान अधिकाधिक केन्द्रित करने पर बल देता था। संघ का कहना था कि "प्रेम से लोथ-पोथ हो। क्योंकि प्रेम ही जीवन का प्राण है, जिसमें प्रेम नहीं, वह केवल मांस से घिरी हुई हड्डियों का ढेर है।"[21]

त्रिवेणी संघ की काव्याभिव्यक्ति

सामाजिक, राजनीतिक, आर्थिक विषयों पर कथारस से सराबोर चिन्तन के साथ-साथ 'त्रिवेणी संघ का बिगुल' में 11 काव्य रचनाएँ भी संकलित हैं। जेएनपी मेहता एक सुघड़ कवि भी थे तथा वे 'इन्द्र', 'माधव' आदि तखल्लुस का इस्तेमाल भी किया करते थे। किताब की शुरुआत 'ईश-प्रार्थना' से की गई है। लेकिन इस प्रार्थना की तासीर अलग है, इसमें प्रेम को सर्वव्यापी बना डालने का आह्वान है। कुछ पंक्तियाँ देखिए :

भगवान हमारा जीवन संसार के लिए हो।
यह जिन्दगी हो लेकिन उपकार के लिए हो।।

उत्तम स्वभाव हमारा, दुश्मन का मन रिझाए।
वह देखते ही कह दे, तुम प्यार के लिए हो।।[22]

'प्रेम' त्रिवेणी संघ के चिन्तन का स्थायी भाव है। वह मानता है कि सर्वव्यापी "प्रेम से ही दुनिया में सुख और शान्ति का सुराज्य हो सकता है।"[23] लेकिन आततायियों के समक्ष त्रिवेणी संघ स्वयं को अदम्य साहस से सम्पन्न विकराल शक्तिशाली के रूप में प्रस्तुत करता है :

पापिन के पाप नाशै, त्रास यमदूतन के,
भव-रूज परिवार नाशै धार त्रिवेणी की।

मान और गुमान नाशै, जाल दुष्ट जालिम के,
सबै भाँति सहाय करै, शोषित दल श्रेणी की।[24]

पुस्तक में संकलित कविताएँ अलग से साहित्यिक पाठ की माँग करती हैं, लेकिन फिलहाल हम इस लेख को उस दिशा में नहीं ले जाकर संघ के मुख्य विचारों को ही देखने की कोशिश करें।

त्रिवेणी संघ का कहना था कि "संसार में अनेक तरह के पाप हैं, लेकिन इससे बढ़कर कोई पाप नहीं है जो अन्याय और अत्याचार को बर्दाश्त कर लिया जाए और उसका प्रतिकार न किया जाए।...यदि कोई शक्तिशाली निर्बल और असहायों को सता रहा है तो उसका प्रतिकार करना परम धर्म है। यदि उसमें कदाचित् हिंसा भी हो जाए तो वह हिंसा धर्मयुक्त है।"[25] 'दीन-हीन के बचाव में' आवश्यकता पड़ने पर हिंसा से भी पीछे न हटने की यह सीख दरअसल बर्बर अत्याचारों को सहते-सहते टूट चुके समुदायों के उस ग्रामीण हिरावल दस्ते के लिए थी, जिसके लिए समाज के पास कुछ भी नहीं था। यह एक ऐसी कौम का आह्वान करती आवाज थी, जो 'सामाजिक, आर्थिक और राजनीतिक साम्राज्यवाद' की सदियों से कैदी थी। उसका अपना हिन्दू-सनातन धर्म भी उसके साथ नहीं था। उसके धर्म को भी उसके कुछ उच्च वर्ण के धर्मबन्धु समुदायों ने बन्धक बना रखा था।

संघ की शब्दावली पर एक नजर

एक समय अछूत और बाद में हरिजन कही जाने वाली जातियों को आज 'दलित' तथा हिन्दू धर्मशास्त्रों के अनुसार शूद्र मानी जाने वाली अधिकांश जातियों को आज 'ओबीसी' या 'पिछड़ा' कहा जाता है। साहित्य, समाजशास्त्रीय विमर्शों तथा राजनीतिक बोलचाल की यह लगभग सर्वमान्य शब्दावली हो गई है। लेकिन आजादी के कई वर्षों बाद तक ऐसा नहीं था। 'त्रिवेणी संघ का बिगुल' में आज के ओबीसी के लिए 'अनुन्नत समाज' ('अनुन्नत समाज' के बगल में कोष्ठक में इसे अंग्रेजी की रोमन लिपि में Backward भी लिखा गया है), 'पिछड़े हुए लोग' तथा कहीं-कहीं 'दलित' शब्द का भी उपयोग किया गया है। अधिकांश जगहों पर आज की 'अनुसूचित जाति' के लिए भी 'अनुन्नत समाज' व 'बैकवर्ड' शब्द का प्रयोग है। यानी, बैकवर्ड, पिछड़ा और दलित—तीनों शब्दों का उपयोग आज की ओबीसी और अनुसूचित जाति, दोनों जाति समूहों के लिए किया गया है। अनेक स्थानों पर आज की अनुसूचित जाति के लिए 'अछूत' शब्द का प्रयोग भी है। कुछ जगहों पर 'अछूत' के बगल में कोष्ठक में 'शूद्र' भी लिखा गया है। 'किसान' और 'मजदूर' शब्द का प्रयोग भी प्राय: क्रमश: इन्हीं दो अलग-अलग समुदायों के सन्दर्भ में है। 'सवर्ण/द्विज' जातियों को प्राय: अत्याचारी, शोषक आदि नामों से सम्बोधित किया गया है। एक जगह इन्हें 'उच्च जाति' (कोष्ठक में इसे अंग्रेजी की रोमन लिपि में High Class लिखा गया है) तथा एक जगह अन्यत्र अनुन्नत जातियों को पब्लिक और सरकारी पदों पर विशेष रियायत देने की माँग करते हुए इन्हें 'फारवर्ड (Forward)' बनाए जाने की आवश्यकता बताई गई है। 'फारवर्ड' शब्द का उपयोग यहाँ द्विज/सवर्ण जाति के सन्दर्भ में नहीं है। दलित, ओबीसी और सवर्णों को व्याख्यायित करने वाली 'त्रिवेणी संघ का बिगुल' की यह शब्दावली भी अलग से ऐतिहासिक-समाजशास्त्रीय विश्लेषण की माँग करती है।

वंचित समुदायों की एकता का आह्वान

त्रिवेणी संघ 'अनुन्नत समाज' और 'अछूत समाज' की चट्टानी एकता का पक्षधर था। उसका कहना था कि "जिस प्रकार धनियों की स्वार्थपरता ने पूँजीवाद को

जन्म दिया, उसी प्रकार धर्मान्धों और समाज-खूँखारों ने गुलाम बनाने के लिए 'अछूत' (शूद्र) शब्द को पैदा किया।... त्रिवेणी संघ...इस अछूत शब्द को तो दुनिया से विदा कर देना चाहता है।"[26]

संघ के सक्रियता काल में बिहार समेत देश के अधिकांश हिस्सों में कांग्रेस और उसके द्विज-गांधीवाद का बोलबाला था, जबकि बिहार में भूमिहार किसानों के नेता के रूप में स्वामी सहजानन्द और उनकी किसान सभा भी काफी सक्रिय थी। त्रिवेणी संघ ने महात्मा गांधी के व्यक्तित्व के सम्मोहन को स्वीकार किया तथा उनके अनेक विचारों से प्रेरणा ग्रहण की, लेकिन स्वामी सहजानन्द की किसान सभा, कांग्रेस और उसके द्विज-गांधीवाद को उसने प्रश्नांकित किया।

गांधी जी द्वारा अछूतोद्धार के लिए किये गए अनशन ने कांग्रेस के प्रति अछूतों के आकर्षण को बढ़ा दिया था। इस प्रसंग में त्रिवेणी संघ ने उन्हें इन गांधीवादियों की वास्तविकता बताते हुए कहा—"जब महात्मा गांधी ने आपके उद्धार के लिए अनशन की घोषणा की थी, उस समय क्या हो रहा था? कहीं अछूतों की सभा करा-कराकर बड़ी-बड़ी स्पीचें झाड़ी जाती थीं, तो कहीं कुओं पर पानी भरवाया जाता था। इस तरह भारत के कोने-कोने से महात्मा जी के पास तार और चिट्ठियाँ पहुँचने लगी थीं कि हम लोगों ने अछूतों को अपना लिया है। हम लोगों को उनसे किसी प्रकार की घृणा नहीं है। इसी तरह अछूतों की तरफ से भी पत्र पहुँचने लगे कि हमें किसी प्रकार का कष्ट नहीं। हमारा अधिकार भी सवर्ण हिन्दुओं-सा हो गया है। लेकिन क्या हुआ? आपका उद्धार हुआ? फिर वही रंगत, वही चाल और वही खँजड़ी, वही ताल।"[27] संघ ने अछूतों को इस तरह के गांधीवाद से सावधान करते हुए कहा कि "भाई, धनी की सहायता धनी करता है और गरीब की सहायता गरीब ही। इसलिए आप सब त्रिवेणी संघ के झंडे के नीचे चले आओ, क्योंकि त्रिवेणी संघ गरीबों की ही संस्था है।"[28]

ब्राह्मणवाद का विरोध और धर्मनिरपेक्षता

त्रिवेणी संघ का जोर ब्राह्मणवाद और द्विजवाद की कटु आलोचना पर था। वे अपने 'सनातन धर्म' के कर्मकांडों व पाखंडों के निर्मम आलोचक थे,

लेकिन उनका मानना था कि "सनातन धर्म की नींव इतनी मजबूत है कि उसका विच्छेद कालत्रय में भी नहीं हो सकता।"[29] 'त्रिवेणी संघ का बिगुल' से गुजरते हुए ऐसा लगता है कि डॉ. आम्बेडकर के आन्दोलनों से वे उस समय तक परिचित नहीं थे।

लेकिन उनकी धर्मनिरपेक्षता की अवधारणा बहुत साफ थी। उनका मानना था कि गरीब चाहे किसी भी धर्म का हो, उनका दुख साझा है और "राम-रहीम एक ही हैं। हिन्दू राम-कृष्ण कहकर पूजते हैं तो मुसलमान अल्लाह और ईसाई गॉड के नाम से। और कुछ नहीं सबके परमात्मा एक ही हैं।...पर नासमझी के कारण खींच-तान हो रही है और दंगे करा करके नाहक खून बहाए जाते हैं।... प्राय: इन दंगों को कराने वाले पंडित और मौलवी ही हुआ करते हैं।...झगड़ा लगाने वाले ताली पीट-पीटकर अपना मतलब साधते हैं, लेकिन गर्दन कटती है आप गरीब भाइयों की।"[30]

सच्चे देशभक्त पूत

त्रिवेणी संघ ने देश की आजादी की लड़ाई में बढ़-चढ़ कर भाग लिया तथा जमींदारों की खुली मुखालफत की। "इसके नेताओं और कार्यकर्ताओं ने भारत छोड़ो आन्दोलन में सक्रियता से हिस्सा लिया, ...भूमिगत हुए और जेल गए।"[31] इसके बावजूद उन पर अंग्रेजों और जमींदारों से साँठ-गाँठ का आरोप लगाया जाता था।

उस समय "बिहार के सभी बड़े नेता—डॉ. सच्चिदानन्द सिन्हा, डॉ. राजेन्द्र प्रसाद, श्री कृष्ण सिंह, स्वामी सहजानन्द, अनुग्रह नारायण सिंह आदि अपनी अपनी जातीय सभाओं से जुड़ रहे थे।"[32] इन उच्च जाति नेताओं के अपनी जाति सभाओं में सक्रिय रहने पर कोई सवाल नहीं उठता था, लेकिन त्रिवेणी संघ, जिसने वास्तव में जाति से जमात की ओर यात्रा की थी, को 'जातिवादी', 'सामुदायिक विभाजन' करने वाला तथा 'देशद्रोही' तक ठहरा दिया जाता था। संघ को जातिवादी बताने वालों में बिहार के कांग्रेसी अखबार तो थे ही, जवाहरलाल नेहरू भी थे और 'किसान सभा' के नेता स्वामी सहजानन्द भी। लेकिन इससे भी अधिक आश्चर्यजनक थी स्वामी सहजानन्द की जाति से आने वाले हिन्दी

के दो बड़े लेखकों राहुल सांकृत्यायन और रामवृक्ष बेनीपुरी की जाति आधारित पक्षधरता। बेनीपुरी जी तो सीधे-सीधे 'किसान सभा' से जुड़े थे, जो संघ का विरोधी था। राहुल सांकृत्यायन ने त्रिवेणी संघ पर जमींदारों का पिट्ठू होने का आरोप लगाया था। अपनी किताब 'दिमागी गुलामी' में उन्होंने कहा कि "जब से किसान आन्दोलन ने जोर पकड़ा है तब से जमींदार श्रेणी किसानों की शक्ति कमजोर करने के लिए मजबूर हुई है। इसी आधार पर (उन्होंने) खेतिहर मजदूर आन्दोलन वैसे ही उठाना चाहा जैसे कि पिछले चुनावों में उन्होंने त्रिवेणी संघ को सलाह और सबसे बढ़कर रुपयों की मदद दी थी।"[33] स्पष्ट रूप से राहुल जी का आरोप न सिर्फ सरासर मिथ्या था, बल्कि तथ्य इसके ठीक उलट थे। त्रिवेणी संघ का जन्म ही जमींदारों और सामन्तों के विरोध में हुआ था, तथा उसे जमींदारों का हिंसक विरोध झेलना पड़ा था।

संघ की देशभक्ति की तासीर महसूस करनी हो तो 'त्रिवेणी संघ का बिगुल' में संकलित काव्य रचनाओं को देख लेना पर्याप्त होगा। मसलन, उसका 'जुलूस गान' है :

त्रिवेणी संघ के सैनिक हैं, हम समरांगण में जाएँगे।
आवेश भरा है नस नस में हम करके कुछ दिखलाएँगे॥

माता को धैर्य बँधाएँगे, हम काम देश के आएँगे।
दुखिया के दिन फिर जाएँगे, हम सच्चे पूत कहलाएँगे॥[34]

गाँव, शिक्षा, स्वास्थ्य और परिवार

त्रिवेणी संघ का कहना था कि "उत्थान की सारी कुंजियाँ राजनीतिक क्षेत्र में रहती हैं। राजकीय विभाग में जिस समाज का बल जितना ही अधिक होगा, वह समाज उतना ही आगे बढ़ सकेगा।... बिना संगठन के कुछ नहीं हो सकता। अस्तु, हम लोगों को चाहिए कि आपस में भेद-भावों को छोड़कर संगठित हो जाएँ।"[35] इन उद्‌देश्यों की पूर्ति के लिए उसका सूत्र वाक्य था—"संघे शक्ति कलीयुगे!"[36] लेकिन राजनीतिक जीत ही उनका साध्य नहीं था।

एक छोटे से संगठन के बूते बिहार की राजनीति में हलचल पैदा कर देने, कांग्रेस और किसान सभा में समाई हुई भूमिहार-राजपूत और कायस्थों की

भीमकाय राजनीतिक ताकत को तिलमिला देने, झुकने को मजबूर कर देने से 'त्रिवेणी संघ' को न तो ज्यादा खुशी हुई थी, न ही सन्तोष।

इसलिए यह जानना आवश्यक हो जाता है कि उन्होंने अपने संगठन की शक्ति का उपयोग अधिकाधिक किन उद्देश्यों के लिए करने का प्रस्ताव किया था। इसके लिए 'त्रिवेणी संघ का बिगुल' का अध्याय 'हमारा प्रोग्राम' देखना चाहिए। 'हमारा प्रोग्राम' में लेखक कहता है कि—"बन्धुओ! आपने शोषित-शासित तथा दलितों को उन्नत बनाने के लिए, अन्याय और अत्याचारों का नाश करने के लिए, मनुष्य को मनुष्य का-सा व्यवहार करने का पाठ पढ़ाने के लिए, परतंत्र हृदय में स्वतंत्रता का बिगुल फूँकने के लिए, मानव समाज का अधिकार बताने के लिए, देश को स्वतंत्र बनाने के लिए, किसान, व्यवसायी तथा मजदूरों की आर्थिक दशा सुधारने के लिए तथा कृषि, शिल्प कला आदि उद्योग-धन्धों को उन्नत बनाने के लिए त्रिवेणी संघ को पैदा किया। लेकिन अभी तक आप अपने उद्देश्यों की पूर्ति के लिए कोई ठोस रूप में कार्य न कर सके हैं।"[37]

वे कौन से ठोस कार्य हैं, जिनकी पूर्ति न हो सकने के कारण त्रिवेणी संघ चिन्तित है? उसका मूल उद्देश्य था, दलित और अनुन्नत समाजों की 'शारीरिक, मानसिक और आत्मिक' उन्नति। संघ कहता है, इन उद्देश्यों की पूर्ति के लिए "ऐसे तो कार्य बहुत हैं, लेकिन चलो, चलें गाँवों की ओर देहातों में, जहाँ देश के 90 प्रतिशत मनुष्य भारत के लिए ही नहीं, बल्कि मानव समाज के लिए, सूर्य की प्रचंड से प्रचंड किरणों में, मेघों के घोर से घोर गर्जन और वर्षन में, शीत की खूब से खूब थरथराहट में कायिक तपस्या कर रहे हैं। इसलिए चलो, चलें उन्हीं की सेवा की जाए क्योंकि वे ही राष्ट्र के देवता हैं।"[38]

त्रिवेणी संघ ग्राम सुधार के लिए कृतसंकल्प था तथा हर गाँव में 'त्रिवेणी सेवा दल' के नाम से स्वयंसेवकों की एक टोली बनाना चाहता था। इस टोली की जिम्मेवारी निर्धारित की गई थी—निरक्षरता निवारण, हर गाँव में पुस्तकालय की स्थापना, स्वच्छता अभियान चलाना तथा व्यायामशाला (अखाड़ा) आदि की सुचारु व्यवस्था। व्यायाम के सम्बन्ध में संघ का सन्देश था कि "यह मत पूछो कि कसरत करने से क्या फायदा होगा। एक मतवाले हाथी को ही देखकर अन्दाजा लगा लो कि किस तरह उसका रास्ता साफ हुआ चला जाता है नवजवानो! शरीर के लिए जितना जरूरी तुम खाने और

पाखाने को समझते हो, उसी तरह करसत को भी समझो।"[39] स्वस्थ मन और स्वस्थ शरीर के उनके एजेंडे को देखकर आप अनुमान लगा सकते हैं कि उनकी सोच कितनी दूरगामी थी। त्रिवेणी संघ की विचारधारा तात्कालिक जीत-हार को महत्त्व देने वाली नहीं है। उसकी निगाह आने वाली पीढ़ियों के सर्वोन्मुखी विकास पर रहती है।

उसका संघर्ष विशुद्ध जमीनी था और कार्ययोजना नितान्त व्यावहारिक। वह किसी भी प्रकार के वाग्जाल और थोथी दार्शनिकता में फँसने से इनकार करने वाली विचाधारा थी। उसके आदर्श समाज की परिकल्पना थी, जीवन के उल्लास से परिपूर्ण व्यक्ति और सुखी परिवार। उसका मानना था कि "क्या स्वर्ण का सुख उसे लुभा सकता है, जिसका वास सुव्यवस्थित और सुसंचालित परिवार में कुछ दिन भी हुआ हो?"[40] लेकिन उसे पता था कि बिना आर्थिक आजादी के 'सुव्यवस्थित और सुसंचालित परिवार' की बात करना दिवास्वप्न ही है तथा पिछड़े-दलित परिवारों की बेहद दयनीय आर्थिक अवस्था उनके 'शारीरिक, मानसिक और आत्मिक' उन्नति में पहली और सबसे बड़ी बाधा है। इसलिए उसने अपने बिगुल में महात्मा तिरुवल्लुवर की शिक्षाओं की फूँक दी कि "दयार्द्रता, जो प्रेम की सम्पत्ति है, उसका पालन-पोषण करने के लिए सम्पत्ति रूपिणी दयालु धाय की आवश्यकता होती है। ...धन पैदा करो क्योंकि अप्रसिद्ध और बेकद्रोकीमत लोगों को प्रतिष्ठित बनाने में जितना धन समर्थ है, उतना और कोई पदार्थ नहीं।"[41]

अन्तरजातीय विवाह और स्त्री

त्रिवेणी संघ अन्तरजातीय प्रेम विवाह, स्त्री के समान अधिकारों तथा विधवा विवाह का पक्षधर था। हालाँकि 'त्रिवेणी संघ का बिगुल' स्त्री को मुख्य रूप से 'पत्नी', 'बहू' और 'सास' की भूमिका में सम्बोधित करता है और कहता है—"जिसको बल नहीं, उसका धन और स्त्री को दूसरे के हाथ में गया समझो।"[42] लेकिन सिर्फ इस कारण से त्रिवेणी संघ के स्त्री विषयक चिन्तन को प्रतिगामी ठहराना उचित नहीं कहा जा सकता। जैसा कि लेखक ने पुस्तक की भूमिका में भी बताया है कि यह 'किताब प्रेस में लिखते-लिखते छपी है',

इसलिए यह समझा जा सकता है कि संघ के विचार पुस्तक में सुनियोजित रूप से नहीं आ पाए हैं। किताब के स्त्री विषयक चिन्तन को इकट्ठा करने पर उसकी विश्रृंखलता विशेष तौर पर झलकती है। वह कहता है कि "जो लोग अपनी स्त्रियों के श्रीचरणों की अर्चना में लगे रहते हैं, वे कभी महत्त्व को प्राप्त नहीं कर सकते हैं और जो महान् कार्य करने की उच्चाशा रखते हैं, वे ऐसे वाहियात प्रेम के फंदे में नहीं पड़ते" लेकिन वह उससे कहीं अधिक बल देकर कहता है कि "विवाह-शादी में भी लोगों ने धर्म की टाँग को अड़ा दिया है। यदि किसी जाति का पुरुष दूसरी जाति की स्त्री से शादी कर ले तो वह धर्म-भ्रष्ट समझा जाता है। क्या यह देश और समाज के लिए अफसोसजनक नहीं है? क्या सचमुच धर्म ने अड़ंगा लगाया है? नहीं-नहीं! धर्म तो कहता है एक स्त्री जाति है और दूसरी पुरुष।... यदि इस तरह की (अन्तरजातीय) शादी प्रचलित हो जाती है तो भारत के अच्छे दिन आते देर न लगेंगे।"[43]

इसी तरह, एक ओर वह बहू को कहता है कि "यदि सास तुम्हें गालियाँ दे रही है तो कानों में उँगली डाल लो। यही शरीफ घर की लड़कियों की निशानी है।" लेकिन दूसरी ओर सास को कहता है कि "तुम अपनी बहुओं को बहुत तंग किया करती हो। मैं मानता हूँ कि उनके स्वभाव अभी कुछ उतावले हैं, पर वे स्वाभाविक हैं।... देखो, जब तुम्हारी बहू गर्भवती हो, उसे भूलकर भी तंग न करो। उसके हृदय को चोट न पहुँचाओ। ...बल्कि उसकी चिन्ताओं को दूर कर उसे सदा प्रसन्न रखो।"[44] बहू और सास को दी जाने वाली ये नसीहतें भले ही कुछ लोगों को गैर-जरूरी लगें, किन्तु समग्रता में ये सार्वकालिक महत्त्व की और पिछड़े-दलित परिवारों की स्थिति को देखते हुए निहायत जरूरी शिक्षाएँ हैं। संघ का स्त्री-पुरुष की समानता विषयक चिन्तन उस समय और स्पष्ट हो जाता है, जब वह धर्माचार्यों से पूछता है—"क्या यह कानून बनाते समय आपको शर्म नहीं आई कि औरतों की गलती पर तो उन्हें कत्ल कर दिया जाए, पर पुरुषों की पीठ ठोंकी जाए?..क्या आपने विधवाओं की लाल-लाल आँखों को देखा है, जो रोते-रोते फूल गई हैं?" संघ अपने लोगों का आह्वान करता है कि "स्त्रियों की निरक्षरता तो देश और समाज को और भी रसातल में लिये जा रही है, क्योंकि समाज की उन्नति औरतों के ही अधिक हाथ में है। पढ़े-लिखे युवकों को तो अपनी-अपनी औरतों को पढ़ाने के लिए आज से ही प्रतिज्ञा कर लेनी चाहिए।"[45]

संघ की प्रेरणाओं, गुणों और भावनाओं का विकास

"त्रिवेणी संघ का कार्य क्षेत्र बिहार ही था, लेकिन बिहार की सीमा से लगा पूर्वी उत्तर प्रदेश भी इससे प्रभावित हुआ था।"[46]

राजनीतिक स्तर पर संघ की प्रेरणाओं, गुणों और भावनाओं का विकास 1967 में बिहार में जगदेव प्रसाद द्वारा स्थापित 'शोषित दल' के रूप में हुआ। बिहार में 1968 में इस दल की सरकार बनी थी, जिसके मुख्यमंत्री बी.पी. मंडल हुए थे। वही बी.पी. मंडल, जो आगे चलकर भारत सरकार के बहुचर्चित 'मंडल आयोग' के अध्यक्ष बने।

इसी प्रकार सांस्कृतिक-सामाजिक आन्दोलन के स्तर पर त्रिवेणी संघ का विकास उत्तर प्रदेश में रामस्वरूप वर्मा द्वारा इसी वर्ष (1968 में) स्थापित 'अर्जक संघ' था। इसी वर्ष (1968 में ही) जगदेव प्रसाद ने जेएनपी मेहता की पत्रिका 'शोषित पुकार' की तर्ज पर अपनी पत्रिका 'शोषित' का प्रकाशन भी आरम्भ किया। अर्जक संघ ने 'शारीरिक श्रम की श्रेष्ठता' का सैद्धान्तीकरण किया तथा इसे धर्म, कला, साहित्य समेत जीवन के सभी क्षेत्रों में पल्लवित करने की कोशिश की।[47] दूसरी ओर राजनीतिक संगठन 'शोषित दल' ने त्रिवेणी संघ की ही तर्ज पर घोषित किया कि "दस प्रतिशत शोषक बनाम नब्बे प्रतिशत शोषित की लड़ाई हिन्दुस्तान में समाजवाद या कम्युनिज्म की असली लड़ाई है। हरिजन, आदिवासी, मुसलमान कही जाने वाली जातियाँ शोषित हैं।"[48] और नारा दिया—"दस का शासन नब्बे पर, नहीं चलेगा नहीं चलेगा" तथा "जो जमीन जोते बोए, वही जमीन का मालिक होए।"[49]

'अर्जक संघ' की स्थापना करने वाले रामस्वरूप वर्मा ने उत्तर प्रदेश में 'अपना दल' नामक राजनीतिक संगठन भी बनाया। 1972 में उनके 'अपना दल' और जगदेव प्रसाद के 'शोषित दल' का विलय हो गया और बना—'शोषित समाज दल'।

अगर त्रिवेणी संघ के खत्म होने के बाद किसी 'त्रिवेणी' की तलाश करनी हो तो वह त्रिवेणी थी—रामस्वरूप वर्मा, जगदेव प्रसाद और ललई सिंह यादव के सामाजिक-राजनीतिक आन्दोलनों की। इस 'त्रिवेणी' ने 1930 के दशक के त्रिवेणी संघ की प्रेरणाओं, गुणों और भावनाओं का सच्चे अर्थों में विकास और विस्तार किया।

यह धारा आज भी उत्तर भारत में विभिन्न रूपों में सक्रिय है। खैर, यह सब आपस में जुड़ी हुई, लेकिन अलग कहानी है।

दरअसल, अनेक लोग आजादी के बाद के वर्षों में डॉ. राममनोहर लोहिया के नेतृत्व में चले 'पिछड़ा पावै सौ में साठ' के आन्दोलन को त्रिवेणी संघ का विकास समझने की भूल कर सकते हैं। त्रिवेणी संघ का अध्ययन करते हुए प्रसन्न कुमार चौधरी/श्रीकांत ने भी डॉ. लोहिया को "पिछड़ों की सामाजिक क्रान्ति का अधिक परिपक्व विचारधारात्मक-राजनीतिक दर्शन विकसित करने वाला" बताया है।[50]

लोहिया की धारा पर भी त्रिवेणी संघ का प्रभाव था, लेकिन वास्तव में डॉ. लोहिया के विचारों ने त्रिवेणी संघ की मूल भावना के विकास में व्यतिक्रम ही उत्पन्न किया था। "स्वयं लोहिया का व्यक्तित्व इतना विरोधाभासी था कि आज यह समझना कठिन है कि वह चाहते क्या थे। अपनी राजनीति को पुख्ता करने के लिए उन्होंने पिछड़ा पावै सौ में साठ का नारा देकर पिछड़े तबकों से अपनी पार्टी के लिए पर्याप्त समर्थन तो जुटाया, लेकिन ब्राह्मणवादी चिन्तन परम्परा पर कोई व्यवस्थित हमला नहीं किया।..लोहिया ने जो समझ विकसित की थी उसके बूते सरकार तो बनाई जा सकती थी, कोई आन्दोलन विकसित नहीं किया जा सकता था।"[51] यही कारण था कि रामस्वरूप वर्मा और जगदेव प्रसाद को डॉ. लोहिया का साथ छोड़कर अपनी अलग जमीन बनानी पड़ी।

अन्त में, स्वराज्य बनाम सुराज्य और एक जरूरी चेतावनी

1909 में प्रकाशित महात्मा गांधी के 'हिन्द स्वराज' की आधुनिक ज्ञान-विज्ञान की विरोधी पोंगापंथी अवधारणाएँ त्रिवेणी संघ के सक्रियता-काल में राजनीतिक क्षेत्र में काफी लोकप्रिय थीं, लेकिन त्रिवेणी संघ ने इसे नकारते हुए 'धनिकों और जबरदस्तों' के राज की अवधारणा बताया। 'त्रिवेणी संघ के बिगुल' के स्वर में सुनिए :

> *नहीं! नहीं!! स्वराज्य ही नहीं सुराज्य। त्रिवेणी संघ चाहता है सुराज्य। स्वराज्य का माने होता है अपना राज्य—यानी भारत का स्वराज्य हुआ भारतीय राज्य। स्वराज्य मात्र हो जाने से इस देश के लोग सुखी और*

समृद्धशाली हो जाएँगे, यह मानना कोरी कल्पना है। क्योंकि भारत में तो विदेशियों के राज्य हुए अभी 150 वर्ष भी नहीं हो रहे हैं, पहले भारतीय राज्य ही था। लेकिन मैं पूछता हूँ कि सुख और शान्ति थी? सबको धार्मिक, सामाजिक तथा राजनीतिक क्षेत्रों में समान अधिकार थे?... यदि नहीं तो ऐसे स्वराज्य से क्या लाभ? ऐसा राज्य तो धनिकों और जबरदस्तों का होगा। फिर हम गरीब और निर्बलों को क्या मिलेगा? वही इनकी गुलामी।[52]

इसलिए, सिर्फ अंग्रेजों से देश की आजादी नहीं, "बल्कि संघ चाहता है धार्मिक, सामाजिक, राजनीतिक तथा आर्थिक साम्राज्यवादों का अन्त और उनके स्थान पर धार्मिक, सामाजिक, राजनीतिक तथा आर्थिक साम्यवाद का प्रचार तथा औद्योगिक क्रान्ति, जिससे सभी फूल-फल सकें और हो सुख और शान्ति का स्वराज्य।"[53]

कहने की आवश्यकता नहीं कि प्रतिगामी सोच और राजनीति का अचूक उत्तर त्रिवेणी संघ जैसी विचारधाराओं की सैद्धान्तिकी और पिछड़े-दलित-आदिवासियों की राजनीतिक एकता से आज भी दिया जा सकता है।

हाँ, इस लेख के अन्त में, त्रिवेणी संघ ने अपने बिगुल में 'त्रिवेणी बन्धुओ' की एकता के खंडित होने के खतरे की ओर जो संकेत किया था, उसे भी 'बहुजनों' को याद दिला देना जरूरी है—"सावधान! जरा भी इधर-उधर हुए कि दाने के समान चुग लिये जाओगे!"[54]

सन्दर्भ

1. मधुकर सिंह, *कथा कहो कुंती माई*, हिमाचल पुस्तक भंडार, 2002
2. अनुग्रह नारायण सिन्हा, *मेरे संस्मरण*, कुसुम प्रकाशन, पटना, 1961
3. सतीनाथ भादुड़ी, *ढोड़ाय चरितमानस*, हिन्दी अनुवाद, मधुकर गंगाधर, लोकभारती प्रकाशन, 2008
4. देवकांत बरुआ, *ढोड़ाय चरितमानस* के हिन्दी अनुवाद की भूमिका, वही
5. चौधरी जेएनपी मेहता, *त्रिवेणी संघ का बिगुल, बिहार में सामाजिक परिवर्तन*, विद्या विहार, नई दिल्ली, 2010 में संकलित।
6. वही
7. वही

8. वही
9. वही
10. वही
11. प्रसन्न कुमार चौधरी/श्रीकांत, *बिहार में सामाजिक परिवर्तन*, विद्या विहार, नई दिल्ली, 2010
12. वही
13. वही
14. चौधरी जेएनपी मेहता, *त्रिवेणी संघ का बिगुल*, *बिहार में सामाजिक परिवर्तन*, विद्या विहार, नई दिल्ली, 2010 में संकलित।
15. वही
16. वही
17. वही
18. वही
19. वही
20. वही
21. वही
22. वही
23. वही
24. वही
25. वही
26. वही
27. वही
28. वही
29. वही
30. वही
31. प्रसन्न कुमार चौधरी/श्रीकांत, *बिहार में सामाजिक परिवर्तन*, विद्या विहार, नई दिल्ली, 2010
32. वही
33. राहुल सांकृत्यायन, *दिमागी गुलामी*, किताब महल, दिल्ली
34. चौधरी जेएनपी मेहता, *त्रिवेणी संघ का बिगुल*, *बिहार में सामाजिक परिवर्तन*, विद्या विहार, नई दिल्ली, 2010 में संकलित।
35. वही
36. वही
37. वही

38. वही
39. वही
40. वही
41. वही
42. वही
43. वही
44. वही
45. वही
46. रामेश्वर प्रसाद चौधरी, *त्रिवेणी संघ : एक स्मरण*, जागृति प्रकाशन, पटना, 2011
47. देखें, अर्जक संघ का सिद्धान्त वक्तव्य, *जगदेव प्रसाद वाङ्मय*, (सम्पादक, राजेन्द्र प्रसाद सिंह), सम्यक प्रकाशन, दिल्ली, 2011
48. जगदेव प्रसाद, शोषित दल की स्थापना दिवस पर निबन्ध, *जगदेव प्रसाद वाङ्मय*, (सम्पादक, राजेन्द्र प्रसाद सिंह), सम्यक प्रकाशन, दिल्ली, 2011
49. अशोक कुमार सिन्हा, *सामाजिक क्रान्ति के सूत्रधार*, शब्दा प्रकाशन, पटना, 2012
50. प्रसन्न कुमार चौधरी/श्रीकांत, *बिहार में सामाजिक परिवर्तन*, विद्या विहार, नई दिल्ली, 2010
51. प्रेमकुमार मणि, *जन विकल्प* (मासिक) का सम्पादकीय, नवम्बर, 2007
52. चौधरी जेएनपी मेहता, *त्रिवेणी संघ का बिगुल*, *बिहार में सामाजिक परिवर्तन*, विद्या विहार, नई दिल्ली, 2010 में संकलित।
53. वही
54. चौधरी जेएनपी मेहता, *त्रिवेणी संघ का बिगुल*, *बिहार में सामाजिक परिवर्तन*, विद्या विहार, नई दिल्ली, 2010 में संकलित।

बहुजन चेतना का निर्माण और अर्जक संघ

—ओमप्रकाश कश्यप

'अर्जक संघ' की स्थापना रामस्वरूप वर्मा ने 1 जून, 1968 को की थी। आन्दोलन को आगे बढ़ाने का काम जगदेव प्रसाद, महाराज सिंह भारती, मंगलदेव विशारद जैसे बुद्धिवादी चेतना से लैस नेताओं ने किया। इन सभी का उद्देश्य था, सामाजिक न्याय की लड़ाई को विस्तार देना।

'अर्जक संघ' का अभिप्राय है, मेहनतकश लोगों का संगठन। इसमें किसान, मजदूर, शिल्पकार, तकनीशियन आदि वे सभी लोग सम्मिलित हैं, जो अपने श्रम-कौशल के आधार पर जीविकोपार्जन करते हैं। वह बौद्धिक श्रम और शारीरिक श्रम में भेद नहीं करता। अपितु वह शारीरिक श्रम को बौद्धिक श्रम से ऊँचा मानता है। उसका मानना है कि बौद्धिक श्रम उत्पादन में सहायक तो हो सकता है, लेकिन वह स्वयं उत्पादन नहीं कर सकता। दूसरी ओर शारीरिक श्रम द्वारा मनुष्य अपनी जरूरत के लायक कुछ भी उत्पादित कर सकता है। इसलिए वह बौद्धिक श्रम की अपेक्षा श्रेष्ठतर है। बौद्धिक श्रम करने वाले प्राय: अपनी स्थिति का लाभ उठाकर समाज में अनुकूल स्थितियों का सृजन कर लेते हैं। इससे वह वर्ग जो शारीरिक श्रम में लिप्त और समाज का प्रमुख उत्पादक वर्ग भी है—के साथ अन्याय बढ़ता जाता है। भारतीय वर्ण-व्यवस्था का स्वरूप कुछ ऐसा है कि इसमें शारीरिक श्रम करने वाले को न केवल सबसे नीचे माना गया है, अपितु उसे मानवोचित मान-सम्मान और सुख से भी वंचित रखा जाता है। 'आर्जक संघ' के अनुसार दूसरों के श्रम पर जीना भिक्षावृत्ति जैसा है। भारतीय अभिजन आरम्भ से ही दूसरों के श्रम पर जीता आया है। दूसरी ओर सफाई करने वाला सबसे निकृष्ट काम करता है। उसे ऐसे काम का उचित मेहनताना

तो दूर अपेक्षित मान-सम्मान भी नहीं मिल पाता। खुद को श्रम से बचाए रखने के लिए ही ब्राह्मणों ने जातिप्रथा की रचना की है। इसलिए किसी भी रूप में ब्राह्मणवाद का बहिष्कार, व्यक्ति और समाज दोनों के हित में है। 'अर्जक संघ' श्रम को उसका वास्तविक सम्मान दिये जाने का समर्थक है। इसके लिए वह जाति-प्रथा को भेदभाव को जन्म देने वाली अमानवीय प्रथा मानता है। 'अर्जक संघ' सम्पूर्ण सामाजिक समानता, जिसमें लैंगिक समानता भी सम्मिलित है, का समर्थन करता है।

अर्जक संघ के संस्थापक रामस्वरूप वर्मा (22 अगस्त, 1923—19 अगस्त, 1998) का जन्म कानपुर (वर्तमान कानपुर देहात) जिले के गौरीकरन गाँव में पिछड़ी जाति के कुर्मी किसान परिवार में हुआ था। उनके पिता का नाम वंशगोपाल और माँ का नाम सुखिया देवी था। वे शुरू से ही मेधावी थे। हाईस्कूल और उससे ऊपर की सभी परीक्षाएँ उन्होंने प्रथम श्रेणी में पास की थीं।

माता-पिता चाहते थे कि उनका बेटा उच्चाधिकारी बने। रामस्वरूप वर्मा ने प्रशासनिक सेवा की परीक्षाएँ दीं और उत्तीर्ण हुए। लेकिन साक्षात्कार का बुलावा आया तो उन्होंने शामिल होने से इनकार कर दिया।

परिचितों को उनका फैसला अजीब लगा। कुछ ने टोका भी। वे चुप रहे। परिवार को उन पर भरोसा था। सो उन्होंने भी भरोसे को बनाए रखा। इस बीच उनकी डॉ. राममनोहर लोहिया और सोशलिस्ट पार्टी से नजदीकियाँ बढ़ने लगी थीं। सार्वजनिक जीवन की शुरुआत के लिए उन्होंने अपने प्रेरणा पुरुष लोहिया को ही चुना। वे सोशलिस्ट पार्टी के सदस्य बनकर उनके आन्दोलन में शामिल हो गए। 1957 में उन्होंने 'सोशलिस्ट पार्टी' के उम्मीदवार के रूप में कानपुर जिले के भोगनीपुर से, विधान सभा का चुनाव लड़ा; और मात्र 34 वर्ष की अवस्था में वे उत्तर प्रदेश विधान सभा के सदस्य बन गए। यह उनके लम्बे सार्वजनिक जीवन का शुभारम्भ था। उससे अगला चुनाव वे 1967 में 'संयुक्त सोशलिस्ट पार्टी' के टिकट पर जीते।

गिने-चुने नेता होते हैं, जो पहली ही बार में जनता के मानस पर अपनी ईमानदारी की छाप छोड़ जाते हैं। रामस्वरूप वर्मा ऐसे ही नेता थे। जनमानस पर उनकी पकड़ थी। हालाँकि लोहिया से विभिन्न वैचारिक मसलों पर उनका मतभेद भी हुआ।

1969 का विधान सभा चुनाव उन्होंने निर्दलीय उम्मीदवार के रूप में लड़ा और जीते। स्वतंत्र राह पकड़ने की चाहत में उन्होंने 1968 में 'समाज दल' नामक राजनीतिक पार्टी की स्थापना की थी। उद्देश्य था, समाजवाद और मानवतावाद को राजनीति में स्थापित करना। लोगों के बीच समाजवादी विचारधारा का प्रचार करना। उनका दूसरा लक्ष्य था, अभिजनवाद के विरोध के लिए अर्जक संघ की वैचारिकी को घर-घर पहुँचाना। गौरतलब है कि 'समाज दल' की स्थापना से कुछ महीने पहले जगदेव प्रसाद ने 25 अगस्त, 1967 को 'शोषित दल' का गठन किया था। दोनों राजनीतिक संगठन समानधर्मा थे। क्रान्तिकारी विचारधारा से लैस। 'शोषित दल' के गठन पर जगदेव प्रसाद ने ऐतिहासिक महत्त्व का, क्रान्तिकारी और लम्बा भाषण दिया था। उन्होंने कहा था :

जिस लड़ाई की बुनियाद आज मैं डालने जा रहा हूँ, वह लम्बी और कठिन होगी। चूँकि मैं एक क्रान्तिकारी पार्टी का निर्माण कर रहा हूँ इसलिए इसमें आने-जाने वालों की कमी नहीं रहेगी। परन्तु इसकी धारा रुकेगी नहीं। इसमें पहली पीढ़ी के लोग मारे जाएँगे, दूसरी पीढ़ी के लोग जेल जाएँगे तथा तीसरी पीढ़ी के लोग राज करेंगे। जीत अन्ततोगत्वा हमारी ही होगी।

जगदेव प्रसाद और रामस्वरूप वर्मा दोनों व्यक्तिगत महत्त्वाकांक्षाओं से मुक्त थे। आखिरकार दोनों नेताओं ने राजनीतिक एकजुटता दिखाने का निर्णय लिया। 7 अगस्त, 1972 को 'शोषित दल' और 'समाजदल' के विलय के बाद 'शोषित समाज दल' का जन्म हुआ। 1980 तथा 1989 के विधान सभा चुनावों में वर्मा जी ने 'शोषित समाज दल' के सदस्य के रूप में हिस्सा लिया। दोनों बार उन्होंने शानदार जीतें हासिल की। 1991 में उन्होंने 'शोषित समाज दल' के उम्मीदवार के रूप में छठी बार विधान सभा चुनावों में जीत हासिल की। रामस्वरूप वर्मा पर क्षेत्र की जनता का पूरा भरोसा था। राजनीतिक क्षेत्र में उनकी प्रतिष्ठा और मान-सम्मान था। लेकिन सिर्फ संसदीय राजनीति से उन्हें सन्तोष न था। इसलिए सक्रिय राजनीति के साथ जनान्दोलनों में भी नियमित सक्रियता बनी हुई थी।

जाति मुक्ति के लिए, पेशा-मुक्ति आन्दोलन की शुरुआत 1930 से हो चुकी थी। आगे चलकर अलीगढ़, आगरा, कानपुर, उन्नाव, एटा, मेरठ जैसे जिले, जहाँ चमारों की संख्या काफी थी—उस आन्दोलन का केन्द्र बन गए।

आन्दोलन का नारा था 'मानव-मानव एक समान'। उन दिनों गाँवों में मृत पशु को उठाकर उनकी खाल निकालने का काम चमार जाति के लोग करते थे। जबकि चमार स्त्रियाँ नवजात के घर जाकर नारा (नाल) काटने का काम करती थीं। समाज के लिए दोनों ही काम बेहद आवश्यक थे। मगर उन्हें करने वालों को हेय दृष्टि से देखा जाता था। डॉ. आम्बेडकर की प्रेरणा से 1950-60 के दशक में उत्तर प्रदेश से 'नारा-मवेशी आन्दोलन' का सूत्रपात हुआ था। उसकी शुरुआत बनारस के पास, एक दलित अध्यापक ने की थी। चमारों ने एकजुटता दिखाते हुए इन तिरस्कृत धन्धों को हाथ न लगाने का फैसला किया था। इससे दबंग जातियों में बेचैनी फैलनी स्वाभाविक थी। आन्दोलन को रोकने के लिए उनकी ओर से दलितों पर हमले भी किये गए। बावजूद इसके आन्दोलन जोर पकड़ता गया।

रामस्वरूप वर्मा अपने संगठन और सहयोगियों के साथ 'नारा मवेशी आन्दोलन' के साथ थे। जहाँ भी नारा-मवेशी आन्दोलन के कार्यक्रम होते अपने समर्थकों के साथ उसमें सहभागिता करने पहुँच जाते। अछूतों के प्रति अपमानजनक स्थितियों के बारे में जागरूकता फैलाने के लिए उन्होंने 'अछूतों की समस्याएँ और समाधान' तथा 'निरादर कैसे मिटे' जैसी पुस्तिकाओं की रचना भी की।

1967-68 में उत्तर प्रदेश में 'संयुक्त विधायक दल' की सरकार बनी तो रामस्वरूप वर्मा को वित्तमंत्री का पद सौंपा गया। उस पद पर रहते हुए उन्होंने जो बजट पेश किया, उसने सभी को हैरत में डाल दिया था। बजट में 20 करोड़ लाभ दर्शाया गया था। उससे पहले मान्यता थी कि सरकार के बजट को लाभकारी दिखाना असम्भव है। वह भी तब जब इस बजट में सिंचाई, शिक्षा, चिकित्सा, सार्वजनिक निर्माण जैसे लोकोपकारी कार्यों हेतु, उससे पिछले वर्ष की तुलना में लगभग डेढ़ गुनी धनराशि आवंटित की गई थी। कर्मचारियों के महँगाई भत्ते में वृद्धि का प्रस्ताव भी था। इस सबके बावजूद बजट को लाभकारी बना देना चमत्कार जैसा था। उस बजट की व्यापक सराहना हुई। रामस्वरूप वर्मा की गिनती एक विचारशील नेता के रूप में होने लगी। पत्रकारों के साथ बातचीत के दौरान उनका कहना था कि उद्योगपति और व्यापारी लाभ-हानि को देखकर चुनते हैं। घाटा बढ़े तो तुरन्त अपना धन्धा बदल लेते हैं।

लेकिन किसान नफा हो या नुकसान, किसानी करना नहीं छोड़ता। बाढ़-सूखा झेलते हुए भी वह खेती में लगा रहता है। वह उन्हीं मदों में खर्च करता है, जो बेहद जरूरी हों। जो उसकी उत्पादकता को बनाए रख सकें। इसलिए किसान से अच्छा अर्थशास्त्री कोई नहीं हो सकता। जाहिर है, बजट तैयार करते समय सरकार के अनुत्पादक खर्चों में कटौती की गई थी। कोई जमीन से जुड़ा नेता ही ऐसा कठोर और दूरगामी निर्णय ले सकता था।

जगदेव प्रसाद और रामस्वरूप वर्मा दोनों का विश्वास था कि श्रम-केन्द्रित संस्कृति मानववाद को बढ़ावा देगी। उसके माध्यम से ब्राह्मणवाद से मुक्ति सहज सम्भव हो सकेगी। लेकिन यह काम आसान नहीं है। क्योंकि शताब्दियों से सत्ता और संसाधनों पर कुंडली मारकर बैठे लोग इतनी आसानी से जगह खाली करने को तैयार न होंगे। उनके द्वारा फैलाए जा रहे अन्धविश्वासों और धार्मिक पाखंडों से मुक्ति के लिए शिक्षा आवश्यक है। इसलिए उनकी माँग थी कि देश में सभी को शिक्षा के समान अवसर प्राप्त हों। विद्यालयों का पाठ्यक्रम ऐसा बनाया जाए जो वैज्ञानिक सोच और तर्कबुद्धि को बढ़ावा दे। नैतिक शिक्षा का आधार मानवीय सम्बन्धों को बनाया जाए।

'शोषित समाज दल' का यह नारा उन दिनों गली-गली गूँजता था :

दस का शासन नब्बे पर
नहीं चलेगा, नहीं चलेगा।
सौ में नब्बे शोषित हैं,
नब्बे भाग हमारा है।
धन-धरती और राजपाट में,
नब्बे भाग हमारा है।

अपने विचारों को जन-जन तक पहुँचाने के लिए रामस्वरूप वर्मा ने 'क्रान्ति क्यों और कैसे', 'ब्राह्मणवाद की शव-परीक्षा', 'अछूत समस्या और समाधान', 'ब्राह्मण महिमा क्यों और कैसे?', 'मानवतावादी प्रश्नोत्तरी', 'मनुस्मृति राष्ट्र का कलंक', 'निरादर कैसे मिटे', 'सृष्टि और प्रलय', 'आम्बेडकर साहित्य की जब्ती और बहाली', जैसी महत्त्वपूर्ण पुस्तकों की रचना की। उनकी लेखन शैली सीधी-सहज और प्रहारक थी। ऐसी पुस्तकों के लिए प्रकाशक मिलना आसान न था।

सो उन्होंने उन्हें अपने ही खर्च पर प्रकाशित किया। जहाँ जरूरी समझा, पुस्तक को मुफ्त वितरित किया गया। 'अर्जक संघ' के विचारों को जन-जन तक पहुँचाने के लिए उन्होंने 'अर्जक साप्ताहिक' अखबार भी निकाला। उसका मुख्य उद्देश्य 'अर्जक संघ' के विचारों को जन-जन तक पहुँचाना था।

आरम्भ में अर्जक संघ का प्रभाव कानपुर और आसपास के क्षेत्रों तक सीमित था। मुख्यधारा में काम करने वाले कम ही समाजशास्त्रियों, इतिहासकारों और साहित्यकारों को यह जानकारी होगी कि बहुजन वैचारिकी पर आधारित यह संगठन न सिर्फ आज भी मौजूद है, बल्कि अपना विस्तार भी कर रहा है। पिछले कुछ वर्षों से इस लोकप्रियता में तेजी आई है। संचार-क्रान्ति के इस दौर में सैकड़ों युवा उससे जुड़ चुके हैं। इसके फलस्वरूप वह उत्तर प्रदेश की सीमाओं से निकलकर देश के अन्य प्रान्तों में भी जगह बना रहा है। एक प्रमुख समाचार-पत्रिका में प्रकाशित रिपोर्ट के अनुसार इस समय देश में अर्जक संघ के एक करोड़ से अधिक सदस्य हैं।

अर्जक संघ के सिद्धान्त

अर्जक संघ के सिद्धान्त केवल सिद्धान्त नहीं, वे उसके कार्यक्रम भी हैं। वह कोई सम्प्रदाय न होकर मानवता, बुद्धिपरकता और सौहार्द के साथ जीवन जीने की एक शैली है। मनुष्य पर मनुष्य के भरोसे को, आपसी सहयोग को बढ़ावा देने वाली जीवन-शैली। इसका उद्देश्य है विकास के रास्ते में सभी को बराबरी पर लाना। अर्जक यानी कमेरी (श्रमशील) कौम, जो पसीना बहाकर आजीविका कमाता है–वह अर्जक है। जो दूसरे के श्रम पर जीता है, वह ब्राह्मण और ब्राह्मणवाद-अभिजनवाद का पोषक है।

'अर्जक संघ' मानवीय विवेक को महत्त्व देकर, तर्क और बुद्धिवाद में यकीन रखता है। उसका एक बहुप्रचलित नारा है :

मानववाद की क्या पहचान,
ब्राह्मण, भंगी एक समान।

'अर्जक संघ' के मुख्य सिद्धान्तों-कार्यक्रमों को निम्नलिखित वर्गों में बाँटा जा सकता है :

दार्शनिक समस्याएँ और मानववादी प्रश्नोत्तरी

जब भी कोई व्यक्ति नई राह चलना चाहता है, उसके रास्ते को लेकर तरह-तरह के प्रश्न उठने लगते हैं। स्थापित विचारधाराओं के बीच नये विचार की महत्ता दर्शाने के लिए भी कई बार उन प्रश्नों का उत्तर देना आवश्यक हो जाता है। 'अर्जक संघ' के संस्थापक रामस्वरूप वर्मा के आगे भी कुछ ऐसे ही प्रश्न थे। जैसे 'अर्जक संघ' की जीवन, सृष्टि और समाज को लेकर क्या दृष्टि है? 'जीवन की उत्पत्ति कैसे हुई?' ऐसे जटिल आध्यात्मिक किस्म के प्रश्नों पर उन्होंने 'मानववादी प्रश्नोत्तरी' में विचार किया। इस प्रश्न पर कि मानव शरीर की क्या आवश्यकताएँ हैं, उनका उत्तर है—'शुद्ध वायु, जल, पौष्टिक भोजन और स्वास्थ्य।' अगला प्रश्न है, 'क्या मन भी शरीर की तरह ही पदार्थ है? उत्तर है, 'प्रत्येक पदार्थ दृश्यमान है। उसका कोई-कोई रूप, स्पष्ट देहाकृति होती है। सृष्टि का प्रत्येक पदार्थ किसी न किसी रूप में गतिमान है। गति के लिए पदार्थ का होना आवश्यक है। इसी तरह मन के लिए भी शरीर की उपस्थिति अनिवार्य है।' आशय था कि देह मन का आधार है। बिना पहले के दूसरा असम्भव है। आगे वे कहते हैं कि मन की यदि कोई गति है तो उसे देह की ऊर्जा ही सम्भव बनाती है। गति पदार्थ का गुण है। इस आधार पर पदार्थ स्वयं चैतन्य है। इसे हम वेदान्त का प्रतिचिन्तन कह सकते हैं। वेदान्तियों के अनुसार सृष्टि की समस्त गतिशीलता का स्रोत परमात्मा है। जबकि भौतिकवादियों के लिए चेतना सृष्टि का विशिष्ट गुण है। वही उसके कण-कण में समाई होती है। सभी पदार्थ चैतन्य हैं। दूसरी ओर विज्ञान कहता है, प्रकृति की प्रत्येक वस्तु छोटे-छोटे कणों से मिलकर बनी है। वे सदैव गतिमान रहते हैं। नई खोजें बताती हैं कि परमाणु के भीतर भी अत्यन्त छोटे-छोटे कण रहते हैं। नन्हे-नन्हे ऊर्जा पिंड, वे कहीं ठहरते नहीं। सदैव गतिमान रहते हैं। सो चेतना सृष्टि के हर पदार्थ में है। यही चेतना जब जीवन में ढल जाती है तो पदार्थ जीव बन जाता है। जिनमें जीवन नहीं है, वह केवल पदार्थ रहता है।

फिर निर्जीव पदार्थ और जैविक पदार्थ में कैसे अन्तर किया जाए? 'अर्जक संघ' के दर्शन के अनुसार, 'निर्जीव पदार्थ वह होता है जिसकी गतिशीलता बाहरी कारणों द्वारा नियंत्रित होती है। उस पर स्वयं पदार्थ का कोई नियंत्रण नहीं होता।

प्रकृति ने जैसा उसे बनाया है, वैसा बने रहना, उसकी नियति है। इसलिए गतिमान रहकर भी वह अपनी प्रकृति में स्थिर होता है। इसलिए उसे निर्जीव पदार्थ कहा जाता है। जीव पदार्थ वे हैं जो कम या ज्यादा अपनी गतियों पर नियंत्रण रखने का गुण रखते हैं। समय के साथ इस गुण में बदलाव होता रहता है। निर्जीव पदार्थ में अपेक्षाकृत जड़ता बनी रहती है। 'अर्जक संघ' के अनुसार जीव वह है जो अपने अन्दर ऊर्जा का उत्पादन, उत्पादित ऊर्जा की मदद से आवश्यक अणुओं का उत्पादन और प्रजनन कर सके। ये गुण मनुष्य में भी हैं, इसलिए मनुष्य स्वयं एक जीव है। लेकिन प्रकृति का हिस्सा होने के कारण है वह पदार्थ ही है। हम उसे जैविक पदार्थ भी कह सकते हैं, जो विवेक से काम लेना, अपने अनुभवों और ज्ञान को स्मृति के माध्यम से सहेजना जानता है।

सृष्टि की रचना और विनाश जितना विज्ञान का विषय है उतना ही दर्शनशास्त्र का भी विषय है। अरसे से दार्शनिक और वैज्ञानिक इस पर चर्चा करते आए हैं। आस्थावादियों के अनुसार सृष्टि की रचना का एकमात्र स्रोत और कर्ता ईश्वर है। वही सृष्टि को बनाता-मिटाता रहता है। परमात्मा या ईश्वर क्या है, इसके बारे में हर धर्म ने अपनी-अपनी धारणाएँ गढ़ रखी हैं। वे धर्म इसलिए हैं क्योंकि उनकी धारणाओं में आसानी से बदलाव नहीं होता। पीढ़ी दर पीढ़ी लोग उन पर विश्वास करते रहते हैं। भौतिकवादी या विज्ञानवादी की दृष्टि में परमात्मा जैसे मिथ के लिए कोई जगह नहीं है। प्रकृति स्वयं ही अपना परमात्मा है। वही खुद को बनाती और मिटाती है। प्रकृति सनातन है। उसकी आन्तरिक और बाहरी हलचलों से जीवन बनता और मिटता रहता है। यह सृष्टि के प्रति भौतिकवादी दृष्टिकोण है। जिसकी विशेषता है कि वह जड़ नहीं है। कल को यदि विज्ञान जीवन की उत्पत्ति के बारे में नये निष्कर्ष तक पहुँचता है तो प्रकृतिवादी को अपना निर्णय में संशोधन करते में देर न लगेगी।

'अर्जक संघ' ने बुद्धि को सहज बुद्धि और विवेक बुद्धि में बाँटा है। सहज बुद्धि वह है तो शरीर की मूलभूत आवश्यकताओं द्वारा संचालित होती है। भूख लगने पर नन्हा शिशु रोने लगता है। वह भूख के बारे में नहीं जानता। रोने का अर्थ भी नहीं जानता। लेकिन अपने अनुभव से वह इतना समझ चुका होता है कि उसका रोना सुनकर 'माँ' उसे भोजन देने चली आएगी। यह उसकी सहज बुद्धि है। मनुष्य को छोड़कर सभी रेंगने वाले प्राणी जो उड़ने में असमर्थ होते हैं,

तैरने का हुनर उन्हें सहज-बुद्धि से प्राप्त होता है। धीरे-धीरे बिना बताए भी मनुष्य यह समझ लेता है कि नदी में हाथ-पाँव मारने से शरीर गतिमान होने लगता है। इसी को तैरना कहा जाता है।

सहज बुद्धि के लिए बाहरी मदद आवश्यक नहीं है। प्राणी अकेला ही उसमें निपुण हो जाता है। जबकि अच्छे-बुरे पर विचार करते हुए समुचित निर्णय लेना विवेक बुद्धि है।

फिर मन और बुद्धि में क्या अन्तर है? कहीं ऐसा तो नहीं जिसे विवेक-बुद्धि कहा गया है, वह मन की गतिशीलता का ही परिचायक हो। अर्जक संघ की दार्शनिकी के अनुसार मन की प्रत्येक स्थिति विवेक को जन्म देती है। अगर विवेक कुंठित हो, आदमी जानबूझकर उससे काम लेना बन्द कर दे, या बहकावे में आकर विवेक के विपरीत जाने लगे तो दुर्बुद्धि पैदा होती है, जो व्यक्ति को कु-मार्ग की ओर ले जाती है। विवेकशीलता की क्षमता सभी मनुष्यों में बराबर होती है।

रामस्वरूप वर्मा विज्ञान की छाँह में ही इन प्रश्नों का समाधान खोजते हैं। उनके अनुसार पदार्थ अपनी अन्तश्चेतना के कारण, गति के कारण जब अन्तरिक्ष में फैलने लगता है तो सृष्टि होती है। और अपने ही आन्तरिक बल के कारण, गुरुत्वाकर्षण के कारण जब सिकुड़ने लगता है तो प्रलय आ जाती है।

ब्राह्मणवाद का खंडन

'अर्जक संघ' ब्राह्मणवाद के सभी प्रतीकों यथा पुजारी, यज्ञादि कर्मकांड, भाग्य, द्विजीकरण की परम्परा आदि का खंडन करता है। वह मानता है कि मनुष्य को उन सभी रीति-रिवाजों और मान्यताओं को हतोत्साहित करना चाहिए, जो समाजार्थिक असमानता और शोषण को बढ़ावा देती हैं। उन्हें नियतिबद्ध बताती हैं। 'अर्जक संघ' के अनुयायी विवाह, सगाई आदि अवसरों पर ब्राह्मण पुरोहित की उपस्थिति को अनावश्यक और गैर-वाजिब मानते हैं। उनके लिए विवाह धार्मिक बन्धन न होकर एक समझौता है, जिसे पति-पत्नी एक-दूसरे के सुख, सन्तोष, सन्तान और समृद्धि के लिए अपनाते हैं। 'अर्जक संघ' मूर्ति-पूजा, दहेज, जनेऊ संस्कार, विवाह में फिजूलखर्ची के साथ-साथ मृत्युभोज, श्राद्ध आदि का भी विरोध करता है। वह इनको ब्राह्मणवाद का षड्यंत्र मानता है।

'अर्जक संघ' के अनुसार माता-पिता के धर्म को उसकी सन्तान पर लाद देने की परम्परा, उसके स्वविवेक और चयन के अधिकार का विरोध करती है। इसलिए वह जन्म के आधार पर धर्म निर्धारित करने की परम्परा का भी विरोध करता है। एक समय था जब उसका नारा—'पुनर्जन्म और भाग्यवाद, इनसे जन्मा ब्राह्मणवाद' गली-गली गूँजा करता था।

सबके लिए शिक्षा और वैज्ञानिक चेतना

ब्राह्मणवादी शिक्षा का स्वरूप सामाजिक भेदभाव को बढ़ाने वाला रहा है। संघ की मान्यता है कि भारतीय संविधान सर्वसमानता और स्वतंत्रता का समर्थक है, इसलिए वह धर्म का विरोध करता है। इसलिए उसकी माँग थी कि ब्राह्मणवाद को आश्रय देने वाले सभी विचार और परम्पराएँ यथा पुनर्जन्म, भाग्यवाद, जाति-प्रथा, जाति और वर्णाधारित भेदभाव, चमत्कारपूर्ण कहानियों को बच्चों के पाठ्यक्रम से दूर रखना चाहिए। उसके स्थान पर वैज्ञानिक चेतना से युक्त ऐसी शिक्षा को बढ़ावा देना चाहिए जो मनुष्य को अन्धविश्वास, पाखंड, भाग्यवाद, तंत्र-मंत्र आदि से मुक्ति दिला सके। शिक्षा मनुष्य का न केवल प्रबोधीकरण करती है, अपतु उसे समाज में जीने के योग्य भी बनाती है। इसलिए आवश्यक है कि सभी नागरिकों को शिक्षा के समान अवसर प्राप्त हों—उसमें किसी भी प्रकार का भेदभाव न हो। अर्जक संघ का प्रचलित नारा है—'चपरासी हो या राष्ट्रपति की सन्तान, सबको शिक्षा एक सामान'। शिक्षा हेतु ऐसे पाठ्यक्रम का निर्धारण करना चाहिए जो मनुष्य के विवेकीकरण में सहायक हो। उसे अन्धविश्वासों से बाहर निकालकर रूढ़ि मुक्त करे। मनुष्य की उत्पादन क्षमता को बढ़ाए तथा तर्क-सामर्थ्य का विस्तार करे। पुनर्जन्म और भाग्य जैसी धारणाएँ मनुष्य की उत्पादकता को प्रभावित करती हैं। उसके सोच को विकृत करती हैं। 'अर्जक संघ' उनका बहिष्कार करता है।

संस्कार और त्योहार

सनातन विचारधारा के उलट अर्जक केवल दो संस्कारों को मानते हैं—विवाह और मृत्यु संस्कार। शादी के लिए लड़का-लड़की संघ की पहले से तय

प्रतिज्ञा को दोहराते हैं और एक-दूसरे को वरमाला पहनाकर शादी के बन्धन में बँध जाते हैं। मृत्यु के बाद अन्तिम संस्कार मुखाग्नि या दफनाना तो होता है। इसके 5 या 7 दिन बाद दिवंगत की याद में एक शोकसभा होती है, जो समाजीकरण की आवश्यकता है। बाकी कर्मकांडों के लिए उनके यहाँ कोई स्थान नहीं है।

अर्जक संघ का मानना है कि दाम्पत्य जीवन की नींव पति-पत्नी की परस्पर सहमति पर रखी जानी चाहिए। उसके लिए दहेज, फिजूलखर्ची, दिखावे और तड़क-भड़क के लिए कोई स्थान नहीं है। विवाह के समय पति-पत्नी लिखित सहमति और शर्तें यदि आवश्यक हों, तो तय की जा सकती हैं। विवाह समारोह साधारण, कम से कम लोगों की उपस्थिति में सम्पन्न होने चाहिए, ताकि अमीर-गरीब का अन्तर जाता रहे। समाज में कोई भी उसके आधार पर स्वयं को हीन न समझे। ब्राह्मणवादी संस्कार मनुष्य के जीवन से लेकर मृत्यु तक पीछा नहीं छोड़ते। और उनके माध्यम से मनुष्य ब्राह्मणों के चंगुल में फँसा रहता है। 'अर्जक संघ' जन्म से लेकर मृत्यु तक सभी ऐसे संस्कारों का विरोध करता है जिसमें ब्राह्मण या वर्ग-विशेष को सामान्य से अधिक अहमियत दी जाती हो। हिन्दुओं के अधिकांश त्योहारों जैसे दीपावली, दशहरा, होली आदि के साथ कोई न कोई मिथ जुड़ा हुआ है। पर्व-त्योहारों की अपनी प्रासंगिकता है, वे समाज की एकरसता और मेल-जोल बनाए रखने के लिए आवश्यक माने जाते हैं। 'अर्जक संघ' को पर्व-उत्सव आदि से आपत्ति नहीं है। वह त्योहारों के रूप में ऐसे मानवीय चलन की कामना करता है, जिससे लोग आपस में मिलें और बराबरी का सन्देश जाए। होली, दीवाली, दशहरा जैसे त्योहार समाज में गैर-बराबरी को पोसते हैं, इसलिए अर्जक संघ इनका बहिष्कार करता है। वह मुस्लिमों की ईद और ईसाइयों के क्रिसमस को भी ऐसा ही त्योहार मानता है। इनके बजाय वह जिन 14 मानवतावादी त्योहारों को महत्त्व देता है, उनमें गणतंत्र दिवस, आम्बेडकर जयन्ती, बुद्ध जयन्ती, स्वतंत्रता दिवस, बिरसा मुंडा और पेरियार रामास्वामी की पुण्यतिथियाँ शामिल हैं।

बहुजन चेतना का निर्माण और अर्जक संघ

अर्जक संघ बहुजन कमेरे वर्गों का समूह है, जो समाज के प्रमुख उत्पादक और जीवनी शक्ति हैं। अर्जक संघ बौद्धिक श्रम और शारीरिक श्रम को बराबर मानता है। वह श्रम के आधार पर किसी भी प्रकार के भेदभाव के विरुद्ध है। वह शिक्षा, रोजगार तथा संसाधनों में सभी की समान भागीदारी का समर्थक है। वह मानवीय विवेक का समर्थक है। ऐसे धर्म जिसकी नींव कोरे विश्वास पर टिकी होती है का वह बहिष्कार करता है। इसके स्थान पर वह मानवधर्म की बात करता है, जिसके अनुसार जन्म के आधार पर न कोई छोटा होता है, न बड़ा। कुल मिलाकर 'अर्जक संघ' लगभग वैसे ही समाज की कामना करता है, जैसा कि बहुजन समाज अवधारणा में है।

खंड-तीन

आलोचना

बहुजन कथा साहित्य

—वीरेन्द्र यादव

बहुजन साहित्य की चर्चा के इस दौर में यह जानना सचमुच दिलचस्प है कि कैसी और कितनी रही है हिन्दी साहित्य की मुख्यधारा में बहुजन समाज की उपस्थिति? यदि हिन्दी कथा-साहित्य को दृष्टिगत रखकर ही बात की जाए तो यह तथ्य महत्त्वपूर्ण है कि हिन्दी कथा साहित्य के आधुनिक दौर की शुरुआत ही बहुजन समाज की केन्द्रीयता से हुई है। याद कीजिए 'गोदान' के होरी महतो, 'प्रेमाश्रम' के मनोहर व बलराज अहीर, 'सवा सेर गेहूँ' के शंकर कुर्मी और 'बाबा जी का भोग' के रामधन अहीर, 'बलिदान' के गिरधारी, 'पूस की रात' के हल्कू और 'कर्मभूमि' की उस अहीरिन को जिसने अपनी इज्जत बचाने के लिए अंग्रेजी राज के दो पुलिस सिपाहियों को मौत के घाट उतार दिया था। प्रेमचन्द के साहित्य में सिलिया, हरखू, दुखी, गंगी, मुलिया, सुखिया और जोखू सरीखे जाने कितने दलित पात्रों की उपस्थिति से तो व्यापक हिन्दी पाठक वर्ग परिचित है ही। प्रेमचन्द के कथालेखन की विशिष्टता थी कि वे बहुजन समाज के पात्रों को महज प्रसंगवश चित्रित न करके उनके समूचे सामाजिक परिप्रेक्ष्य और वर्णाश्रमी शोषण तंत्र के उत्पीड़ित के रूप में प्रस्तुत करते हैं। यह तथ्य भी महत्त्वपूर्ण है कि प्रेमचन्द ने बहुजन समाज के अधिकांश पात्रों को उत्पीड़ित ही नहीं बल्कि प्रतिरोधी चेतना से युक्त भी किया है। 'प्रेमाश्रम' के दुखरन भगत द्वारा जमीन लीपने की बेगार से इनकार करने पर तहसीलदार उन्हें जूते से पिटवाता है और तर्क देता है कि बेगार करने वाले ये किसान, "जाति के अहीर, जुलाहे और कुर्मी हैं।" तहसीलदार की इस दलील के प्रतिकार में प्रेमचन्द उपन्यास के एक अन्य पात्र इरफान से कहलाते हैं कि "मगर ये सब काश्तकार हैं,

मजदूर नहीं, उनसे आपको घास छिलवाने की क्या मजाल थी?" प्रेमचन्द का एक दलित पात्र जो चमार समाज का चौधरी है विद्रोही तेवर अपनाते हुए 'कायाकल्प' उपन्यास में जमींदार को मुँहतोड़ जवाब देते हुए कहता है कि "...जब लात खाते थे, तब खाते थे। अब न खाएँगे...वह समय लद गया... कि मार खाते रहें और मुँह न खोलें?"

प्रेमचन्द के कथा-साहित्य में बहुजन समाज के पुरुष पात्र ही नहीं, बल्कि स्त्रियाँ भी प्रतिरोध की चेतना से युक्त हैं। 'गोदान' उपन्यास में ही धनिया के अतिरिक्त झुनिया, नोहरी, चुहिया, सोना सहित कई अन्य स्त्री पात्रों में नारी अस्मिता के अंकुरण एवं सशक्तीकरण को लक्षित किया जा सकता है। झुनिया तो एक पंडित जी द्वारा छेड़े जाने पर अपना आक्रोश व्यक्त करते हुए कहती है, "मैं अहीर की लडकी हूँ। मूँछ का एक-एक बाल नुचवा लूँगी।" पुन्नी भी दमड़ी बँसोर द्वारा छेड़े जाने पर उसकी पिटाई करती है। प्रश्न यह है कि प्रेमचन्द के कथा-साहित्य में मौजूद बहुजन समाज की इस प्रतिरोधी चेतना को हिन्दी के आलोचनात्मक साहित्य में क्यों नहीं दर्ज किया गया? यह अनायास नहीं है कि 'हिन्दी साहित्य का इतिहास' लिखते हुए आचार्य रामचन्द्र शुक्ल इसे दर्ज करने के बजाय प्रेमचन्द की इस साहित्य दृष्टि को 'प्रोपेगैंडिस्ट' और 'समाजसुधारीय' करार देते हैं। आचार्य शुक्ल के ही शब्दों में, "प्रेमचन्द के उपन्यासों और कहानियों में भी ऐसे आन्दोलन (सामाजिक और राजनीतिक) का आभास प्रायः मिलता है। पर उनमें भी जहाँ राजनीतिक उद्धार या समाजसुधार का लक्ष्य बहुत स्पष्ट हो गया है वहाँ उपन्यासकार का रुख छिप गया है और प्रचारक (प्रोपेगैंडिस्ट) का रुख ऊपर आ गया है।" सच तो यह है कि आचार्य रामचन्द्र शुक्ल की वर्णाश्रमी सोच के दायरे में संघर्षशील बहुजन समाज के प्रतिरोधी चेतना से युक्त पात्रों की कोई गुंजाइश ही नहीं थी। उनका तो यह मानना था कि "ऊँची-नीची श्रेणियाँ समाज में बराबर थीं और बराबर रहेंगी। अतः शूद्र शब्द को नीची श्रेणी के मनुष्य का... कुल, शील, विद्या, बुद्धि, शक्ति आदि सब में अत्यन्त न्यून का...बोधक मानना चाहिए।" उस दौर की अतीतोन्मुखी और पुरातनपंथी दृष्टि का ही यह परिणाम था कि प्रेमचन्द को 'ब्राह्मणद्रोही' और 'घृणा का प्रचारक' भी उस दौर में कहा गया। दरअसल वह समूचा दौर ही 'हिन्दुत्ववाद' को 'राष्ट्रवाद' के रूप

में महिमामंडित करने का दौर था जिसके साक्ष्य भारतेन्दु और मैथिलीशरण गुप्त तक के लेखन में मौजूद हैं। यह अनायास नहीं है कि जहाँ भारतेन्दु ने यह लिखा कि "भारत कृतघ्न नहीं है। यह सदा मुक्त कंठ से स्वीकार करेगा कि अंग्रेजों ने मुसलमानों के कठिन दंड से हमको छुड़ाया"; वहीं मैथिलीशरण गुप्त ने आह्लादपूर्वक यह लिखा कि "अन्याय यवनों का हमें निज दोष से सहना पड़ा है किन्तु नारायण अहा! न्याय तथा सकरुण बड़ा! देते हुए भी कर्म-फल हम पर हुई उसकी दया, भेजा प्रसिद्ध उदार जिसने ब्रिटिश राज्य यहाँ नया।" कहने की आवश्यकता नहीं कि यहाँ मैथिलीशरण गुप्त ब्रिटिश राज की उदारता के सन्दर्भ मुग़ल शासन की समाप्ति और हिन्दुत्व की वापसी में तलाश रहे थे ना कि जोतिबा फुले की तर्ज पर अंग्रेजी राज में वर्णाश्रमी शोषण-तंत्र की जकड़बन्दी के नरम होने की उम्मीद पाल रहे थे।

स्वीकार करना होगा कि प्रेमचन्द पहले ऐसे गैर-दलित लेखक थे जिन्होंने बहुजन समाज के पात्रों और जीवनस्थितियों को ही अपने साहित्य में केन्द्रीयता प्रदान की बल्कि यह आह्वान भी किया कि "राष्ट्रीयता की पहली शर्त वर्ण-व्यवस्था, ऊँच-नीच के भेद और धार्मिक पाखंड की जड़ खोदना है।" और यह भी कि "हमारा स्वराज्य केवल विदेशी जुए से अपने को मुक्त करना नहीं है बल्कि उस सामाजिक जुए से भी—उस पाखंडी (ब्राह्मणवादी) जुए से भी जो विदेशी शासन से कहीं घातक है।" राहुल सांकृत्यायन ने प्रेमचन्द की इस परम्परा को और भी संवर्धित किया। 'भागो नहीं बदलो', 'वोल्गा से गंगा' से लेकर 'सतमी के बच्चे' सरीखी कहानियों तक उन्होंने जिस वर्णाश्रमी विरोधी चेतना के साथ बहुजन समाज को केन्द्रीयता प्रदान की वह सचमुच ऐतिहासिक महत्त्व का है। 'वोल्गा से गंगा' में रेखा अहीर के माध्यम से राहुल सांकृत्यायन ने खेतिहर किसान जातियों की दुर्दशा को कुछ इस तरह अभिव्यक्त किया है—"सबेरे रेखा का दूध नहीं आया। प्यादा के जाने पर रेखा ने गाय-भैंस न होने की बात कही। मालिक ने पाँच मुस्टंडों को हुक्म दिया—जाओ, हरामजादे की औरत का दूध दुहकर लाओ...प्यादों ने चिल्लाती हुई मंगरी के स्तन को पकड़कर गिलास में सचमुच कई धार दूध की मारी।" रेखा अहीर, भोला भर, मंगरू चमार, दुखराम, सन्तोखी और सतमी सरीखे पात्रों की जीवनस्थितियों के माध्यम से राहुल जी ने भारतीय सामाजिक संरचना का जो क्रिटीक रचा है

उसका साहित्यिक महत्त्व तो है ही समाजशास्त्रीय महत्त्व भी है। इस प्रसंग में राहुल सांकृत्यायन की पुस्तक 'कनैला की कथा' का '1857' शीर्षक अध्याय विशेष महत्त्व का है, क्योंकि यह उनके गाँव कनैला में घटित घटनाक्रम का यथार्थ-विवरण है। इससे 1857 की समूची परिघटना की वर्णाश्रमी निर्मिति उजागर होती है। हुआ यह था कि गाँव के मुखियों की सभा में उच्च सवर्ण जातियों के बारह जवानों का भेजा जाना तय हुआ था। इस समूची प्रक्रिया में भोला भर और मंगरू चमार जैसे सेवक वर्ग के लोग किस तरह वंचित रखे गए, इसका खुलासा राहुल सांकृत्यायन इस प्रकार करते हैं—"पड़ोस के गाँव की लड़ाइयों में गाँव के ब्राह्मण, अहीर, कहार, भर, चुड़िहार, दर्जी, चमार, सभी को सम्मिलित होने का अधिकार था। मार की खबर मिलनी चाहिए, जो जहाँ होता, वहीं से लाठी लेकर दौड़ पड़ता। पर फिरंगियों की लड़ाई में शामिल होने के लिए उनके मुखिया को पंचायत में नहीं बुलाया गया था। बड़ी जाति छोटी जाति वाले कैसे एक पाँती में लड़ते? खान-पान में विशेष ध्यान देने की जरूरत पड़ती। आई हुई चिट्ठी में यह नहीं लिखा था कि सभी कौमों के जवानों को भेजना चाहिए। वातावरण में एक मौन सन्देश फैला हुआ था, पड़ोसी गाँव की लड़ाइयों में चाहे गाँव के सभी जाति के लोग शामिल हों, पर अंग्रेजों से लड़ने के योग्य बड़ी जाति वाले ही हैं...जहाँ 'महाभारत और कुरुक्षेत्र' का सवाल उठे वहाँ उनको (निम्न जाति) वीरगति प्राप्त करने का अधिकार नहीं था।"

कोई आश्चर्य की बात नहीं यदि '1857' के समूचे इतिहास-विमर्श में राहुल जी के इस लेख का कहीं उल्लेख तक नहीं है। कारण यह कि इस लेख में जहाँ वे भारतीय समाज की ब्राह्मणवादी कुलीनता का विमर्श रचते हैं, वहीं भोला भर और मंगरू चमार के माध्यम से भर, चमार और अन्य दलित-पिछड़ी जातियों की उस सेवक स्थिति का भी 'जो दासों की तरह मर-मर के काम करते थे।' राहुल सांकृत्यायन 1857 की परिघटना में कुलीन सवर्ण आधिपत्य को दर्ज करने के साथ-साथ खदेरू सरीखे उन दलित बहादुरों की भी पीड़ा को अभिव्यक्त करते हैं जिन्हें 'महाभारत और कुरुक्षेत्र' में वीरगति पाने के अधिकार से भी इसलिए वंचित किया गया था क्योंकि 'युगों से चले सेतु को कौन तोड़ सकता था?' यह वास्तव में दुर्भाग्यपूर्ण है कि 1857 की समूची बहस में राहुल जी द्वारा

लक्षित जातीय श्रेष्ठता के इस पक्ष की सायास अनदेखी की गई वरना 1857 के 'जनक्रान्ति' होने के मिथक-भेदन में देर न लगती!

यहाँ यह तथ्य भी विचारणीय है कि फणीश्वरनाथ रेणु के उपन्यास 'मैला आँचल' को डॉ. रामविलास शर्मा सरीखे आलोचक खारिज क्यों करते हैं? दरअसल, रेणु सत्ता और जनता का द्वि-विभाजन करके उसका अमूर्तन नहीं करते। वे अपने औपन्यासिक कथ्य में सत्ता-संरचना के स्रोतों की तलाश भारतीय सामाजिक संरचना में उसी तरह करते हैं जैसे प्रेमचन्द। इसीलिए रेणु 'मैला आँचल' के बालदेव के सन्दर्भ में इस प्रश्न से भी सम्बोधित होते हैं कि 'ग्वाला होकर लीडरी?' और राष्ट्रीय स्वयंसेवक संघ के सन्दर्भ में इस तथ्य को भी रेखांकित करते हैं कि "काली टोपीवाले दल के संयोजक जी आए हैं। लाठी-भाला टरेनिंग देते हैं। छोटी जाति के लोगों की सभा में वे नहीं जा सकते।" रेणु उस दलित प्रतिरोध को भी दर्ज करते हैं, जिसके चलते दलितों ने सहदेव मिसिर को रात-भर फुलिया की झोंपड़ी में बन्धक बनाए रखा था। लेकिन साथ ही उस सामाजिक संरचना को भी विश्लेषित करते हैं जिसके आधिपत्य के चलते पंचायत में फुलिया, सहदेव मिसिर को निर्दोष बताती है, क्योंकि उसका पिता सहदेव मिसिर का कर्जदार है। रेणु ग्राम्य समाज के जिस ब्राह्मणवादी वर्चस्व को 'मैला आँचल' में पृष्ठ-दर-पृष्ठ उजागर करते हैं, डॉ. रामविलास शर्मा उस ब्राह्मणवाद के अस्तित्व को ही नकारते हैं। उनका स्पष्ट कहना है कि "शोषण का माध्यम वर्ग-शोषण है। किसी का शोषण इस वजह से नहीं होता कि वह पंडित है या चमार या किसी जाति का है।" सच तो यह है कि डॉ. रामविलास शर्मा के आलोचनात्मक एजेंडे से उस ब्राह्मणवाद का क्रिटीक सिरे से अनुपस्थित है जिसे समझे बिना ग्राम्ययथार्थ की किसी भी रचना के अर्थ को ग्रहण नहीं किया जा सकता है। न 'गोदान', न 'मैला आँचल', न 'बलचनमा', न 'आधा गाँव' और न ही 'धरती धन न अपना'। डॉ. रामविलास शर्मा भारतीय समाज की अपनी वर्गीय व्याख्या में शोषण के जातिगत आधार को अन्त तक खारिज करते रहे। यही कारण था कि न तो वे दलित साहित्य के पक्षधर थे, न सामाजिक न्याय एवं आरक्षण के। स्वाभाविक ही है कि जिन कारणों से उनके आलोचना कर्म में ब्राह्मणवाद का क्रिटीक अनुपस्थित है, उन्हीं कारणों से वे दलित विमर्श को भी अस्वीकार करते थे क्योंकि उनकी राय थी कि

"यदि आप पूँजीवादी व्यवस्था को कायम रखना चाहते हैं, तो आपको दलित साहित्य रचना चाहिए।" वे जाति-भेद आधारित सामाजिक अन्याय से भी इनकार करते थे क्योंकि उनका कहना था कि "भारत में कोई मानव-समुदाय ऐसा नहीं है जो सामाजिक अन्याय से पीड़ित नहीं है।"

दरअसल आचार्य रामचन्द्र शुक्ल से लेकर डॉ. रामविलास शर्मा और उनके बाद तक चली आ रही इस आलोचना दृष्टि का ही परिणाम है कि वे साहित्यिक रचनाएँ हिन्दी साहित्य की मुख्यधारा में अपने सही सन्दर्भों में विश्लेषित व समादृत नहीं हो पाईं, जिनमें बहुजन समाज की केन्द्रीयता है। बाबा नागार्जुन का उपन्यास 'बलचनमा' इसी अनदेखी की भेंट चढ़ गया। कौन है बलचनमा? जाति का ग्वाला जिसकी दुर्दशा बँधुआ मजदूर सरीखी है। अपने औपन्यासिक पात्र बलचनमा की जुबानी स्वाधीनता आन्दोलन का जो क्रिटीक नागार्जुन रचते हैं उसमें यह अन्तर्धारा लगातार उपस्थित है कि "सोराजी हो गए तो क्या, थे तो आखिर बाबू-भैया ही न! गरीब-गुरबा का दुख ये लोग क्या जानें?...जैसे अंग्रेज बहादुर से सोराज लेने के लिए बाबू-भैया लोग एक हो रहे हैं, हल्ला-गुल्ला और झगड़ा–झंझट मचा रहे हैं उसी तरह जन-बनिहार, कुली-मजूर और बहिया-खवास लोगों को अपने हक के लिए बाबू-भैया से लड़ना पड़ेगा।" कहने की आवश्यकता नहीं की बहुजन समाज की इस संघर्ष चेतना को ग्रामीण समाज के उन अन्तर्विरोधों को स्वीकार किये बिना नहीं समझा जा सकता जो जातीय-वर्णाश्रमी श्रेष्ठता का परिणाम है। इसी प्रकार राही मासूम रज़ा के उपन्यास 'आधा गाँव' का परशुराम चमार का एमएलए बनने का वह प्रसंग जो इस तथ्य को रेखांकित करता है कि भारतीय समाज की सामन्ती संरचना हिन्दू व मुस्लिम का भेद किये बिना दलितों के राजनीतिक उभार को लेकर कितनी असहज थी। एमएलए बनने के बाद भी दलित परशुराम लुटे-पिटे टुटपुँजिये भूतपूर्व जमींदारों की निगाह में भी सम्मानजनक सम्बोधन का अधिकारी न था। 'आधा गाँव' आजादी के तुरन्त बाद के संसदीय जनतंत्र में आरक्षित सीट से जहाँ एक दलित के एमएलए होने के बदलाव को दर्ज करता है वहीं यह भी कि किस तरह एक दलित राजनीतिक कार्यकर्ता द्वारा अपनी स्वतंत्र अस्मिता की तलाश करना महँगा पड़ सकता था। एमएलए होकर भी परशुराम का जेल के सीखचों के पीछे भेजा जाना सामन्ती ठसक की दुरभिसन्धि का ही खुलासा करता है।

अफसोस है कि 'आधा गाँव' के इन निहितार्थों को खोलना हिन्दी आलोचना के कुलीनतंत्र द्वारा अब भी शेष है।

यहाँ यह जानना भी दिलचस्प है कि आखिर क्यों हिन्दी आलोचना के कुलीनतंत्र से 'गोदान', बलचनमा' और 'आधा गाँव' सरीखी रचनाएँ बहिष्कृत हैं लेकिन उसी आस्वादपरक कलावादी खेमे द्वारा 'मैला आँचल' समादृत है। दरअसल इसके मूल में रेणु की कथा-भूमि के सामाजिक सन्दर्भ न होकर उनकी रचनात्मकता के काव्यगुण ही हैं। निर्मल वर्मा की रेणु की पसन्दगी के मूल में 'लोकगीतों की संवेदना', 'लहलहाता गद्य' और 'अद्‌भुत लयात्मकता' ही है। प्रश्न यह है कि सांस्कृतिक राष्ट्रवाद और वर्णाश्रमी हिन्दुत्व का जो क्रिटीक रेणु के साहित्य में उपस्थित है, क्या उसके निहितार्थ समझने के बाद भी रेणु कुलीन साहित्य तंत्र के बीच उतने ही समादृत रहेंगे, विशेषकर तब जब निर्मल वर्मा सरीखे कुलीनदृष्टि के कलावादी लेखक वर्णाश्रम व्यवस्था के भी पैरोकार रहे हों? यह अनायास नहीं था कि निर्मल वर्मा 'वर्णाश्रमी व्यवस्था' को 'दी हुई' पूर्व निर्धारित जिम्मेदारी के रूप में व्याख्यायित कर भारतीय समाज की 'बुनियादी अच्छाई' के रूप में प्रस्तुत करते हैं। इसी के चलते वे 'गोदान' में होरी की यातना के स्रोत 'गोदान के लिए पैसे न जुटा पाने' में तलाश लेते हैं। निर्मल वर्मा द्वारा होरी की गाय की लालसा को गोदान की लालसा में बदल देना 'गोदान' का कुपाठ ही नहीं है बल्कि उसे उन धार्मिक निहितार्थों से लैस करना है प्रेमचन्द जिनका लगातार प्रतिवाद करते रहे।

यह निस्संकोच कहे जाने की जरूरत है कि आज बहुजन समाज के सुख-दुख, आशा-आकांक्षाओं और संघर्ष व विफलताओं पर केन्द्रित रचनाएँ दुतरफा षड्यंत्र की शिकार हैं। एक तरफ उन्हें सन्दर्भ-विहीन किये जाने के खतरे हैं तो दूसरी तरफ उनके अधिगृहीत किये जाने के। प्रेमचन्द को जहाँ उनकी परम्परा से बेदखल करने के प्रयत्न जारी है वहीं रेणु का कलावादियों द्वारा अधिगृहीत किये जाने के। बहुजन समाज की ही केन्द्रीयतावाले 'धरती धन न अपना' (जगदीश चन्द्र), 'एक टुकड़ा इतिहास' (गोपाल उपाध्याय), 'महाभोज' (मन्नू भंडारी), 'डूब' (वीरेन्द्र जैन), 'मोरी की ईंट' (मदन दीक्षित), 'मुखड़ा क्या देखे' (अब्दुल बिस्मिल्लाह) आदि सरीखी औपन्यासिक कृतियाँ तो हाशिये के समाज की कथा कहे जाने के चलते हाशिये पर ही ढकेल दी गई हैं।

जरूरत है मुख्यधारा के लेखकों द्वारा रचे गए इस बहुजन समाज के साहित्य को नई अर्थवत्ता और सही सन्दर्भ प्रदान करने की ना कि लेखक की जाति देखकर उसे खारिज करने की। बहुजन साहित्य की कसौटी बहुजन समाज की विषयवस्तु होनी चाहिए, न कि बहुजन समाज के लेखकों की जाति। प्रेमचन्द ने साहित्य के जनतंत्रीकरण के लिए साहित्य की कसौटी बदलने का आह्वान किया था, आज जरूरत है इसे पुनर्परिभाषित कर बहुजन समाज के अनुकूल उस नये निकष को निर्मित करने की जिसमें वर्णाश्रमी ब्राह्मणवाद और कॉरपोरेट पूँजीवाद का क्रिटीक अनिवार्यत: शामिल हो। बहुजन साहित्य के समक्ष आज यह चुनौती भी दरपेश है कि वह अपनी नई परम्परा बनाने के साथ अपनी उस पूर्व परम्परा की भी निशानदेही कर सके जिसने साहित्य का जनतंत्रीकरण करके बहुजन समाज की केन्द्रीयता की दिशा तय की थी। कहने की आवश्यकता नहीं कि बहुजन समाज को मुख्यधारा के साहित्य में केन्द्रीयता उन लेखकों द्वारा सम्भव की गई थी जिन्होंने अपने वर्ग और वर्ण से मुक्त या च्युत (डी-कास्ट व डी-क्लास) होकर इसे सम्भव किया था। यह वास्तव में चिन्ता की बात है कि मुख्यधारा के लेखकों के बीच यह परम्परा अब क्षीण ही नहीं होती जा रही है, बल्कि उच्च सवर्ण वर्ग के लेखकों की एक बड़ी जमात अपने वर्ग और वर्ण में वापस भी हो रही है। यही कारण है कि साहित्य की मुख्यधारा में दलित, आदिवासी, किसान और हाशिये के समाज की अपेक्षित उपस्थिति अब अपवाद स्वरूप ही दर्ज हो पा रही है। इतना ही नहीं, प्रेमचन्द ने जिस 'सौन्दर्य की कसौटी' को बहुजन समाज के जीवन-संघर्षों के साथ जोड़ा था उसे ही अब प्रश्नांकित किया जाने लगा है। साहित्य को सामाजिक संरचना न मानकर महज साहित्यिक संरचना तक सीमित करने की बहसें भी अब तेज होने लगी हैं।

यह अकारण नहीं है कि साहित्य के केन्द्र से 'गोदान' के होरी को बेदखल करके अभिजन समाज के नायक 'शेखर' को स्थापित करने के तर्क भी इन दिनों दिये जाने लगे हैं। होरी की यह बेदखली साहित्य में बहुजन समाज के सरोकारों की ही बेदखली होगी। उम्मीद की जानी चाहिए कि बहुजन समाज के बौद्धिक इन दुरभिसन्धियों को समझेंगे और अपनी ऐतिहासिक व हस्तक्षेपकारी भूमिका का निर्वहन करेंगे।

हिन्दी कविता में बहुजन-चरित्र

—प्रमोद रंजन

*किसी भी साहित्य को हमें तीन दृष्टियों से देखना चाहिए। एक तो यह कि वह किन सामाजिक और मनोवैज्ञानिक शक्तियों से उत्पन्न है, अर्थात् वह किन शक्तियों के कार्यों का परिणाम है, किन सामाजिक-सांस्कृतिक प्रक्रियाओं का अंग है? दूसरे यह कि उसका अन्त:स्वरूप क्या है, किन प्रेरणाओं और भावनाओं ने उसके आन्तरिक तत्त्व रूपायित किये हैं? तीसरे, उसके प्रभाव क्या हैं, किन सामाजिक शक्तियों ने उनका उपयोग या दुरुपयोग किया है और क्यों? साधारण जन के किन मानसिक तत्त्वों को उसने विकसित या नष्ट किया है? —**मुक्तिबोध***

आलोचना की इस ठोस कसौटी को उपेक्षित किये जाने के निहित कारण रहे हैं। प्रखर आलोचक मुक्तिबोध ने आलोचना का प्रतिमान गढ़ते हुए 'राजनीतिक दृष्टिकोण' की चर्चा नहीं की है! यह कुछ लोगों को आश्चर्यजनक लग सकता है। लेकिन क्या मुक्तिबोध के आलोचक रूप की उपेक्षा का यही कारण है? या इस उपेक्षा के पीछे वे शक्तियाँ भी हैं जो राजनीतिक रूप से परिवर्तनकामी दिखती हैं किन्तु 'सामाजिक और सांस्कृतिक' रूप से प्रतिगामी हैं। मुक्तिबोध इन्हीं शक्तियों की पहचान का आह्वान करते हैं। वह प्रकट राजनीतिक दृष्टिकोण को गौण रखते हुए उन 'प्रेरणाओं और भावनाओं' पर बल देते हैं, जो साहित्य के आन्तरिक तत्त्व में रूपायित हुए हैं। उनकी यह कसौटी राजनीति से पलायन नहीं करती बल्कि बौद्धिक छद्मों को विखंडित करने का सूत्र देती है। हिन्दी साहित्य पर विचार करने के लिए मुक्तिबोध की इस कसौटी को ध्यान में रखना चाहिए।

वस्तुतः मुक्तिबोध की यह कसौटी 'बहुजन अलोचना' का भी पैमाना बनने के योग्य है।

बानगी के तौर पर इस कसौटी के आधार पर यहाँ हम समकालीन हिन्दी कविता पर विचार करते हैं। बेहतर होगा कि आरम्भिक तौर पर, सुविधा के लिए इसे एक क्षेत्र विशेष के सन्दर्भ में ही देखा जाए। मसलन, हम बिहार के समकालीन कवियों की राजनीतिक प्रवृत्तियों के उत्स की तलाश इस सूत्र के आधार पर करें।

बिहार की समकालीन हिन्दी कविता की राजनीतिक प्रवृत्तियों की पहचान से पहले सहज प्रश्न आएगा कि क्या बिहार की अपनी कोई अलग 'हिन्दी कविता' सम्भव है? क्या बिहार की हिन्दी कविता को भौगोलिक आधार पर अन्य प्रान्तों की कविता से अलगाया जा सकता है? इन दोनों प्रश्नों का उत्तर—'नहीं' होगा। जैसा कि मैंने ऊपर कहा यह सुविधा के लिए किया गया वर्गीकरण है। 'बिहार के कवि' अर्थात् वे, जिनकी काव्य संवेदना के निर्माण में बिहार की 'आंचलिकता' और सामाजिक-राजनीतिक परिस्थितियों का योगदान है। वय और 'चर्चा' के अनुरूप इनमें से चार को प्रतिनिधि के तौर पर चुना जा सकता है–नागार्जुन, अरुण कमल, मदन कश्यप और संजय कुन्दन।

इस बात को स्वीकार करने वाले अनेक होंगे कि इनमें सबसे गहरी और प्रगतिशील काव्य-संवेदना नागार्जुन की थी। उन्होंने ढेर सारी राजनीतिक कविताएँ लिखीं। 1974 में जेपी आन्दोलन के समय नागार्जुन ने लिखा—'इन्दु जी, इन्दु जी/क्या हुआ आपको/सत्ता के मद में/भूल गईं बाप को'—यह उस सत्ता को खुली चुनौती थी, जो जनता की स्वतंत्रता बाधित करने पर तुली थी। कवि जनता के प्रतिनिधि के तौर पर इन्दिरा को ललकार रहा था।

आपातकाल के बाद बिहार में इन्दिरा गांधी के वैचारिक विरोधियों की सरकार बनी। नई सरकार ने 1979 में यहाँ उत्तर भारत में पहली बार समाज के कुछ पिछड़े सामाजिक समूहों के लिए आरक्षण की व्यवस्था की। तब हिन्दी को मनुष्यता के प्रति संवेदनशील अनेक कविताएँ देने वाले अरुण कमल ने लिखा—'फेंका है उन्होंने रोटी का टुकड़ा/और टूट पड़े गली के भूखे कुत्ते'। इस कविता में 'एक दूसरे की गर्दनों पर दाँत पजाते लाखों भुक्खड़' बहुसंख्यक जनता है। कवि यहाँ बाबा नागार्जुन की तरह सत्ता को चुनौती नहीं दे रहा;

वह जनता को गलीज बता रहा है। नागार्जुन जिसके पक्ष में सत्ता को चुनौती दे रहे थे, अरुण कमल यहाँ उसे ही गाली तक देने से नहीं चूकते। कविता की अन्तिम पंक्तियों में वह रण दुंदुभी बजाते हैं—'मारे गए दस जन/मरेंगे और भी.../बज रहा जोरों से ढोल/बज रहा जोरों से ढोल/ढोल'। कौन हैं ये 'दस जन'? 'मरेंगे और भी' पर ध्यान देने पर पता चलता है कि वाग्जाल के भीतर यह 'दस जन' नब्बे जनों के विरुद्ध एक रूपक है। कविता की पृष्ठभूमि में आरक्षण लागू होने के बाद बिहार में हुई हिंसा की एक घटना है, जिसमें उच्च सामाजिक समुदाय के लोग मारे गए थे। कवि अपने उच्च सामाजिक समूह के ठंडेपन से व्यथित है। वह इस कविता में कहता है—'खड़े रहो यूँ ही कतारबद्ध/अपने घरों की ओटों पर/अभी और भी गुजरेंगी लाशें/इस रास्ते होकर'। उन्हीं की युयुत्सा जगाने के लिए 'जोरों से ढोल' पीटा जा रहा है। बाद के संग्रहों में संकलित हिंसा के कथित विभिन्न रूपों को चित्रित करने वाली अरुण जी की कुछ अन्य कविताओं की ही तरह यहाँ भी सिर्फ उच्च सामाजिक समूहों के विरुद्ध 'बढ़ती हिंसा' कवि की चिन्ता और आक्रोश का विषय है। कवि का पूरा जोर ही 'भूखे कुत्तों' की 'फौज के विरुद्ध युद्ध की मुनादी (ढोल)' करवाने पर है। यह अकारण नहीं है कि कविता का शीर्षक 'युद्ध क्षेत्र' रखा गया है और वह एक अतिरिक्त 'ढोल' शब्द के साथ खत्म होती है—'बज रहा जोरों से ढोल/ढोल'। उस समय यही ढोल राष्ट्रीय स्वयंसेवक संघ भी बजा रहा था। 'युद्ध क्षेत्र' 1980 में आए अरुण कमल के बहुचर्चित प्रथम कविता संग्रह 'अपनी केवल धार' में संकलित है। उस संग्रह में कुछ और कविताएँ इसी आशय और मिजाज की हैं।

1990 के बाद देश भर में वर्ण-व्यवस्था में शोषित रही जनता की राजनीतिक ताकत बढ़ने लगी। नागार्जुन ने—'जय-जय हे दलितेन्द्र/आपसे दहशत खाता केन्द्र/मायावती आपकी शिष्या...गुरु-गुन मायावती' लिखकर इस ऐतिहासिक घटना का प्रकारान्तर से 'इतिहास के अचेतन उपकरण' (अनकॉन्शेस टूल ऑफ हिस्ट्री) के रूप में स्वागत किया। तस्वीर उस समय भी इतनी साफ थी कि ऐसा नहीं माना जा सकता कि बाबा नागार्जुन कांशीराम के विरोधाभासों को नहीं समझ रहे थे। लेकिन उन्होंने इन परिवर्तनों को बहुसंख्यक जनता की नजर से देखा। इसी समय अरुण कमल ने बिहार के सन्दर्भ में लिखा—'बिना मुँडेर वाली छत से वह दिन भर मूतता रहा/आते-जाते किसी भी आदमी के सिर पर खल खल'।

यह साफ तौर पर उनकी अभिजात भविष्य-दृष्टि ही थी जिसके प्रभाव में उन्होंने इस कविता में घोषणा की कि 'बीसवीं शताब्दी के एक और अजूबा' की मौत 'अपने ही खून और पेशाब' में डूबकर होगी।

'नये इलाके में' (1995) में संकलित 'असत्य के प्रयोग' शीर्षक इस कविता की ओर यात्री बाबा पर लिखते हुए ('तुमि चिर सारथी', पहल द्वारा जारी पुस्तिका) मैथिली कथाकार तारानन्द वियोगी का भी ध्यान गया था। 'साहित्य अकादेमी द्वारा पुरस्कृत' इस संग्रह में अनेक कविताएँ इसी भाव-भंगिमा की हैं!

क्या कारण है कि वंचितों के प्रति पक्षधरता की हर सम्भव कोशिश करने वाला हमारे समय का एक महत्त्वपूर्ण कवि इन ऐतिहासिक घटनाओं की प्रगतिशीलता को पकड़ने में चूका ही नहीं बल्कि अभद्रता की हदों तक प्रतिगामी हो चला? फिलहाल इसके कारणों को अनुत्तरित छोड़ उन लक्षणों पर गौर करें जो अरुण जी के साथ-साथ उनके अन्य परवर्ती कवियों में मौजूद हैं। अरुण कमल सामाजिक न्याय की परिघटना को बीसवीं शताब्दी का 'अजूबा' के रूप में देखते हैं। उनके बाद की पीढ़ी के मदन कश्यप को लगता है कि 'सिंहासन पर जा बैठा जोकर' (जोकर), 'सामाजिक न्याय की खिचड़ी पक रही' है और 'नये युग के कृष्णावतार/माखन की जगह चारा चुरा रहे' हैं (छवि की चिन्ता)। इसी तरह संजय कुंदन अचानक पाते हैं कि वह 'मूर्खों की दुनिया' में आ गए हैं जहाँ 'गद्देदार कुर्सी पर बैठा एक विदूषक/अपने अज्ञान पर कतई शर्मिन्दा नहीं है'। उन्हें हर तरफ मूर्खों की 'दीमकों की तरह बजबजाती हुई भीड़' नजर आती है।

इन कविताओं में आने वाले 'अजूबा, जोकर, खिचड़ी, भीड़' आदि शब्द एक खास मन:स्थिति का पता देते हैं। इनमें बौखलाहट और हताशा है, जिसका मूल स्वर दुर्वासा के शाप की तरह का है। धमकी भरा और महानता की घृणा से बजबजाता। क्या यह अनायास है कि इन 'प्रतिनिधि' कवियों में सर्वाधिक प्रतिष्ठित अरुण कमल में घृणा की यह बजबजाहट सबसे ज्यादा है? (प्रसंगवश, यह भी कि इस मामले में अन्य 'प्रतिनिधियों' से मदन कश्यप की कविता जरा पीछे है) इस घृणा का उत्स ढूँढ़ने से पहले यह देख लेना प्रासंगिक होगा कि ऐसी कविताओं को कौन सी सामाजिक-मनोवैज्ञानिक शक्तियाँ प्रतिष्ठा देती रही हैं।

अरुण कमल की ज्यादातर कविताओं को 'निस्सार' बताने वाले तथा उन्हें 'नये इलाके में' पर मिले साहित्य अकादेमी पुरस्कार (1998) को खराब कृति पर 'अवान्तर' कारणों से प्रदत्त, बताने वाले आलोचक नन्दकिशोर नवल का उसी लेख में 'असत्य के प्रयोग' पर आह्लादित मत द्रष्टव्य है—"पाठकों से अपेक्षा है कि वे इस कविता को पूरा पढ़ें और बिहार के वर्तमान तानाशाह की भावी स्थिति का आनन्द लें—अपने ही खून और पेशाब में डूबा/पड़ा है बीसवीं सदी का अजूबा। जैसी घृणा का पात्र वह तानाशाह है, उसके लिए वैसे ही घृणित शब्दों का अरुण कमल ने प्रयोग किया है। इस तरह यह कविता अर्थ और शब्द की एकता से होने वाले विस्फोट का एक सटीक उदाहरण है।" ('शताब्दी के अन्त में कविता', कसौटी, अंक-1, अप्रैल-जून,1999)

क्या यह बताने की आवश्यकता है कि 'खून और पेशाब' में लिथड़े किसी भी आदमजात को देखकर 'आनन्द' लेने की सलाह देना किस मानसिकता का परिचायक है? यहाँ एक रोचक बात यह भी जाननी चाहिए कि 'नये इलाके में' के बाद आए संग्रह 'पुतली में संसार' (2006) को अरुण जी ने इन्हीं 'आदरणीय डॉ. नन्दकिशोर नवल जी को कृतज्ञतापूर्वक' समर्पित किया है। (क्यों? सुधी पाठक स्वयं बूझें!) यह भी आश्चर्यजनक नहीं होना चाहिए कि अरुण कमल के सभी कविता संग्रहों की शुरुआत तुलसीदास की पंक्तियों से होती है। उनके सभी संग्रह तुलसी को समर्पित हैं, जो वर्ण-व्यवस्था के समर्थक हैं। आखिर वे कबीर को क्यों कभी उद्धृत नहीं करते, जो वर्ण-व्यवस्था के विरोधी हैं।

इसे हिन्दी का दुर्भाग्य ही माना जाना चाहिए कि 'नामवर सिंह' जैसे प्रखर आलोचक, इन मुद्दों पर चिन्तन करने के बावजूद आजीवन समझौतापरस्त रुख अपनाए रहे हैं। सवर्णवादी साहित्य और आलोचना के सवाल पर उनकी दलील होती है कि 'हमारे समाज पर एक हजार वर्षों के जो बद्धमूल संस्कार हैं उसे खत्म करने के लिए एक हजार बरस का समय अगर न भी लगे तो कम से कम सौ-दो सौ साल का समय तो लगेगा ही।...उनसे कोई साहित्यकार अपनी तमाम प्रगतिशीलता के बावजूद बचा नहीं रह सकता।' ('लीलाधर मंडलोई के सवाल पर नामवर सिंह', वर्तमान साहित्य का आलोचना अंक-1, जुलाई, 2002)

इस यथास्थितिवादी वक्तव्य को न तो व्याख्या की आवश्यकता है, न ही यह सवाल खड़ा करने की कि 1936 से चले जिस प्रगतिशील आन्दोलन की प्रशंसा

करते नामवर जी नहीं अघाते, उसका हासिल आखिर क्या है और, इस 'सौ-दो सौ' साल का प्रस्थान बिन्दु कब से माना जाए? और निम्न और बहिष्कृत सामाजिक पृष्ठभूमि से आने वाले अधिकांश—पिछड़े, दलित, आदिवासी-साहित्यकारों में वह बद्धमूल संस्कार नहीं है, लेकिन उन्हें अक्सर प्रगतिशील रचनाकारों की श्रेणी से बाहर क्यों रखा जाता है? और यह कि नन्दकिशोर नवल द्वारा वर्णित वे 'अवान्तर' कारक क्या हैं, जिनके आधार पर हमारा साहित्यिक समाज और संस्थाएँ फैसला देती हैं?

उपरोक्त 'प्रतिनिधि' कवियों के अलावा एकदम नये कवियों का जिक्र भी यहाँ प्रासंगिक होगा, जिनका काव्य व्यक्तित्व अभी निर्मित होने की प्रक्रिया में है। वर्ष 2000 के बाद परिदृश्य में आए बिहार के इन नये कवियों का रुख थोड़ा अलग है। उनमें तुर्शी तो है लेकिन वैसी बौखलाहट नहीं है जैसी उनके पूर्ववर्तियों में रही है। वे इन राजनीतिक परिवर्तनों के प्रति उपहास का रुख नहीं रखते, उन्हें मूर्ख नहीं कहते—लेकिन उन्हें स्वीकार भी नहीं करते। वास्तव में इन नयों में पूर्ववर्तियों के ही दृष्टिकोण का एक किस्म का रूपान्तरण है। मसलन, हरेप्रकाश उपाध्याय 'दुखी दिनों में' शीर्षक कविता में कहते हैं—'हम शिकायत नहीं करते/माथे के दर्द को दर्द नहीं कहते/हमें दो कौड़ी का बनिया गलियाँ देता है' (नया ज्ञानोदय, मई, 2007)। यहाँ सीधे तौर पर कोई राजनीतिक आग्रह नहीं है लेकिन मदन कश्यप के 'कृष्णावतार' की तुलना में 'दो कौड़ी का बनिया' एकदम स्पष्ट शब्दावली है जो एक निश्चित सामाजिक समूह को अवहेलना की दृष्टि से देखती है। यह शब्दावली बताती है कि एक सामाजिक समूह के रूप में बनिये की श्रेणीबद्धता निचली है–दो कौड़ी की है। कोई और सामाजिक समूह है, जिसे कौड़ियों में नहीं तौला जा सकता, वह अमूल्य है। नया कवि उसी के पक्ष में है, उसी के मूल्यों के प्रति उसकी प्रतिबद्धता है।

बहरहाल, मुक्तिबोध के शब्दों में कहें तो यह कुछ आन्तरिक तत्त्व हैं जो इन 'प्रतिनिधि' कवियों की कविताओं में रूपायित हुए हैं। अब उस प्रश्न की ओर लौटें कि अनेक अच्छी कविताएँ देने वाले संवेदनशील कवियों की ऐसी प्रतिक्रियावादी, इतिहास-विमुख, एकांगी मनोदशा का उत्स कहाँ है? मुक्तिबोध साहित्य के आन्तरिक तत्त्व की 'प्रेरणाओं और भावनाओं' की पहचान के साथ-साथ

इस बात पर बल देते हैं कि उसके पीछे की 'सामाजिक और मनोवैज्ञानिक' शक्तियों की भी पहचान की जाए।

हरेप्रकाश उपाध्याय तो इन शक्तियों का पता उपरोक्त 'दुखी दिनों में' शीर्षक कविता में ही दे देते हैं—'हम उन घरों से आए हैं/जहाँ भूखे रहकर मली जाती है मूँछ पर घी/जहाँ चार पैसे के लिए घर के भीतर टुन्न-पुन्न हो जाती है/और दरवाजे पर बँधी रहती है हाथी की जंजीर'। 'दो कौड़ी का बनिया' जैसी हिंसक अभिव्यक्ति उसी सामन्ती परिवेश से आती है जहाँ भूखे रहकर मूँछों पर घी मलने का चलन रहा हो। 'सामाजिक न्याय का अचार बाँधे कृष्णावतारों' को देखने वाले मदन कश्यप जब अपने अतीत में झाँकते हैं तो पाते हैं कि "माँ के बक्से में 'कल्याण' की कुछ प्रतियाँ और नानी की चिट्ठियाँ थीं/पिता के सन्दूक में सन् 48-49 की कुछ फिल्मी पत्रिकाएँ।" (शायद वे 'फिल्मी पत्रिकाएँ' ही हैं, जो मदन जी को जरा कम प्रतिगामी बनाती हैं।)

वंचित तबकों के पक्ष में जाने वाले राजनीतिक माहौल के निकट से गुजरते हुए कवि संजय कुंदन को लगता है कि वह 'मूर्खों की दुनिया' में आ गए हैं जबकि उन्हें पिता को 'जनेऊ पर गंगाजल छिड़कते (देखते) हुए /लगता है/जैसे पूरी दुनिया को ही स्वच्छ बनाने में जुटे हों पिता' (पिता की बेचैनी)।

बहुसंख्यक जनता को रोटी के एक टुकड़े के लिए कुत्ता का सम्बोधन देते हुए 'भुक्खड़' बताने वाले अरुण कमल के अब तक आए सभी कविता-संग्रह उस 'विनयपत्रिका' से शुरू होते हैं जहाँ तुलसीदास भीख माँगने की मुद्रा में हैं 'विनयपत्रिका दीन की, बापू! आपु ही बाँचो'। अरुण जी की अन्तिम इच्छा भी उसी कर्मकांडी परिवेश का पता देती है 'ओ विराट गंगा पहला स्नान यहीं, अन्तिम स्नान भी यहीं'। (गंगा को प्यार)

मुक्तिबोध की उपरोक्त कसौटी यह भी चाहती है कि इस साहित्य के प्रभावों, सामाजिक शक्तियों द्वारा इसके उपयोग-दुरुपयोग तथा सामान्य जन पर इसके प्रभावों की भी गहनता से पहचान की जाए। किन्तु विस्तार संकोच के कारण यहाँ सिर्फ इतना कि यदि उच्च सामाजिक समूह से आए साहित्यिक की प्रतिबद्धता नागार्ज़ुन की तरह 'बहुजन समाज की अनुपल प्रगति के निमित्त' जैसी न हो, मुक्तिबोध की भाँति 'मस्तककुंड में जलती ज्वाला; सत्-चित-वेदना' न हो तो स्वभावत: कच्चे माल के रूप में आंचलिकता और

सामाजिक-राजनीतिक परिदृश्य के पुनर्सृजित रूप को किसी भौगोलिक भूखंड से अधिक रचनाकार का संस्कारगत परिवेश तय करने लगता है। जैसा कि हम बिहार के उन 'प्रतिनिधि' कवियों को पढ़ते हुए पाते हैं, जिनकी पृष्ठभूमि में सामन्ती-कर्मकांडी संस्कार रहे हैं। इसका प्रमाण कर्मकांडी पृष्ठभूमि के उच्च सामाजिक समूहों से आने वाले कवियों और वंचित समुदाय से आने वाले कवियों का तुलनात्मक अध्ययन करते हुए भी पाया जा सकता है। कर्मकांडी-अभिजात पृष्ठभूमि वाले कवि जिसे 'मसखरा', 'जोकर' और 'माथा पर मूतने' वाला कहते हैं उसी राजनीतिक परिदृश्य के बारे में शोषित समुदाय से आने वाले कवि मुसाफिर बैठा की कविता देखें—'लँगड़ा ही सही /अब लोकतंत्र आ गया है/जिसमें एकलव्यों के लिए भी पर्याप्त स्पेस होगा/चेतो, डरो या कि कुछ करो द्रोण!'

(यह आलेख 'जन विकल्प' के अगस्त, 2007 अंक में प्रकाशित हुआ था।)

उर्दू अफसानों में बहुजन-पसमांदा किरदार

—गुलाम रब्बानी

इस सदी की शुरुआत में भारतीय उपमहाद्वीप में एक दिलसोज (दहला देने वाला) वाकिया हुआ। जून, 2002 में 30 वर्षीय एक खातून मुखतास माई का लोगों के सामने सामूहिक बलात्कार किया गया। उसका कसूर यह था कि उसके भाई ने अपने से ऊँची जाति की लड़की से इश्क करने की जुरअत की थी। मुखतास माई की पिटाई की गई और नंगे घुमाया गया। मुखतास माई एक तालीम-याफ्ता (पढ़ी-लिखी) खातून हैं और अपने गाँव के बच्चों को इस्लाम की तालीम देती हैं।

कबाइली अदालत में मुखतास माई के लिए जनाबिलजबर (बलात्कार) का फैसला देने वाला शख्स हमारे समाज का किरदार है, जो कहता है कि मुखतास माई की इज्जत को सरेआम नीलाम किया जाए ताकि फिर कोई अदना (पसमांदा) शख्स ऊँची जात (अशराफ) की लड़की से इश्क करने की जुरअत न कर सके। और यह कोई अकेली घटना नहीं है।

जाहिर है, भारतीय समाज में धर्म का मसला उतना नहीं है जितना जात का। अदब में किरदार समाज से आते हैं और अदब, समाज का तरजुमान (आईना) है। इसलिए, उर्दू में पसमांदा किरदार पर बात करने से पहले भारतीय मुस्लिम समाज पर भी मुख्तसरन गुफ्तगू करना मुनासिब होगा, क्योंकि कोई भी किरदार मोआशरे (समाज) का पैदावार होता है। किरदार की तशकील (बनावट) में समाज का बहुत बड़ा हाथ होता है। किरदार की जेहनी आदत (मनोविज्ञान) सामाजिक निजाम (सामाजिक व्यवस्था) से मोतअय्यन होती है।

डॉ. आम्बेडकर मुस्लिम समाज में अलग-अलग जाति के बारे में लिखते हैं—“इनमें भी जाति-व्यवस्था ठीक उसी क्रम में है, जैसी कि हिन्दुओं में पाई जाती है। ये निम्नांकित प्रकार की हैं :

1. अशराफ या बेहतर वर्ग के मुसलमान—सैयद, शेख, पठान, मुगल, मलिक, मिर्जा

2. अजलाफ या निम्न श्रेणी के मुसलमान—दर्जी, जोलहा, फकीर, रँगरेज, बढ़ई, भठियारा, चीक, चुड़िहार, कसाई, कुला, कुँजरा, लाहेरी, माहीफरोश, मल्लाह, नलिया, निकारा, अबदाल, बाको, बेदिया, भट्ट, चम्बा, डफाली, धोबी, हज्जाम, मोची, नगरची, नट, पँवरिया, मोदोरिया, तुनिता

3. अरजाल या तुच्छ वर्ग—भानार, हलालखोर, हिजड़ा, कासबी, लालबेगी, मँगता, मेहतर[1]

इस प्रकार मुसलमानों के तीन वर्ग हैं—अशराफ, अजलाफ और अरजाल।

अशराफ का मतलब होता है खानदानी लोग। अजलाफ, जल्फ का बहुवचन है। इसका मानी है कमीन, शूद्र, जलील (गन्दा) पेशा करने वाले लोग। अरजाल का मतलब होता है—बहुत जलील, निहायत कमीना।

मराठी दलित अदीब (लेखक) शरण कुमार लिम्बाले अपने मजमून (लेख) ‘दलित साहित्य और अमेरिकन अश्वेत साहित्य’ में लिखते हैं कि नेगरो (नीग्रो) लोगों ने लफ्ज नेगरो का मजाक उड़ाया और खुद को ‘ब्लैक’ कहने लगे। दलितों ने ‘हरिजन’ शब्द का मजाक उड़ाया और खुद को दलित कहा। नेगरो ने अपना नाम तब्दील कर दिया। मालिकों की तरफ से दिये हुए नाम को रद्द कर दिया क्योंकि यह नाम उनकी गुलामी की अलामत (प्रतीक) था।”[2]

यहाँ के दबे-कुचले लोगों ने गांधी जी द्वारा दिये गए नाम हरिजन को रद्द कर दिया और इज्जते-नफस (स्वाभिमान) के साथ लफ्ज ‘दलित’ को कबूल किया। ‘अजलाफ’ और ‘अरजाल’ एक शरीफाना गाली है। जब कोई व्यक्ति इस शब्द का इस्तेमाल किसी तबके (वर्ग) के लिए कर रहा होता है तो वह लाशवरी तौर पर उसे गाली दे रहा होता है। इसलिए आज भारतीय मुस्लिम समाज का दबा-कुचला वर्ग ब्लैक और दलित की तरह खुद को ‘पसमांदा’ कहता है। लफ्ज ‘पसमांदा’ उसके इज्जते-नफ्स और खुद्दारी की निशानी है। पसमांदा शब्द की अवधारणा में मुसलमानों के अजलाफ और अरजाल समेत

सभी समुदायों के दलित-पिछड़े, शोषित समुदाय हैं। यह हिन्दी की बहुजन अवधारणा के समकक्ष है। मुसलमानों में अजलाफ और अरजाल उसी तरह बहुसंख्यक और शोषित हैं, जैसे हिन्दुओं में दलित, पिछड़े और आदिवासी। दूसरी ओर अशरफ समुदाय मुसलमानों के अभिजन हैं।

अशराफिया पसमांदा-बहुजन समाज के लिए अजदाहा (अजगर) है। इन अशराफिया वर्ग की बदमाशियों की वजह से आज पसमांदा की साक्षरता दर भारत के सभी जातों से कम है। पसमांदा के प्रति अशराफिया तबके का नजरिया कैसा रहा है, इसके कुछ उदाहरण देखें :

मौलाना सैयद जियाउद्दीन बरनी 'फतवा जहाँदारी' नसीहत 13 में लिखते हैं :

> *हुकूमत कम दरजे से आने वाले मुसलमान लड़कों को तालीम से बाज (प्रतिबन्धित) रखे और जो शख्स भी उन्हें तालीम देने की जुआरत (हिम्मत) करे उसे सजा देनी चाहिए, यही नहीं बल्कि उसे जला वतन (तड़ीपार) कर देना चाहिए।*[3]

बरेली के मदरसा अंजुमन इस्लामिया की इमारत का संगे-बुनियाद (शिलान्यास) रखने के लिए सर सैयद अहमद खाँ (जिसे अशराफिया वर्ग का मसीहा कहलाता है) को बुलाया गया। वहाँ मुसलमानों के निचले वर्ग (पसमांदा) के बच्चे पढ़ते थे। इस मौके पर सर सैयद ने कहा :

> *इसमें कुछ शक नहीं कि हमारे कौम में अंग्रेजी जुबान और अंग्रेजी तालीम बहुत जरूरी है। हमारे कौम के सरदारों और शरीफों के लिए लाजिमी है कि अपनी औलादों को अंग्रेजी की आला सतह (ऊँचे दर्जे) की तालीम दें। (लेकिन) इस वक्त मैंने देखा कि आपके मदरसे में मस्जिद की दालान में, जिसके नजदीक आप मदरसा बनाना चाहते हैं, 75 लड़के पढ़ रहे हैं। जिस हैसियत और जिस तबके के ये लड़के हैं उनको अंग्रेजी पढ़ाने का कोई फायदा नहीं होने का। उनको उसी रवायती (पारम्परिक) तालीम में मशगूल रखना उनके हक में और मुल्क के हक में ज्यादा मुफीद है। मुनासिब हाल यह है कि आप ऐसी कोशिश करें कि इन लड़कों को कुछ लिखना–पढ़ना और जरूरी कार्रवाई के मुताबिक हिसाब-किताब आ जावे और ऐसे छोटे–छोटे रेसाले पढ़ाए जावें जिनसे नमाज,*

रोजा के जरूरी मसाएल जो हर दिन पेश आते हैं और मुसलमानी मजहब (धर्म) के सीधे-सादे अकायद (आस्था) उनको मालूम हो जावें।[4]

मौलाना अब्दुल करीम जिनकी तकररूरी (नियुक्ति) अंग्रेजी हुकूमत में बंगाल के मुसलमानों के तालीमी मसाएल (शैक्षिक कठिनाई) का पता लगाने के लिए की गई थी, निचले तबके के मुसलमानों के लिए सिफारिश की कि उनकी तालीम प्राइमरी तक ही होनी चाहिए।[5]

"सर अमीर अली ने ऊँचे तबके के मुसलमानों और निचली जाति के मुसलमानों के लिए यकसां तालीम (एक जैसी शिक्षा) की मुखालफत (विरोध) किया। उन्होंने अदना-जात (पसमांदा) के मुसलमानों के लिए अलग तालीम की वकालत करते हुए कहा कि मदरसा और मकतब उनके मरकज (केन्द्र) होना चाहिए।"[6]

बहुत सारे लोगों को यह पता नहीं होगा कि आज जितने भी मदरसा और मकतब हैं सभी में सिर्फ पसमांदा के बच्चे पढ़ते हैं अशराफिया के नहीं। अशराफिया के बच्चे अच्छी जगहों पर, प्राय: अंग्रेजी स्कूलों से निकलते हैं और प्रसिद्ध उच्च शिक्षण संस्थानों तक पहुँचते हैं।

भारत के बाहर से आने वाले मुसलमानों ने अपनी नस्ली-बरतरी (श्रेष्ठता) राजनीति और जंग के जरिये कायम की, और इस श्रेष्ठता को उन्होंने जाति में बदल दिया। इसी जात-पाँत की वजह से भारतीय मुस्लिम समाज में कफू (गोत्र) का आरम्भ हुआ।

बाहर से आए मुसलमान अपनी जाति और अपनी पहचान के लिए आपने नामों के साथ अपने पैतृक शहरों के नाम लगाते हैं, जैसे समरकन्दी, शिराजी, अस्फहानी, सबजवारी और बुखारी आदि।

जब हिन्दू द्विज तबके के लोगों ने धर्मान्तरण किया तो उन्होंने हिन्दू समुदाय में अपनी पूर्व उच्च स्थिति के आधार पर दावा किया है कि हमें सैयद का दर्जा मिलना चाहिए और अकबर ने उन्हें यह दर्जा दे दिया। जैसा कि एस दूबे ने अपनी किताब में दर्ज किया है :

हिन्दुओं की विभिन्न उच्च जातियाँ जब इस्लाम में धर्मान्तरित हुईं तो उन्होंने इस्लाम में भी अपने लिए उच्च दर्जे की माँग की। ब्राह्मणों ने दावा किया कि सैयद के रूप में उनके सम्मान को सम्राट अकबर ने स्वीकृति दी थी।[7]

अछूत तथा कारीगर, दस्तकार और किसान जातियों के धर्मान्तरण करने वाले की सामाजिक स्थिति को उन्होंने ज्यों का त्यों रखा। यही कारण है कि मुसलमान अशराफिया तबका जितनी घृणा से अपने धर्म के पसमांदा को देखता है, उतनी घृणा से हिन्दू दलित-पिछड़ों को भी देखता है। इस तरह मुसलमान पसमांदा और दलित हिन्दू में दर्द का रिश्ता है और उनके सामाजिक और आर्थिक तथा बहुत हद तक सांस्कृतिक हित भी आपस में जुड़े हुए हैं।

शादी-विवाह के अवसर पर अशराफिया इसका खास खयाल रखता है कि कहीं उनकी नस्ल में खराबी न पैदा हो जाए। अशराफिया मुसलमान सामान्यत: अपनी बेटी किसी पसमांदा को नहीं देगा, लेकिन अगर जरूरत पड़ी तो उसे अपने बराबर हिन्दू द्विज से ब्याह देगा। इसकी बहुत सारी मिसालें देखी जा सकती हैं।

कई इलाकों में तो भेदभाव इतनी सख्ती से बरता जाता रहा है कि निचली जाति के मुसलमान खाने-पीने या शिष्टाचार-अभिवादन में भी अशराफिया का अनुसरण नहीं कर सकते थे। सहारनपुर में हालत यह थी कि अशराफिया अपने घर में जो खाना बनाता था, वह पसमांदा के घर में नहीं बन सकता था। जैसे, पुलाव, कुर्मा आदि। वे अपने बच्चों के अच्छे नाम तक नहीं रख सकते थे। उन्हें अपने बच्चों के नाम—कलवा, खैराती, खुदाबख्श-जैसे नाम अपमानजक शब्दों में रखने होते थे।

दरअसल, मसावात (बराबरी) सिर्फ पवित्र किताब में है, वह समाज में कहीं दिखाई नहीं देता। 1911 की जनगणना के अनुसार भारतीय मुस्लिम समाज में 94 जातियाँ थीं और सम्भ्रान्त मुस्लिम वर्ग का रवैया पसमांदा के साथ क्या था, इसे मुबारक अली ने अपनी किताब में दर्ज किया है :

> *सहारनपुर में निम्न जाति के मुसलमानों को उच्च जाति के अशराफों के यहाँ जो खाना बनता, वह खाना बनाने की मनाही थी। किसी प्रमुख व्यक्ति को भोजन पर निमंत्रित करने की भी उन्हें छूट नहीं थी। और तो और, निम्न जाति के मुसलमानों को ऊँची जाति के मुसलमानों के बच्चों के नाम जैसा नाम तक रखने की मनाही थी। समान रुतबे वाले ही दो व्यक्ति 'अस्सलाम अलैकुम' कहकर परस्पर अभिवादन कर सकते थे जबकि निम्न श्रेणी वाले 'आदाब' और 'बन्दगी' कहते।*[8]

इसके बावजूद हमारे अदब में हिन्दू दलित-पिछड़े और आदिवासियों की तरह मुस्लिम पसमांदा की सामाजिक हालत पर विमर्श क्यों नहीं होता? यह एक बहुत जरूरी सवाल है।

उर्दू अफसानों में पसमांदा किरदार

लेख के इस हिस्से का मकसद उर्दू अफसानों में बहुजन-पसमांदा किरदारों पर सरसरी नजर डालना है।

उर्दू के ऐसे अफसाने (कहानियाँ) की तलाश जिसमें पसमांदा किरदारों को पेश किया गया है, मुश्किल काम है। उर्दू में हिन्दी अदब के विपरीत पसमांदा किरदार बहुत कम मिलते हैं। हालाँकि मुस्लिम समाज में भी हिन्दू समाज की ही तरह दलित-पिछड़ा किरदार बहुसंख्यक है। यह बड़ी दिलचस्प बात है कि मुस्लिम समाज के अशराफिया तबके के लेखक हिन्दू समाज में प्रचलित जात-पाँत के निजाम पर खूब बहस करता है और उस पर तनकीद (आलोचना) करता है लेकिन मुस्लिम समाज के अन्दर जात-पाँत की व्यवस्था पर गुफ्तगू करने से बचता है।

उर्दू में गरीब तबके से तअल्लुक रखने वाले जो किरदार मिलते हैं वह हाशिये के किरदार हैं, न कि बहुजन-पसमांदा किरदार। हाशिये के किरदार और पसमांदा किरदार में यकसानियत (साम्यता) ये है कि दोनों किरदार कौमी धारा (मुख्यधारा) से अलग हो चुके होते हैं। लेकिन उनमें बुनियादी फर्क ये है कि हर हाशिये के किरदार पसमांदा किरदार नहीं हो सकता, लेकिन हर पसमांदा किरदार, हाशिये का किरदार होता है। एक अशरफ जात का किरदार पसमांदा नहीं हो सकता। यह हो सकता है कि अपनी गरीबी और मुफलिसी के चलते वह कौमी धारा से अलग हो जाए, जिससे उसकी शिनाख्त एक हाशिये के किरदार की शक्ल में होगी। बहुजन-पसमांदा किरदार वर्षों से कौमी धारा से बाहर किया जाता रहा है इसलिए वह खुद-ब-खुद हाशिये का किरदार भी है।

हिन्दू समाज के दलित किरदार और मुस्लिम समाज के दलित किरदार में यकसानियत (साम्यता) है। लेकिन हिन्दी कहानियों के तजजिए (विश्लेषण) से यह हकीकत सामने आती है कि हिन्दी अदब में जहाँ-जहाँ दलित किरदार बाबासाहेब आम्बेडकर के अफकार और नजरियात (विचारधारा) को अपनी

जिन्दगी और अमल (कर्म) में कबूल कर अपनी बदहाली को छोड़ बेहतरी के लिए प्रयास करता नजर आता है, वहीं पसमांदा किरदार के यहाँ मायूसी, वंचना और जमूद (ठहराव) की कैफियत है।

एक और बात गौर करने की है। हिन्दी कहानीकार जब दलित-पिछड़ा किरदार चुनता है तो वह प्राय: उसे हिन्दू समुदाय से लेता है। उर्दू कहानीकार जब उर्दू कहानी में दलित-पिछड़ा किरदार चुनता है तो वह भी उसे प्राय: हिन्दू समाज से ही लेता है, मुस्लिम समाज से नहीं। इस फर्क को विशेष तौर पर रेखांकित करने की जरूरत है। जबकि हिन्दुओं की अधिकांश दलित-पिछड़ी जातियों के समकक्ष की जाति मुस्लिम समाज में भी है, जिनका पेशा, रहन-सहन और उनके साथ अशराफिया द्वारा किया जाने वाला भेदभाव द्विज हिन्दुओं के समान है। दरअसल, अधिकांश चर्चित मुसलमान अफसाना-निगार अशराफिया तबके से आते हैं और वे मुसलमानों में मौजूद जाति-व्यवस्था को पर्दे में ढका रहने देना चाहते हैं।

अध्ययन की सुविधा के लिए उर्दू कहानियों को तीन दौर में बाँटा जाता है। प्रेमचन्द का दौर, प्रगतिशील तहरीक के जेरेअसर लिखी गई कहानियाँ और आधुनिक कहानियाँ। यहाँ हम कुछ प्रगतिशील अफसानों और कुछ जदीद (आधुनिक) अफसानों में पसमांदा किरदार के बारे में बात करेंगे। इनमें हिन्दू और मुसलमान—दोनों के पसमांदा किरदार शामिल हैं। इस दौरान जहाँ अफसाना-निगार ने सायास रूप से मुसलमान पसमांदा की जगह हिन्दू पसमांदा किरदार चुना है, उसे मैंने इंगित कर दिया है। शेष स्थानों पर सिर्फ कहानी के प्लॉट और उसमें बहुजन-पसमांदा किरदार का सरसरी तौर पर विश्लेषण किया है।

प्रगतिशील कहानियों में पसमांदा किरदार

लाल और पीला : ख्वाजा अहमद अब्बास अशराफिया तबके से आते हैं। उनकी इस कहानी का किरदार गोपाल, हिन्दू कुम्हार जाति का फर्द है। यह जाति मुस्लिम समाज के अन्दर भी है जिसे 'कोलाल' कहते हैं। लेखक कुम्हार की जगह कोलाल को भी अपनी कहानी के लिए चुन सकता था।

कहानी में गोपाल एक मजदूर है और आर्ट से उसे बहुत लगाव है। यह चीज उसे विरासत में मिली है क्योंकि उसका बाप त्योहार के मौके पर मिट्टी से

देवी-देवताओं की मूर्तियाँ बनाया करता था। असल में वह एक फनकार है जो पेट पालने के लिए कारखाने में आठ घंटे काम करता है। अपने शौक के लिए बाकी सोलह घंटे आर्ट की दुनिया में बसर करता है। यथार्थ में जहाँ एक तरफ जिन्दगी की बदसूरती है वहीं कल्पना की दुनिया में खूबसूरती है, जहाँ उसकी कुचली हुई ख्वाहिश अपने माहौल से फिरार होकर तस्कीन पाती है। कल्पना की खूबसूरती की कैनवस पर उतारते हुए उसे जमाना बीता लेकिन उसकी शिनाख्त एक फनकार के रूप में नहीं हो सकी। फिर वह जिन्दगी की बदसूरती को कैनवस पर उतारता है और उसकी तस्वीर को अव्वल इनाम मिल जाता है। जिन्दगी की हकीकत सच्चाई है और सच्चाई में ताकत है। ताकत के बदौलत फतह मिलती है। बरसों तक हकीकत को नजरअन्दाज करते हुए वह तखय्युल (कल्पना) की दुनिया को लोगों के सामने पेश करता रहा। न लोग उसकी कला की तरफ रागिब हुए और न ही वह खुद मुतमइन हो सका। अगर जिन्दगी बदसूरत है तो उसे बदलना होगा। बदसूरती को खूबसूरती में तब्दील करने के लिए जिन्दगी की बाजी भी लगानी पड़ती है। सच्चा फनकार वही है जो इस चुनौती को कबूल करते हुए अपने जिस्म का लहू बहाने के लिए तैयार हो। लहू (लाल) बहाने से ही निजाम (व्यवस्था) बदलता है, दूसरों की जिन्दगी में खुशियाँ लाता है, हालाँकि लहू बहाने वाला पीला (जिन्दगी दाँव पर लगा देना) क्यों न हो जाए। लेकिन तारीख उसे याद रखती है। यही कामयाब जिन्दगी की जमानत है।

दो हाथ : इस्मत चुगताई भी अशराफिया तबके से आती हैं। उनकी कहानी 'दो हाथ' गुरबत में जिन्दगी बसर कर रहे इनसान की मानसिकता को उजागर करती है। मुफलिसी (गरीबी) में दो हाथ की बड़ी अहमियत है। ऐसे लोगों के लिए जिन्दगी की सबसे बड़ी खुशी यह होती है कि कोई दो हाथ लेकर कमाने वाला आया है। यह कोई मानी नहीं रखता कि वह किस जरिये से आया है। जिन्दगी आराम से कटेगी, खुशी के लम्हे मयस्सर होंगे, यही उनकी आरजू और तमन्ना रहती है।

बूढ़ी हिन्दू मेहतरानी पचास वर्ष की थी लेकिन हालात से टूटकर वह सत्तर वर्ष की लगती थी। उसने दस-बारह बच्चे पैदा किये थे लेकिन उनमें एक राम अवतार ही बचा था। इस कहानी का किरदार राम अवतार है जो भंगी (मेहतर) जाति का है। लेखिका अपने समाज से किरदार नहीं लेती,

जबकि यह जाति उनके यहाँ भी है। मुसलमान भंगी को बिहार में हलालखोर कहते हैं, जिसका उपनाम 'लालबेगी' है। हैदराबाद में मीर/मेहतर कहते हैं। मध्य भारत में 'भंगी/हेला' कहते हैं।

अभी राम अवतार की शादी रचाए साल भर भी नहीं बीता कि उसे लाम पर जाने का बुलावा आ गया। राम अवतार के जाने के कुछ दिनों के बाद मेहतरानी के देवर का लड़का रती राम अपनी ताई से मिलने आता है। रती राम और मेहतरानी की बहू के बीच नाजायज तअल्लुक कायम हो जाता है। सभी आदमी जानते हैं कि यह बच्चा राम अवतार का नहीं है बल्कि रती राम का है। सभी लोग बुढ़िया को गर्भपात कराने का मशविरा देते हैं, लेकिन बुढ़िया ऐसा करना नहीं चाहती। उसके सामने यह निहायत अहम बात है कि अब उसके बुढ़ापे का सहारा पैदा हो गया। एक तरफ आला खानदान की बड़ी-बड़ी शरीफजादियों के वह गुनाह हैं जो हम सड़क के किनारे या गटर में देखते हैं तो दूसरी तरफ नीच जाति समझे जाने वाले लोगों की फराकदिली है जो नाजायज औलाद को भी एक नन्हा फरिश्ता समझकर सीने से लगाती है। जहाँ एक तरफ अशराफिया की बदमाशियाँ हैं, जालिमाना हरकत है, वहीं दूसरी तरफ नीच जाति समझे जाने वालों की शराफत।

शराफत का लबादा ओढ़कर रयाकारी (पाखंडी बातें) करने वाले लोग मेहतरानी को पसन्द नहीं। उसके यहाँ पाप कबूल करने की हिम्मत है। यह नहीं कि पापी होकर पारसाई (पवित्रता) का इश्तेहार बने। एक तरफ जहाँ यह कहानी आला खानदान की आन्तरिक जिन्दगी के बारे में बताती है वहीं भंगी समाज के रस्म-व-रिवाज और उसके ऐसे अखलाकियात को भी आशकार करती है। बुढ़िया ने बहू को दो सौ रुपये में खरीदा था। यह उस समाज की कहानी है, जिसमें औरत जानवर की तरह खरीद-व-फरोख्त की चीज समझी जाती है। एक इनसान की कीमत की तुलना जानवर की कीमत से की जाती है।

मोजजा : रजिया सज्जाद जहीर की इस कहानी का किरदार मज्जू शाह नट जाति से तअल्लुक रखता है। यह एक मुसलमान-पसमांदा किरदार है। रजिया सज्जाद जहीर अशराफिया तबके से आती हैं। इसके बावजूद उन्होंने इस कहानी का पात्र मुसलमान-पसमांदा को बनाया है। लेकिन उनकी अन्य कहानियों में ऐसा नहीं है।

मज्जू शाह रस्सी पर चलकर वह तमाशा दिखाता है। यही उसकी रोजी-रोटी का वसीला है। एक बार करतब दिखाते हुए अपना सन्तुलन नहीं रख पाता और गिर जाता है। इलाज से जान तो बच गई लेकिन जिस बल गिरा उधर का पाँव बिलकुल बेकार हो गया। मुहर्रम आते ही मज्जूशाह के लकवा जिस्म में जान आ जाती है। वह मुहर्रम का झंडा, ताजिया में बढ़-चढ़ कर हिस्सा लेता है। मुहर्रम में झंडा निकाला जाता है जिससे खम्भे के तार को हर साल काटना पड़ता है। एक बार ऐसा होता है कि गवर्नमेंट तार काटने से इनकार कर देती है। गवर्नमेंट ताजिया लगाने पर रोक नहीं लगाती बल्कि यह कहती है कि या तो झंडा को छोटा कर लिया जाए या उसे झुकाकर ले जाया जाए। ताजिया निकालने वाले हठधर्मी का मुजाहरा करते हैं और दोनों विकल्पों में से किसी को कबूल नहीं करते। तीसरी रात मज्जोशाह झंडा लेकर आगे बढ़ता है। तार काटने के दौरान वह गिर जाता है लेकिन अपनी जान से ज्यादा अजीज बेजान झंडा को तार के पार कर देता है।

पसमांदा जाति की तौहमपरस्ती (अन्धविश्वास), रूढ़िवाद, और मुस्लिम समाज के अन्दर अशराफिया की बरतरी इस कहानी का विषय है। खुराफात, किस तरह धार्मिक अनुष्ठान की शक्ल अख्तियार कर लेता है और उस पर एक गैर तालीम-याफ्ता पसमांदा अपनी जिन्दगी को दाँव पर लगा देता है, यह कहानी इसका मुँह बोलता सबूत है। गैर तालीम याफ्ता शख्स के लिए खुराफात में लिपटा मजहब एक नशा है। ऐसे लोगों को मजहब के नाम पर आसानी से बहकाया जा सकता है और वह काम करने पर आमादा किया जा सकता है जो मजहब की दृष्टि से गलत है। सभी जानते हैं कि मुहर्रम मुस्लिम का पर्व नहीं है। पर्व दो ही हैं—ईद और ईद-उल-फितर और ईद-उल-अजहा।

आखिर में मेरे जैसा पाठक यह सोचने पर मजबूर है कि झंडा को पार करने से समाज में कौन सा सुधार आया? मज्जूशाह की मौत से समाज को क्या फायदा हुआ? मज्जूशाह के गिरकर मौत के आगोश में चले जाने से पसमांदा समाज कितना उठा? समाज में कितनी तरक्की हुई? उसकी मौत पर सिर्फ अफसोस किया जा सकता है। ऐसे बेवकूफ पसमांदा का मर जाना ही पसमांदा समाज के लिए फायदेमन्द है।

नीच : रजिया सज्जाद इस कहानी में जिस किरदार 'शामली' का तजकिरा कर रही हैं उसे उन्होंने हिन्दू समुदाय से चुना है जबकि उसकी जाति मुस्लिम समाज में भी मौजूद है। लेकिन जैसा कि मैंने पहले कहा जो लेखक/लेखिका अशराफिया जाति से तअल्लुक रखते हैं वह पसमांदा किरदार हिन्दू समाज से लेते हैं, मुस्लिम समाज से नहीं। कहानी 'नीच' का किरदार शामली है, जिसे मुस्लिम समाज में 'कुँजड़ा' कहा जाता है और उसका उपनाम 'राईन' है।

बहरहाल, इस कहानी की जो किरदार है वह अपनी खुद्दारी, खुद-एतमादी और बुल्दहिम्मती में बेमिसाल है। कहानी में सुल्ताना अपने शौहर के इन्तजार में सालों से तन्हा जिन्दगी गुजार रही है। लेकिन वह इसके खिलाफ आवाज नहीं उठाती। वहीं शामली जो नौकरानी है अपने शौहर को छोड़कर सिर्फ इसलिए चली आई है कि वह खाने-कपड़े के बदले उस पर हुक्म चलाता था और राम अवतार जैसे आशिक को भी छोड़ देती है कि वह हमेशा अहसास दिलाता था कि शामली की वजह से नौकरी पर खतरा है।

शामली का अकेला किरदार दो तरह के डिस्कोर्स को हल करता नजर आता है। पहला नारीवाद और दूसरा जाती शऊर। शामली जिस तबके, जिस जात से तअल्लुक रखती है, वह ईमानदारी से मेहनत-मशक्कत करके अपना पेट भरने में यकीन रखते हैं। कहा जाता है कि औरत का महत्त्व सामाजिक दृष्टिकोण से कम है। शामली का किरदार इस खयाल को रद्द करता है। वह बेवक्त औरत होने के दर्द को भी झेलती है और नीच जाति की कसूरवार भी ठहराई जाती है। लेकिन शामली का किरदार ऐसी तमाम (सारे) भेदभाव और शोषण से जूझने का हौसला रखता है।

कालू भंगी : कृष्ण चन्दर हिन्दू अशराफिया-अभिजन समुदाय से आते हैं। उनकी कहानी 'कालू भंगी' समाज के सबसे निचले तबके की दास्ताने हयात है। कालू भंगी हिन्दू दलित है। उसके जिस्म का हर अंग उसकी गुरबत और उसकी हलनाक जिन्दगी की मुँह बोलती तस्वीर है। हर अंग कुचली हुई ख्वाहिशात का सबूत है। उसकी जिन्दगी बिलकुल सपाट है। खुद बदसूरत है लेकिन समाज को साफ-सुथरा रखता है। उसका काम अस्पताल में हर रोज मरीजों का पाखाना-पेशाब साफ करना था। मरीजों की गन्दगी को साफ करना उसकी जिम्मेदारी थी। कितने लोग अस्पताल में आए लेकिन किसी ने भी उसके

बारे में एक लम्हे के लिए भी नहीं सोचा। ऐसा लगता है कि कालू भंगी की वकअत (महत्त्व) उनकी नजर में कुछ भी नहीं, वैसे ही जैसे जिस्म से निकलने वाली गन्दगी का महत्त्व नहीं होता। उनके लिए कालू भंगी भी गलाजत (गन्दगी) की एक किस्म है। जिन्दगी की इतनी बड़ी खिदमत का सिला यह तो नहीं होना चाहिए। अगर सफाई की अहमियत इनसानी जिन्दगी में है तो कालू भंगी की अहमियत भी मोसल्लीम है। फिर वह समाज की बेतवज्जही का शिकार क्यों है? क्यों सभी उसे नजरअन्दाज करते हुए गुजर जाते हैं? खुद बदहाल रहकर दूसरे के लिए खुशहाली लाता है। अमीरों के पाँव गन्दे न हों, इसलिए गन्दगी में रात-दिन मेहनत करता है। वह तकलीफ उठाता है, जिसकी वजह से दूसरे लोग आराम की जिन्दगी जीते हैं। समाज की बेतवज्जही की वजह से वह तन्हा-पसन्द हो गया। उसमें गुमसुम रहने की कैफियत पाई जाने लगी है। जिन्दगी में तब्दीली न आने की वजह से उसकी सोच, उसके जज्बात भी खत्म हो गए। उसके दिल में तमन्ना और कोई आरजू नहीं है। जिन्दगी में सिर्फ काम है और वह भी इन्तेहाई गैर दिलचस्प और गन्दा काम जिसे वह मशीनी अन्दाज में किये जा रहा है। कोई सकून, कोई राहत नहीं। उसके तमाम अहसासात मर चुके हैं। यहाँ तक कि जब अस्पताल के कम्पाउंडर को जो उसके दरजे में बड़ा है बीमार लड़कियों से इश्क और मोहब्बत का इजहार करते हुए देखता है तब भी उसके दिल में इश्क व मोहब्बत का कोई जज्बा पैदा नहीं होता। कोई अहसास ही जन्म नहीं लेता। रश्क, हसद (जलन), नफरत कुछ भी तो नहीं।

कालू भंगी को अपनी नंगी चँदिया (सिर) पर किसी जानवर मिसलन गाय या भैंस की जुबान फिराने (चटवाने) से बड़ा लुत्फ मिलता था। अकसर वह अस्पताल के करीब खेत की मेंड़ पर उकड़ूँ बैठा होता और गाय उसका सर चाट रही होती। और वह वहीं सो जाता। कालू भंगी का पितृस्नेह भी राह ढूँढ़ लेता है जब निहायत आहिस्ता, बड़े सकून से वह मकई के भुट्टे को हर तरह से देख-देखकर भूनता था। इतनी बेबसी की हालत में पले हुए आदमी की सिर्फ एक ही ख्वाहिश रहती है और यह ख्वाहिश उसकी खिदमत के बदले में कुछ भी नहीं।

"घी लाऊँगा एक रुपया का, और मकई के पराँठे खाऊँगा, कभी पराँठे नहीं खाए मालिक, बड़ा जी चाहता है।"

आखिर में कहानीकार पाठक को इस बात की तरगीब दिलाता है कि क्यों न इस निजाम को उखाड़कर फेंक दिया जाए जिसकी वजह से एक इनसान की अदना-सी ख्वाहिश भी पूरी नहीं हो सकती।

भरे बाजार में : हयातुल्ला अंसारी पसमांदा तबके से आते हैं। उनकी कहानी 'भरे बाजार में' का किरदार 'रखी' है। रखी पसमांदा मुसलमान परिवार की है।

रखी अपने नवजात शिशु को ठिकाने लगाती है। फिर उसे चेचक हो जाता है। इस तरह वह दस-बारह दिनों तक बीमार रहती है। सड़क के आवारा लोग उसकी मदद करते हैं और बदले में उससे यौन सन्तुष्टि हासिल करते हैं। बीमारी से उठने के बाद उसे नहाने का खयाल आता है। वह कॉरपोरेशन के बड़े गुसलखाने में नहाने चल पड़ती है। वहाँ से उसे भगा दिया जाता है। दरिया में नहाने के खयाल से वह दरिया की तरफ जाने लगती है, लेकिन पार्क में थकी-हारी ताल के किनारे बैठ जाती है। फिर वह नहाने के लिए पानी में उतर जाती है। कांस्टेबल यह देखकर चिल्लाता है। मौलवी लाहौल पढ़ता है। सिपाही घबराया हुआ ताल के किनारे दौड़ रहा है और उसे धमका रहा है। रखी के नंगे बदन को देखकर सभी अपनी आँखों से यौन सुख ले रहे हैं। कोई टकटकी बाँधे इस नजारे को देख रहा है। कोई घूम-घूम कर यह देख रहा है कि रखी साड़ी निचोड़े तो वह उसके पूरे जिस्म को नंगा देख सकें।

हयातुल्ला अंसारी ने यहाँ यौन-विकृति के शिकार लोगों की तस्वीरकशी की है। रखी खुलेआम नहाने के लिए मजबूर है। सबसे पहले वह कॉरपोरेशन के गुसलखाने में नहाने के लिए जाती है, लेकिन वहाँ औरतों ने उसे नहाने नहीं दिया। मजबूरन वह पार्क में नहाने आती है। वह सेक्सुअल नुमाइशबाजी में मुबतला नहीं है। अगर ऐसा होता तो सबसे पहले वह गुसलखाने में नहीं जाती, जहाँ सिर्फ औरतें नहा रही हैं। पार्क में रखी को देखने वाले मर्द सेक्सुअल फ्रस्टरेटेड के शिकार थे। वह रखी के यौन अंगों को देखकर नयन-सुख ले रहे थे। मौलवी साहेब का लड़का जो रखी के नंगे जिस्म को टकटकी लगाकर देख रहा था, उसे मौलवी साहेब ने चटाख से एक थप्पड़ रसीद किया। मौलवी साहेब खुद रखी के नंगे जिस्म से यौन सुख हासिल करना चाह रहे थे लेकिन अपने लड़के और लोगों की मौजूदगी में ऐसा मुमकिन नहीं था।

जदीद अफसानों में पसमांदा किरदार

जदीद अफसाना आज की जिन्दगी को जीने उसे मुख्तलिफ सतहों पर समझने, उसके मतलब को तलाश करने की कहानी है। जदीद अफसाना माहौल के जरिये फर्द (व्यक्ति) और फर्द के जरिये माहौल को शिनाख्त (पहचान) करने की एक कार्रवाई है और हर लेखक इस अम्ल को अपने तौर पर कबूल किया है। हम सभी एक ही माहौल में जीने, साँस लेने वाले लोग हैं जो मुश्किलात को अपनी-अपनी सतह पर बर्दाश्त कर रहे हैं और समझ रहे हैं। जदीद अफसानों में कहीं दूरदराज जगहों की रवायती तहजीब है तो कहीं तेजी से बदलते हुए शहरी जिन्दगी के दरम्यान खोए और मायूस व्यक्ति की आन्तरिक तन्हाई और सूनापन।

चाँदनी के सुपुर्द : अनवर कमर की यह कहानी दलित किरदार के प्रति हमदर्दी और दोस्ती के जज्बे को जाहिर करती है। अशराफिया तबके से आने वाले कहानीकार ने इसमें भी मुसलमान पसमांदा की जगह हिन्दू दलित को किरदार बनाया है।

कल्लू राम उर्फ 'कलवा' जो इस कहानी का मरकजी किरदार है गन्दा होने वाली मालगाड़ी पर मुलाजिम (नौकर) है। गन्दा होने वाली मालगाड़ी पर मुलाजिम (नौकर) होने से पहले कल्लू राम उर्फ 'कलवा' नफासत पसन्द, चुस्त व चालाक और सेहतमन्द शख्स था। लेकिन कचरा गाड़ी की इस नौकरी ने कल्लू राम को सुस्त, बीमार, बदजौक और कलवा बना दिया।

अब वह उठते-बैठते, खाते-पीते, चलते-फिरते गन्दगी ही तलाश करने लगा था। घर आते-जाते वह मदली मार्केट की तरफ से गुजरने लगा था। वह जब भी किसी कुरूप, मोटी, काली-कलूटी औरत को देख लेता तो उससे मैथुन करने का जज्बा उसके दिल में हिलोरें लेने लगता।

माहौल का व्यक्ति पर गैर मामूली असर पड़ता है। माहौल के अन्तर्गत उसके व्यक्तित्व का विकास होता है। माहौल कलवा को एक जानवर की तरह जिन्दगी गुजारने के लिए मजबूर करता है। कलवा गन्दगी में सुबह से शाम तक रहता है, उसी में खाता है, पीता है। यह असर इतना शदीद होता है कि उसकी शख्सियत का एक अहम फैक्टर बन जाता है। यह कहानी माहौल और हालत की असरजदगी की बेहतरीन मिसाल है।

बैक लेन : जोगेन्द्र पॉल हिन्दू अशराफिया समुदाय से आते हैं, जिन्होंने उर्दू में बेहतरीन कहानियाँ लिखी हैं। उनकी इस कहानी का किरदार 'फज्जू' पसमांदा मुसलमान है।

बैक लेन नई आबादी कॉलोनी कल्चर के पसमंजर में लिखी गई जोगेन्द्र पॉल की नुमाइन्दा कहानियों में से है। जदीद तहजीब के नुमाइन्दे कॉलोनी कल्चर को मयारी (आइडियल) कल्चर कहते हैं। यहाँ की जिन्दगी, यहाँ के बाशिन्दे का रहन-सहन, उनका एखलाक, ड्राइंगरूम के आदाब, उनके आदात को आइडियल कहा जाता है। यह किस हद तक आइडियल है उसे इसी कॉलोनी के बैक लेन में गन्दगी चुनकर अपनी जिन्दगी बसर करने वाले 'फज्जू' की जुबानी इस अफसाना में बयान किया गया है।

कॉलोनी की दीवारों से सर उठाकर देखने वाले वह हाई कल्चर बच्चे हो सकते हैं जो फज्जू जैसे किरदार को अनोखी मखलूक समझते हैं। जिनके दिलों में ऐसे किरदारों के लिए कोई हमदर्दी नहीं होती। इस इलाके में अगर किसी को हमदर्दी होती है तो बाबू (कुत्ते का नाम) को जो अपने मुँह में डबल रोटी का टुकड़ा लेकर फज्जू के पास आता है और दोनों बड़े आराम से मिल-बैठकर खा लेते हैं।

कहानियाँ हर जगह जन्म लेती हैं। एक कॉलोनी कल्चर की औरत जब पेशा करके वापस आती है तो जिनके साथ आती है उनकी गाड़ी जरा फासले पर रुकवा लेती है और बिल्ली की तरह पंजों पर चलती हुई पिछवाड़े से अपने घर में प्रवेश करती है। उसके शौहर को सब कुछ मालूम है। वही तो उसकी अनुपस्थिति में बच्चों को सँभालता है। जब वह लौटती है तो दरवाजा खोलते ही वह उसका हाथ अन्दर खींच लेता है, जिस पर उसका बटुआ लटक रहा होता है।

इन बैक लेन वाले घरों में एक ऐसा भी घर है जहाँ दो भाई रहते हैं अपने बीवी-बच्चों के साथ, साथ ही उनकी माँ भी रहती है, लेकिन घर के लोगों से अलग छत पर बने एक कमरे में। वहाँ वह अपनी मर्जी से नहीं रहती, उसकी औलाद ने उसे अपने से अलग करके रखा है। क्योंकि वह एक नाकारा चीज है जिसकी जगह स्टोर रूम हो सकती है लिविंग रूम नहीं। इस माँ के लिए दोनों भाइयों के दिल में कोई जगह नहीं। वह तो अपनी-अपनी सरगर्मियों में मगन हैं। छोटे भाई को बड़े भाई की बीवी और बड़े को छोटे भाई की बीवी अच्छी लगती है।

एक-दूसरे से नजर बचाकर रिश्तों की पवित्रता को पामाल (कुलचने) में उन्हें कोई झिझक महसूस नहीं होती।

अगर फज्जू के माँ-बाप का पता नहीं है तो जो बच्चा एक हाई कल्चर्ड सोसाइटी, एक उच्च वर्ग की कॉलोनी के कूड़े के ड्रम में हाथ-पैर मारता हुआ मिला है, वह बच्चा किस वर्ग का है। मेरे खयाल में वह दूसरा फज्जू है।

अनोखी मुस्कुराहट : मोहसिन अजीमाबादी अशराफिया तबके से आते हैं। उनकी कहानी 'अनोखी मुस्कुराहट' का मरकजी किरदार 'जुमनी' है। कहानी के अन्य किरदार जुमनी का बाप और हनीफ हैं। यह एक पसमांदा मुसलमान परिवार है। मोहसिन ने भी अशराफिया होने के बावजूद पसमांदा मुसलमान किरदार चुना है, यह एक प्रशंसनीय बात है।

जुमनी का बाप कब्रिस्तान का मोजाविर है। कब्र खोदना और मय्यत (लाश) को दफनाना उसका पेशा है। हनीफ डाकिया है। मुर्दे को दफन करने के बाद जो रकम मिलती थी उसी से इन दोनों बाप-बेटी की गुजर-बसर होती है। बूढ़े के मर जाने के बाद हनीफ जुमनी को ब्याहकर अपने घर ले आता है। जुमनी जब भी लाश को देखती है तो मुस्कुराने लगती है। चाहे वह लाश उसके बाप की हो, बेटे की हो या उसके शौहर की। जुमनी के इस असामान्यता से लोगों के बीच उसके व्यक्तित्व को लेकर एक गलत पैगाम जाता है। हनीफ बच्चे के लिए दवा लाता है क्योंकि उसे निमोनिया हो गया है। उसमें मालिश करने वाली एक दवा है जिस पर जहर की चिट लगी है। अचेतन आवेश के अन्तर्गत जुमनी अपने बच्चे के मुँह में जहर उड़ेल देती है जिससे बच्चा इंतकाल कर जाता है। सुबह हनीफ की नजर जहर की खाली शीशी पर पड़ती है जो बच्चे के सिरहाने पड़ी थी। वह जुमनी से इसके बारे में पूछता है लेकिन जुमनी कोई तसल्ली बख्श जवाब नहीं दे पाती। हनीफ जुमनी की मोहब्बत में उसके पुरएसरार (भेद भरी) मुस्कुराहट को नजरअन्दाज कर सकता है लेकिन बेटे के सिरहाने पाए जाने वाली जहर की शीशी को भूल जाना उसके बस से बाहर है। वह जुमनी से डरने लगता है। जुमनी को वह डायन समझने लगता है जो खुद अपने बच्चे को खा गई। जेहन पर यह असर इस कदर होता है कि वह बीमार रहने लगता है और आखिरकार इंतकाल कर जाता है। मृत्यु के पहले वह अपनी मौत का जिम्मेदार जुमनी को ठहराता है। पुलिस आती है और जहर की खाली शीशी को

सबूत मानकर उसे हिरासत में ले लेती है। कत्ल के मुकदमे में उसे आजीवन कैद की सजा सुनाई जाती है। कैदखाने में जब भी उसकी नजर किसी कैदी की मय्यत पर पड़ती है तो वह मुस्कुरा देती है। उसकी पुरअसरार हँसी सभी के लिए एक मोअम्मा (पहेली) है।

जुमनी की वह पुरअसरार हँसी वह जेहनी कैफियत है जिस पर पूरी कहानी का ताना-बाना बुना गया है। वह देखती है कि मुर्दा आता है तो घर में चूल्हा जलता है। खाना पकता है। वह देखती है मय्यत आते हैं तो उसे अच्छे-अच्छे कपड़े पहनने को मिलते हैं। वह देखती है कि लाश आती है तो उसे पेट भर मिठाई खाने को मिलती है। यानी उसकी खुशियों का दारोमदार मय्यत के आने पर है। मय्यत आएगी तो उसके घर में खुशियाँ आएँगी। मय्यत नहीं आएगी तो भूखों मरना पड़ेगा। उसका झोंपड़ा आबादी से बहुत दूर था। आस-पास किसी का घर नहीं था। किसी की मृत्यु हो जाने पर कोई रोता भी है, उसे नहीं मालूम। उसके नजदीक मय्यत (लाश), खुशी की अलामत है। उसकी ख्वाहिशात की तकमील है। बाहरी दुनिया में उसका राब्ता सिर्फ अपने बाप से है। हनीफ डाकिया से चन्द लम्हों के लिए उसका मिलना-जुलना है। बच्चा का सबसे पहला परिचय उसके अपने माँ-बाप से होता है। इसलिए बालदेन (माँ-बाप) की शख्सियत उनका व्यवहार और उनका रुजहान बच्चे की शख्सियत (व्यक्तित्व) पर बहुत गहरा असर डालता है। जुमनी की माँ बचपन में मर गई थी। बूढ़ा ने फिर ब्याह नहीं किया। वह जुमनी को बहुत चाहता था। जुमनी की माँ और बाप बूढ़ा ही था। बचपन से ही जुमनी बूढ़े के व्यवहार और रुजहान को देखते हुए आ रही है। वह देखती है कि बूढ़ा मय्यत के आने पर बहुत खुश होता है और न आने पर गमगीन। शऊरी तौर (चेतन में) वह अपने बाप के तरजे अमल (व्यवहार), तौर-तरीके की पैरवी करना शुरू कर देती है। यानी मय्यत देखकर उसका बाप खुश होता है तो वह भी खुश होती है और बूढ़ा गमजदा होता है तो वह गमगीन होती है। इससे इतर के सामाजिक तौर-तरीके की दृष्टि से मय्यत पर खुशी जाहिर करना गलत है। इसी रुजहान से उसका जेहनी रवैया सुनिश्चित होता है। यह जेहनी रवैया उसी का जेहनी कैफियत है। लाश देखना एक अम्ल (क्रिया) है तो मुस्कुराना एक रद्दे-अम्ल (प्रतिक्रिया) जो एक ही वक्त में होता है।

इसी जेहनी आदत के साथ जुमनी की शादी हनीफ से हो जाती है। जुमनी अब अपना झोंपड़ा छोड़कर हनीफ के घर रहने लगती है। अब माहौल बदल गया है। पहले जुमनी का राब्ता बूढ़ा से था अब समाज के दूसरे लोगों से उसका मिलना जुलना होता है। हनीफ जुमनी को मना करता है कि अब वह किसी की मौत की खबर सुनकर न जाए। लेकिन पर्सनल कॉम्प्लेक्स अब एक आदत की शक्ल इख्तियार कर चुकी है। शऊरी-शऊरी ख्वाहिश के विपरीत, मय्यत की तरफ जाने के रुजहान (अनियंत्रित मनोवेग) को वह रोक नहीं पाती। और मय्यत को देखकर उसमें जिस्मानी अमल यानी मुस्कुराना, खुद-ब-खुद जाहिर होने लगता है।

सूअर बाड़ी : 'सूअर बाड़ी' मुशर्रफ आलम जौकी की कहानी है। जौकी भी अशराफिया तबके से आते थे। सूअर बाड़ी डोमों की एक बस्ती है, जो सरकारी जमीन पर बनी है। जिसे हटाने की सरकार कई बार कोशिश कर चुकी है। एक डोम का डी.एम. साहेब की गाड़ी से एक्सीडेंट हो गया है। एक्सीडेंट डोम का हुआ, चोटें भी डोम को आईं और घर भी डोम का ही तोड़ा जाएगा। क्योंकि डी.एम. साहेब को यह कहने का अच्छा मौका मिल गया है कि–"आँगन समझ लिया है सालों ने।"

इस कहानी के एक किरदार का नाम विनोद है, उस वर्ग की नुमाइन्दगी करता है जिसके लिए व्यक्तिगत फायदा अहमियत रखता है। इस वर्ग की यह खासियत रही है कि अगर हालात उनके प्रतिकूल रहे तो उस हालत के जिम्मेदार व्यवस्था को बुरा-भला कहेंगे लेकिन अगर हालात साजगार हों और यह वर्ग खुद उस व्यवस्था का एक हिस्सा है तो उस व्यवस्था पर आलोचना करने वाले से दुश्मनी का व्यवहार करेगा।

वह उस चीज की तमन्ना करता है जिसे वह खुद देने के लिए तैयार नहीं। वह अफ्रीका में कालों पर गवर्नमेंट के जुल्म से दुखी है लेकिन अपने यहाँ भंगियों पर गवर्नमेंट के जुल्म को जायज ठहराता है। वह सिर्फ जायज नहीं ठहराता, बल्कि नफरत भरे लहजे में कहता है—"साले, जीना हराम कर दिया है।" साउथ अफ्रीका में जुल्म सहने वाले तबके से वह हमदर्दाना रवैया इसलिए रखता है कि वह स्वयं उसका एक फर्द है। साउथ अफ्रीका में हिन्दुस्तान से जाकर बसने वाले लोग विनोद के तबके के ही अफराद थे, कोई भंगी या दलित

जाति का व्यक्ति वहाँ जाकर नहीं बसा था। इसलिए उसे वह समता की बात करता है, लिबरेशन की बात जोर-शोर से करने लगता है। लेकिन जहाँ भंगी के लिबरेशन, उसकी बुनियादी हुकूक की बात आती है तो वह दुशनाम तराजी (गाली-गलौज) पर उतर आता है।

गौरतलब है कि डोम के समकक्ष मुसलमानों में कोई जाति नहीं है। यह जाति सूअर पालती है और मुसलमानों में सूअर पालना हराम है। लेकिन भंगी जाति मुसलमानों में है।

इस तरह, उपरोक्त कहानियों में हम देखते हैं कि बहुजन और पसमांदा में काफी हद तक समानता पाई जाती है। धर्म इन्हें अलग करता है लेकिन जाति के आधार पर इनकी समस्याएँ और इनका उत्पीड़न समान है। इसलिए इनका संघर्ष भी एक ही तरह का है। लेकिन जहाँ हिन्दू बहुजन किरदार फुले-आम्बेडकर-पेरियार की विचारधारा और फलसफा को अपनी जिन्दगी और कर्म में कबूल कर अपनी बदहाली से छुटकारा और बेहतरी के लिए कोशिश करता नजर आता है, वहीं मुसलमान पसमांदा किरदार के यहाँ मायूसी और ठहराव है।

यह मायूसी और ठहराव कैसे दूर होगी? यह कैफियत भी दूर हो सकती है जब हम अशराफिया के भेदभाव की सड़ाँध से बजबजाते जेहनियत रखने वाले तथाकथित धार्मिक गुरु को दुत्कार दें।

आखिर में सबसे जरूरी बात, 'कुरान' सामान्यत: उलेमा (धर्मगुरु) की स्थिति के बारे में यह जोर देती है कि वे ऐसे अलग वर्ग के हैं जो लोगों को सन्मार्ग पर लगाते हैं, तथापि उनके लिए 'कुरान' में कोई विशेष प्रावधान नहीं किया गया है। लेकिन लोगों के बीच जाली हदीस (मिथ्या) परम्परा प्रचलित होने लगी। कहा जाने लगा कि पैगम्बर सलअम ने कहा है–उलेमा का सम्मान करो, क्योंकि वे पैगम्बर के उत्तराधिकारी हैं। "जो उनका सम्मान करता है वह इस्लाम के पैगम्बर और अल्लाह का सम्मान करता है।"[9]

हदीस (पैगम्बर मोहम्मद सलअम का कथन) में आया है कि कयामत के दिन दोजख (नरक) में डाले जाने का पहला फैसला रयाकार आलीम (पाखंडी धर्मगुरुओं) के बारे में किया जाएगा। "और उसी के साथ एक दूसरा शख्स होगा जिसने इल्मे-दीन (धार्मिक शिक्षा) हासिल किया होगा और दूसरों को उसकी

तालीम भी दी होगी और 'कुरान' भी खूब पढ़ा होगा, उसको भी खुदा के सामने पेश किया जाएगा। अल्लातआला उसको भी अपनी बख्शी हुई नेमतें बताएगा। वह सबका इकरार करेगा फिर अल्लातआला उससे पूछेगा, बता तूने मेरी इन नेमतों से क्या काम लिया? वह कहेगा खुदाबन्द! मैंने आपका इल्म हासिल किया और दूसरों को सिखाया और आप ही की रजा (मर्जी/खुशनुदी) के लिए आपकी किताब पाक 'कुरान' में मशगूल रहा। अल्लातआला फरमाएगा तूने यह बात झूठ कही, तूने इल्मे-दीन इसलिए हासिल किया था, और 'कुरान' तू इसलिए पढ़ता था कि तुझको आलिम (धर्मगुरु) व कारी और आबिद[10] कहा जाए, सो तेरा यह मकसद तुझे हासिल हो चुका और दुनिया में तेरे आलीम, आबिद और कारी 'कुरान' होने का चर्चा खूब हो ली। फिर उसके लिए भी खुदातआला का हुक्म होगा और वह भी औंधे मुँह घसीटकर जहन्नुम (नरक) में डाल दिया जाएगा।" (हदीस नं. 259, मारफूल हदीस, खंड-2, मौलाना मंजूर नोमानी, पृ. 336)

पसमांदों को धर्मगुरुओं ने बहुत ज्यादा नुकसान पहुँचाया, वे गिद्ध की तरह सालों-साल से नोचते रहे हैं। जिन्हें जूतों की नोक पर रखना चाहिए उन्हें हम पलकों पर बिठाए हुए हैं। हमें कब अक्ल आएगी! जितने भी सम्प्रदाय हैं, चाहे वह बरेलवी हो, देवबन्दी हो या जमायती हो ये सभी पसमांदा के लिए अजदहा (अजगर) हैं।

सन्दर्भ

1. Dr. Baba Saheb Ambedkar, *Writing and Speeches*, vol.-8, 1990, Education department, Government of Maharashtra p. 229
2. प्रणव कुमार बंद्योपाध्याय, *'दलित प्रसंग' हवाला,* कँवल भारती, *जाति/धर्म और राष्ट्र,* उद्भावना प्रकाशन, दिल्ली पृ. 152
3. जियाउद्दीन बरनी, *फतवा जहाँदारी, हवाला, अब्दुल हमीद नोमानी,* पृ. 5-6
   मसूद आलम फलाही, *हिन्दुस्तान में जात-पाँत और मुसलमान,* आइडियल फाउंडेशन, मुम्बई, द्वितीय संस्करण, 2009, पृ. 5-6, 135
4. मसूद आलम फलाही, *हिन्दुस्तान में जात-पाँत और मुसलमान,* आइडियल फाउंडेशन, मुम्बई, द्वितीय संस्करण, 2009, पृ. 262
5. अली अनवर, *मसावात की जंग,* वाणी प्रकाशन, 2001, पृ. 104
6. वही, पृ. 104

7. एस.सी. दुबे, *इंडियन सोसायटी*, नेशनल बुक ट्रस्ट, रीप्रिंट, 2010, पृ. 61
8. मुबारक अली, *इतिहासकार का मतान्तर*, राजकमल प्रकाशन प्रा. लि., नई दिल्ली-02, पहला संस्करण 2002, पृ. 53
9. के.एम. अशरफ, *हिन्दुतान के निवासियों का जीवन और उनकी परिस्थितियाँ*, हिन्दी माध्यम कार्यान्वयन निदेशालय, दिल्ली विश्वविद्यालय, 1990, पृ. 100
10. आलिम का अर्थ है इल्म अथवा शिक्षा/जानने वाला यानी धर्मगुरु, आबिद का अर्थ है इबादत करने वाला, खूब कर्मकांड करने वाला, कारी का अर्थ है 'कुरान मजीद' को अच्छी आवाज/ध्वनि में पढ़ने वाला।

रचनाकारों के परिचय

खगेन्द्र ठाकुर (09 सितम्बर, 1937—13 जनवरी, 2020) हिन्दी के प्रतिष्ठित आलोचक थे। प्रगतिशील लेखक संघ से उनका गहरा जुड़ाव रहा। एक अच्छे वक्ता और सामाजिक कार्यकर्ता के तौर पर भी ख्याति। उनकी प्रमुख पुस्तकें हैं—'आलोचना के बहाने', 'कविता का वर्तमान', 'दिव्या का सौन्दर्य', 'समय, समाज और मनुष्य', 'प्रगतिशील आन्दोलन के इतिहास पुरुष', 'दिनकर : व्यक्तित्व और कृतित्व', 'नागार्जुन का कवि कर्म', 'उपन्यास की महान परम्परा', 'हिन्दी कहानी आज : पृष्ठभूमि और परिप्रेक्ष्य', 'आज का वैचारिक संघर्ष' और 'मार्क्सवादी विकल्प की प्रक्रिया'।

प्रेमकुमार मणि (25 जुलाई, 1953) हिन्दी के प्रमुख कथाकार और चिन्तक हैं। राजनीतिक आन्दोलनों में सक्रियता। उनके पाँच कहानी-संग्रह, एक उपन्यास और लेखों के पाँच संकलन प्रकाशित हैं।

शीलबोधि (11 नवम्बर, 1973) कवि व आलोचक हैं। गहन अध्ययन और चिन्तन के लिए जाने जाते हैं । भारतीय रेल सेवा में कार्यरत हैं।

जय कौशल (20 अक्टूबर, 1981) ने पूर्वोत्तर भारत की लोक-संस्कृति का विपुल अध्ययन किया है। 'तितास : एक नदी का नाम' (बांग्ला से हिन्दी में सह-अनुवाद), 'प्रिय प्रवास (प्रथम सर्ग) : मूल पाठ एवं विवेचन', 'भारत भारती (वर्तमान खंड) : मूल पाठ एवं विवेचन', 'त्रिपुरा के गॉरिया लोकगीत' (कॉकबरक से हिन्दी में सह-अनुवाद) आदि उनकी प्रकाशित पुस्तकें हैं। असम विश्वविद्यालय के दीफू परिसर में हिन्दी के प्रोफेसर हैं।

पंकज चौधरी (15 जुलाई, 1976) के दो कविता-संग्रह 'उस देश की कथा' और 'किस-किस से लड़ोगे' प्रकाशित हैं। उनकी कविताएँ अंग्रेजी, मराठी, बांग्ला, गुजराती, मैथिली और तेलुगु में अनूदित हो चुकी हैं। उन्होंने वैचारिक आलेखों की पुस्तक 'आम्बेडकर का न्याय दर्शन' और 'पिछड़ा वर्ग' का सम्पादन किया है। उन्हें बिहार राष्ट्रभाषा परिषद् के 'युवा साहित्यकार सम्मान', प्रगतिशील लेखक संघ के 'कवि कन्हैया स्मृति सम्मान' और पटना पुस्तक मेला के 'विद्यापति सम्मान' से सम्मानित किया जा चुका है।

कँवल भारती (04 फरवरी, 1953) अपने शोधपरक लेखन और बेबाक अभिव्यक्ति के लिए चर्चित हैं। हिन्दी के सबसे सक्रिय आलोचकों में से एक हैं। उन्होंने दलित साहित्य के साथ-साथ बहुजन अवधारणा के इतिहास के अनेक पहलुओं पर भी कार्य किया है। 'दलित साहित्य की अवधारणा', 'दलित धर्म की अवधारणा एवं बौद्ध धर्म', 'संत रैदास : एक विश्लेषण', 'दलित चिन्तन में इस्लाम', 'आरएसएस और बहुजन चिन्तन' आदि उनकी प्रमुख पुस्तकें हैं। उन्होंने 'चन्द्रिका प्रसाद 'जिज्ञासु' ग्रंथावली' (तीन खंडों में) का सम्पादन भी किया है।

ओमप्रकाश कश्यप (15 जनवरी, 1959) साहित्यकार और विचारक हैं। विभिन्न विधाओं में उनकी पैंतीस पुस्तकें प्रकाशित हैं। बाल साहित्य के भी सशक्त हस्ताक्षर हैं। उन्हें 2002 में हिन्दी अकादमी, दिल्ली और 2015 में उत्तर प्रदेश हिन्दी संस्थान द्वारा सम्मानित किया जा चुका है। विभिन्न पत्र पत्रिकाओं में नियमित लेखन।

वीरेन्द्र यादव (5 मार्च, 1950) छात्र-जीवन से ही वामपंथी बौद्धिक व सांस्कृतिक गतिविधियों में सक्रिय रहे हैं। वे लम्बे समय तक उत्तर प्रदेश प्रगतिशील लेखक संघ के सचिव रहे हैं। 'प्रयोजन' पत्रिका का सम्पादन किया है। साहित्यिक-सांस्कृतिक विषयों पर पत्र-पत्रिकाओं में विपुल लेखन। प्रेमचन्द सम्बन्धी बहसों और '1857' के विमर्श पर हस्तक्षेपकारी लेखन

के लिए विशेष रूप से चर्चित हैं। उनके कई लेखों का अंग्रेजी और उर्दू में भी अनुवाद प्रकाशित हुआ है। उन्हें 2001 के 'देवीशंकर अवस्थी सम्मान' से सम्मानित किया गया है।

गुलाम रब्बानी (15 अप्रैल, 1967) ने पसमांदा समुदाय को केन्द्र में रखकर विभिन्न पत्र-पत्रिकाओं में कई आलेख लिखे हैं। उन्होंने जेएनयू से उर्दू साहित्य में पी-एच.डी. की है। 'उर्दू अफसानों में दलित किरदार' उनकी प्रकाशित पुस्तक है।

✸

इम्तियाज अहमद आजाद तेज-तर्रार साहित्यिक पत्रकार और गम्भीर अध्येता थे। उन्होंने कई साहित्यिक पत्रिकाओं को अपनी सेवाएँ दीं। कोरोना काल में वायरस से पीड़ित होने के बाद सही इलाज के अभाव में उनका निधन हो गया।

प्रेमा नेगी जनज्वार.कॉम की सम्पादक हैं। विभिन्न हिन्दी पत्र-पत्रिकाओं में निरन्तर लिखती रही हैं। उनके द्वारा किये गए विभिन्न साहित्यकारों, समाजशास्त्रियों और इतिहासकारों के साक्षात्कार चर्चित रहे हैं।